요한계시록에 나타난 생명

요한계시록에서 생명을 묻다

요한계시록에 나타난 생명

요한계시록에서 생명을 묻다

배재욱 지음

대한기독교서회

요한계시록에 나타난 생명

-요한계시록에서 생명을 묻다-

2013년 6월 20일 초판 1쇄

지은이 / 배재욱
펴낸이 / 정지강
펴낸곳 / 대한기독교서회
편집책임 / 김인자

등록 / 1967년 8월 26일 제1-77호
주소 / 135-090 서울시 강남구 삼성동 169-1
전화 / 출판국 553-0873~4, 영업국 553-0871~2
팩스 / 출판국 3453-1639, 영업국 555-7721
e-mail / cls1890@chol.com
edit1890@chol.com
http://www.clsk.org

직영서점 / 기독교서회
종로 5가 기독교회관 1층, 전화 744-6733, 팩스 745-8064

값 12,000원 / 책번호 2016
ISBN 978-89-511-1665-0 93230

The Christian Literature Society of Korea, Seoul
Printed in Korea

저의 연구논문

『요한계시록에 나타난 생명－요한계시록에서 생명을 묻다』를

필자의 존경하는 스승 박수암 교수님께

감사함으로 바칩니다.

추천사 1

김지철 박사(소망교회 담임목사)

요한계시록은 신학자들에게 가장 다루기 힘든 텍스트 중의 하나입니다. 요한계시록이 오늘날의 우리와는 시대적으로 역사적으로 거리가 있어, 요한계시록을 연구하는 데는 오랜 시간의 학문적 작업이 선행되어야 합니다. 또한, 이런 선행 작업 후에 텍스트 안에 들어 있는 각종 비유와 묵시적 언어의 연관성들을 구조적으로 밝힌다는 것은 참으로 지난(至難)한 학문적 성실성을 요구하는 작업입니다. 배재욱 교수님의 요한계시록 연구는 이러한 학문적 성과와 역량을 바탕으로 '생명'이라는 주제로 계시록에 숨어 있는 하나님의 음성을 밝히 드러내려고 시도하고 있습니다.

생명이야말로 하나님께서 주신 가장 큰 선물입니다. 가장 위대한 하나님의 이 선물을 선물로 여기지 못한다는 점에서 계시록 시대의 독자들과 오늘날 현대인들은 공통적인 문제를 안고 살아가고 있다고 할 것입니다. 배재욱 교수님은 이런 우리의 신학적 질문에 대해 계시록을 통해 명쾌한 답변을 시도하고 있습니다.

성경이 가르쳐주는 참된 생명은, 성령 안에서 자유한 삶입니다. 죄가 생명을 짓누르지 않고, 사망이 생명을 위협하지 못하고, 율법과 사회적 관습이 생명을 억압하지 못합니다. 바울 사도는 그리스도 안에서 생명의 성령의 법이 인간을 죄와 사망의 법에서 해방한다고 선포합니다. 그리스도께서 주신 생명만이 인간을 인간답게 살 수 있게 하고 하나님과 함께 살아가도록 합니다. 그것은 예수 그리스도와 함께 이 땅에서 누릴 삶이며, 다가올 하나님 나라에서 온전하게 만끽할 삶입니다.

배재욱 교수님께서 이번에 출간하신 『요한계시록에 나타난 생명』은 그동안의 학문적 성과와 역량을 집대성한 결과로 저자의 깊은 신학적 사유와 통찰이 담겨 있습니다. 저자는 이 책을 통해 그동안 쉽게 간과하였던 요한계시록에 면면히 흐르는 생명이라는 주제를 명료하게 밝히고 있습니다. 우리 신앙의 선배들은 각자의 인생을 참된 생명 위에 터 잡았기에, 고단한 이 땅에서의 삶을 묵묵히 견디며 다가올 하나님 나라를 고대할 수 있었습니다. 또한, 그들은 현실에 매몰되지 않고 하나님 나라를 이 땅에서 살 수 있었습니다. 계시록을 통해 보여준 믿음의 선배들의 삶과 생생한 언어는 오늘날 생명을 갈망하는 우리에게 놀라운 생명의 선물을 가져다줄 것입니다.

배재욱 교수님은 요한계시록의 상징어와 비상징어, 중요한 신학적 개념을 가로지르며 요한계시록 안에 내포된 생명사상을 면밀하게 짚어가고 있습니다. 여기서 생명은 그리스도의 사역의 열매로 드러납니다. 그것은 만물을 새롭게 하나님의 선물이자 구원과 치유의 중심이지만, 그것에 머무르지 않고, 인간 각자에게 부여된 의무와 책임의 영역으로 확장됩니다.

생명이라는 주제를 우직하게 천착(穿鑿)하신 배재욱 교수님의 학문적 열정과 수고에 먼저 박수를 보냅니다. 예리한 분석력과 깊은 신학적 사유가 어우러진 이 책이 우리 신학계의 생명 연구를 자극하여, 학계 안에 생명에 대한 이론적이고 실천적 논의가 더 활발하게 이루어지기를 기대합니다. 또한, 이 책을 통해 학교에서 신학을 연구하는 분들뿐 아니라 현장 목회자들도 하나님의 선물인 생명을 더 깊이 이해할 수 있게 되기를 소망합니다. 한국교회와 성도들이 예수 그리스도의 생명을 주신 하나님의 은혜에 사로잡히기를 기대하며, 저는 이 책을 기쁜 마음으로 추천합니다.

추천사 2

채수일 박사(한신대학교 총장, 한국기독교학회장)

신약성서 전공자도 아닌 제가 추천사를 쓴다는 것이 어불성설이어서 사양했습니다. 개인적인 친분도 전혀 없었고, 그동안 발표한 배 교수님의 논문이나 글을 읽은 적도 없어서 더욱 망설였습니다.

그러나 굳이 이유를 댄다면 제가 한국기독교학회 회장이라는 것과 이 책이 2012년 '소망학술상'을 수상한 저서로서 소망교회 담임목사님이신 김지철 박사님을 대신하여 제가 '한국기독교학회 제7회 소망학술상'을 시상한 것이라고 하겠습니다.

그러나 개인적으로 요한계시록은 제가 독일 하이델베르크대학에서 신학박사 학위를 취득하기 위한 신약학 구두시험의 주제로 한 책이고, 개인적 관심도 많은 주제여서 배 교수님의 저서를 살펴보았습니다. 제가 요한계시록에 관심을 가진 주제는 이른바 '새 하늘과 새 땅'인데, 성서의 종말론적이고 묵시문학적인 전망이 세속적이고 역사적인 전망과 어떤 관계에 있느냐 하는 것이었습니다. 신적 개입과 심판으로 이루어지는 변혁에 대한 기대와 인간 자신의 혁명적 변혁에 대한 희망이 어떤 관계를 갖느냐는 것이었습니다.

요한계시록에 대한 접근과 해석은 실로 다양할 것입니다. 요한계시록은 지금까지 성경 가운데 가장 오해를 많이 받은 책이고, 그 고유한 가치를 제대로 평가받지 못한 책 가운데 하나일 것입니다. 그런데 배재욱 교수님은 요한계시록을 관통하는 근본개념으로서 '생명'을 화두로 삼고 있습니다. '생명신학'은 세계교회협의회도 1990년대부터 관심을 가지고 추구해온 담론입니다. 저는 한국의 신학자로서 이 토론에 참여했습니다. 논의 과정은 생명에 대한 다양한 종교적 전통의 이해, 생명이해의 문화적 다양성, 죽임에 대한 반대개념으로서의 생명, 낙태, 안락사, 고통과 치유, 인종청소, 전쟁, 기아, 생태계와 생명현상 등 참으로 풍성한 시각과 접근방식을 보여주었습니다. 그러나 정작 생명이 무엇이냐는 질문에 대해서는 일치된 답변을 얻을 수 없었습니다. 생명의 본질 그 자체보다는 생명현상, 즉 관계성, 상호성, 상보성 등으로 생명을 이해하는 입장이 생명에 대한 연구의 대세였습니다.

생명에 대한 담론에서 물질적인 생명도 중요하지만, 생명의 본질에 대한 문제도 무시되어서는 안 됩니다. 죽으면 생명도 끝나는 것이 아닌가, 죽음 이후의 삶은 있는가 없는가, 영혼이란 무엇인가, 죽음 자체가 무엇인가, 그러면 어떻게 죽는 것이 사람에게 복된 죽음인가 등 죽음과의 관계에서 구체적으로 생명을 어떻게 이해해야 할 것인가도 중요한 쟁점입니다. 그런데 생명신학에 대한 논의가 오래전부터 있었지만, 생명에 대한 신학 내부의 분과학제적 연구가 한국에서 활발하게 진행된 것 같지는 않습니다.

이런 상황에서 배재욱 교수님께서 『요한계시록에 나타난 생명』이라는 저서를 출간한 것을 기쁘게 생각하고 마음으로부터 깊이 축하하지 않을 수 없습니다. 연구 결과가 책으로 출간되는 것은 남자여서 출산경험은 없지만 마치 아기를 낳은 것과 비슷한 경험이라는 것이 저만의 느낌은 아닐 것입니다. 오랜 고민과 집중, 단어 하나도 허투루 다룰 수 없는 글쓰기의 고역을 통해 그 끝의 결실이 책으로 결실되기 때문입니다. 저는 이 책이 요한계시록 연구자들에게 신선한 도전을 줄 뿐만 아니라, 신학은 물론 생명학 연구자들 모두에게 기쁨을 주기를 바랍니다.

저자인 배재욱 교수님 자신이 희망했던 것처럼, "현실적인 고통과 아픔이 너무나 뚜렷하게 드러나는 역사 속에 생명의 빛이 꽃피우는 모습으로 담겨 있는 요한계시록의 생명 사상이 현재적인 아픔을 극복하고 미래에 이루어질 종말론적인 구원완성에 대한 확고한 보장을 담보"하기를 바랍니다. 그리하여 이 책이 읽히는 곳에 죽음과 죽임의 그늘 아래 신음하는 사람들이 생명의 기쁨을 누릴 수 있기를 기대합니다.

추천사 3

송영목 박사(고신대학교 교수, 요한계시록 전공)

겸손한 인품과 뛰어난 학적인 능력을 겸비하신 배재욱 교수님의 『요한계시록에 나타난 생명』이 세상에 빛을 보게 됨을 독자들과 함께 기뻐합니다. 무엇보다 요한계시록 전공자들도 다루기 쉽지 않은 난해한 성경인 요한계시록을 연구하여 '한국기독교학회 제7회 소망학술상'을 수상하시고 출판의 결실을 보게 됨을 축하합니다. 그리고 '생명'이라는 주제로 계시록을 정밀하게 분석한 노고에 박수를 보내고 싶은 이유는, '생명'이 가장 중요한 성경 신학 주제 중 하나이지만, 아직 계시록에는 거의 적용되지 않았기 때문입니다. 배재욱 교수님은 생명 주제로 독일에서 박사학위를 받으셨고, 다수의 관련 논문을 발표하시고 학술지에 게재한 바 있습니다. 따라서 배 교수님은 이 주제를 다루기에 가장 적절한 신약 학자임이 분명합니다. 이 책에서 배 교수님은 구약, 초기 유대교, 그리고 신약을 거쳐서 요한계시록으로 이어지는 생명 주제의 연속성을 통시적으로 추적합니다. 계시록에 전반적으로 나타나는 생명 주제는 '이미와 아직 아니'의 종말론적 측면을 가지고 있으면서, 계시록의 1차 독자 당시는 물론 현대 독자들에게도 적실성을 가진 독특한 것임을 밝힙니다. 무엇보다 '어린 양 그리스도'의 죽음으로 생명을 얻게 되는 구원이 성도에게는 누구나 가능하게 되었고, 14만 4,000명에 속해 있고 생명책에 이름이 기록된 현대 교회가 생명을 누리고 있으며, 새 창조의 완성인 신천신지에서 이 생명은 완성될 것입니다. 일부 내용에서 추천자는 다르게 생각하는 부분이 있지만, 이 책은 계시록의 생명에 관한 앞으로의 연구에 귀중한 도약대 역할을 할 것이 분명합니다.

본 연구서는 생존 경쟁으로 피곤해 하는 현대 그리스도인들은 물론, 절망과 우울 그리고 자살로 이어지는 생명 경시 사상이 점증하는 한국의 안타까운 현실에 하나의 해답과 소망을 주는 적실한 책이라 믿습니다. 이 책을 읽는 독자들은 하나님께서 선물로 주신 생명의 부요함을 '지금 그리고 여기서' 누리시고 생명의 주님께 감사하길 바랍니다. 마지막으로 계시록은 두려움을 주는 책이 아니라 '소망과 위로의 책'임을 일깨워 주셔서 감사합니다.

머리말

이 학술 논문(monograph)의 맨 처음 시작은 벌써 20여 년 전에 독일 튀빙엔 대학교 신학부에서 '중생'이란 주제로 박사 학위논문을 구상할 때부터 시작되었다. 그때 필자는 인간의 구원에 대하여 관심을 가지고 '중생'이란 주제를 연구했는데, 이 '중생'이란 주제를 연구하면서 '생명'에 대하여 관심을 가진 것이 이 글을 쓰는 것이 첫 계기가 되었다. 튀빙엔에서 논문을 쓰는 과정에 필자는 구약신학 과목과 신약신학 과목은 거의 매학기 선택하여 수업에 참가했다. 그때 리히테베르거(Hermann Lichtenberger) 교수님의 요한계시록 수업에 참석하면서 요한계시록에 무척 흥미를 가지게 되었다. 그것은 요한계시록이 함유한 다양한 주제들이 필자의 호기심을 크게 자극했기 때문이다. 요한계시록에 나타나는 다양한 신학적인 주제들에 대하여 연구하고자 했지만 우선 박사학위 논문을 작성해야 할 일이 눈앞에 있어 그 뜻을 이루지 못했다. 공부를 마치고 귀국하여 여러 곳에 '생명'이란 주제로 연구 논문을 발표하면서도 요한계시록에 대한 아쉬움과 부담을 늘 가지고 있었다. 이런 부담감으로 요한계시록을 생명이란 관점에서 접근해 보고 그것에 대하여 글을 쓰는 것을 과제로 삼아 요한계시록을 읽었다. 그

때 요한계시록이 가지고 있는 생명에 관한 많은 주제들이 이 시대에 방황하는 사람들에게 희망을 줄 것이란 강한 확신을 가지게 되었다. 그것은 요한계시록은 태생적으로 어둠 속에서 빛을 발견한 사람들이 찾은 희망의 메시지이기 때문이다.

오늘날처럼 희망을 잃고 사는 사람이 많은 시대에 하나님께서 요한계시록의 저자를 통해 주신 희망의 언어들 가운데서 생명에 대한 주제를 찾는 것이 필자의 신학 수업에서 가장 보람된 일이 될 것이란 생각으로 이 지루하고 어려운 일을 시작하게 되었고, 이제 20여 년 전에 시작했던 작은 꿈들을 한 권의 학술 논문으로 펼치게 되어 무척 감개무량하다.

이 논문은 5장으로 구성되어 있다. 제1장은 들어가는 말로 문제 제기 및 연구 방법을 다루게 된다. 요한계시록에 나타나는 생명 사상에 대하여 문제가 되는 것이 무엇인지를 찾아서 어떻게 해결할 것인지에 대하여 다루고자 한다.

제2장은 요한계시록의 생명 사상의 배경을 다룰 것인데, 이 부분에서는 구약성경에 나타난 생명과 초기 유대교의 생명을 다루고 신약성경의 생명에 대해서 찾은 후 요한계시록에 나타난 생명을 다룰 것이다.

제3장은 이 논문의 주된 부분으로 아래와 같이 아홉 개의 절로 구성된다.

1. 예언과 묵시에 대하여 다루면 묵시문학이란 무엇인가?에 대한 것과 요한계시록의 언어와 시간의 문제 요한계시록의 문학적인 특징을 찾고 요한계시록에 나타나는 상징(象徵)성과 비상징(非象徵)성에 대하여 알아보고 요한계시록의 구조를 살펴보게 될 것이다.
2. 요한계시록의 '그리스도 찬송'을 생명의 관점에서 다루고자 한다.
3. 요한계시록에 나타난 '어린 양' 상징어를 생명의 관점으로 살펴보고,
4. 요한계시록에서 '인자 그리스도론' 속에 내포된 생명을 1장 13-20절과 14장 14-16절에서 찾아보게 될 것이다.
5. 요한계시록에 나타나는 '구원 사상'에서는 생명이 어떤 모습으로 나

타날 것인지에 대한 것도 흥미를 가지게 한다.
6. '십사만 사천 명'에 대한 표현 속에 나타난 생명,
7. '말 탄 기사'(騎士)에 대한 묘사와 생명,
8. '새 하늘과 새 땅'에 대한 묘사와 생명(계 21:1-8),
9. '새 창조' 묘사에 나타난 생명을 다루게 될 것이다.

제4장은 요한계시록에 나타난 생명 사상이 요한계시록에서 가지는 위치가 어떠한지를 다룰 것이다. 여기서 신약성경에 드러난 생명 상과 요한계시록의 여러 가지 묵시적인 언어들과 어떻게 연결하여 독특한 요한계시록의 생명 사상을 이해할 것인지를 다루게 될 것이다.

제5장은 요한계시록의 생명 사상의 특징을 다루게 되고, 제6장은 한국교회의 미래를 위한 생명 신학의 과제란 주제로 다루고자 한다.

이제 이 논문의 결론부인 제7장에서는 맺는말과 앞으로의 요한계시록의 생명에 대한 전망을 다루게 될 것이다.

이렇게 일곱 장으로 구성된 이 논문이 요한계시록에 나타난 생명에 대한 진술을 통하여 요한계시록을 읽는 독자들이 생명에 대한 안목을 한층 더 정확하게, 그리고 더 진지하게 더 깊게 가지길 희망한다. 요한계시록을 읽으면서 2천년 전 이 책의 저자가 어떤 상황 속에서 어떤 마음으로 글을 썼을까? 그가 살았던 그 시대에는 어떤 지배적인 사상이 존재했을까?를 생각한다면 요한계시록을 읽고 이해하는 데 많은 도움이 되리라고 본다.

요한계시록의 저자가 자신의 책을 저술할 때 사상의 공백 속에서 저술하지 않았다면 그도 인간인지라, 언어와 사고와 그리고 표현 가운데 은연중에 그 시대의 사조에 영향을 받을 수밖에 없으리라고 본다. 그래서 그가 살았던 시대의 사조를 살펴보는 것이 중요할 것이다.[1)] 요한계시록에 대한

1) 이 책은 요한계시록의 생명에 대하여 집중적으로 살펴보길 원하여 그것과 가장 가

바른 해석은 현대 사회를 이해하는 데 대단히 중요한 역할을 하리라고 본다.

지금의 시대는 불확실성의 원리가 시대의 사조 중에서 은연중에 중요한 위치를 점하고 있다. 젊은 층들은 고전 명작을 읽기보다는 판타지 소설 등에 관심을 가진다. 그만큼 시대가 각박하고 어렵다는 이야기일 것이다. 그런 의미에서 요한계시록이 차지하는 비중은 그리스도교 교회 내에서뿐만 아니라, 교회 밖에서도 상당히 중요한 역할을 하리라고 본다. 앞으로의 사회는 점점 요한계시록을 어떻게 해석할 것인지에 대하여 관심을 가지게 될 것이고 교회는 요한계시록에 대한 바른 해석을 요구할 것이다. 정보의 홍수 속에서도 자신의 빈곤함을 느끼는 많은 지성인들이 묵시에 대해서 주목할 것이기에 더욱 그럴 것이다. 이 혼돈(混沌)의 시대에 신학을 연구하는 이가 찾을 수 있는 많은 답이 요한계시록에 있는 것 같다. 요한계시록은 2천여 년 전에 하나님께서 말씀하신 글 속에 담겨진 보배로운 '묵시'와 '예언'과 오늘 우리 시대에 보내어진 '정다운 편지 글'이다.

이 논문은 필자가 이미 신학지에 기고한 몇 편의 신학 논문이 기초가 되었지만 대부분 새로 썼다. 이 학술 논문에 사용한 기존의 논문도 가능하면 다시 수정하고 재조직하고 덧붙이고 하여 새롭게 쓰고자 노력했다. 이

깝다고 생각하는 유대 묵시문학에 대해서만 살펴보고자 한다. 요한계시록의 배경이 될 수 있는 사상에 대해서 Joachim Jeremias, *Jerusalem zur Zeit Jesu*, J. 예레미아스/한국신학연구소 번역실 옮김, 『예수시대의 예루살렘: 신약성서시대의 사회경제사 연구』(서울: 한국신학연구소, 1988)에서는 그 전 시대의 전반적인 사회 경제적인 측면에서 대해서 살펴볼 수 있다. 로마 제국 시대의 이방 종교 상황에 대해서는 Hemmut Köster, *Introduction to the New Testament. History, Culture, and Religion of the Hellenistic Age*, 헬무트 쾨스터/이억부 역, 『신약성서 배경 연구－헬라 시대의 역사, 문화, 종교』(서울: 은성, 2003), 586-626을 참조하라. 요한계시록의 묵시를 탐구하기 위하여 유대 묵시문학을 살펴보기 위해서는 김희성, 『신약의 배경사』(서울: 대한기독교서회, 2006), 209-222; M. Eugene Boring, *Revelation. Interpretation: A Bible commentary for teaching and preaching*, M. 유진 보링/소기천 역, 한·미 공동주석편집번역위원회 편, 『요한계시록』, 현대성서주석: 목회자와 설교자를 위한 주석 17 (서울: 한국장로교출판사, 2011), 77-82, 86-87을 보라.

학술논문이 이 시대의 혼란의 와중에 생명의 가치를 찾지 못하고 방황하는 그리스도인과 지성인들에게 생명의 가치와 존귀함을 새롭게 인식하는 좋은 안내가 되기를 희망한다.

그런데 이 논문은 요한계시록의 주해와 설교를 위한 안내가 아니므로 조금 마음을 들여 읽고 이해하기 위해 노력해야 할 것이라고 사료된다. 그것은 논문의 형식을 빌려 글을 쓰고 학문적으로 대화하면서 써야 하는 글이기 때문이다. 그러나 각 장(障)의 끝에 가능하면 이 글에 대한 요약을 실어 독자들이 앞의 글을 다시 점검하고 이해하도록 안내하고 있으므로 도움이 되길 희망한다. 내용이 어렵다고 느끼는 독자는 목차와 서론과 결론을 먼저 읽고 난 뒤에 전체적인 줄거리를 파악한 후에 이 글을 차례대로 읽는 것도 한 방법이 되리라고 본다.

이 논문이 한국기독교학회에서 주관한 2012년도 소망학술상(한국기독교학회 제7회 소망학술상)에 선정되어 하나님께 감사드린다. 한국기독교학회의 이러한 쉽지 않은 사업계획이 연구자들로 하여금 많은 동기를 부여하고 있기 때문에 한국기독교학회(회장: 채수일) 모든 임원들에게 깊이 감사드린다. 그뿐만 아니라 재정적인 지원을 아끼지 않고 학문하는 자들을 배려하신 소망교회(담임 목사 김지철)에도 많은 감사를 드린다. 소망교회의 이러한 지원으로 한 권의 학문적인 논문이 만들어질 수 있게 되었다. 이러한 일은 한국기독교학회에 소속된 연구자들로 하여금 연구할 수 있도록 뒷받침이 되는 중요한 추진력이 되고 있다. 그런 의미에서 보자면 이 논문도 예외는 아니었고, 이런 의미에서 이 논문은 많은 분들께 빚을 지고 있다. 이 졸저를 읽으시고 추천을 해주신 소망교회 김지철 목사님과 한신대학교 채수일 총장님과 고신대학교 송영목 교수님께 깊이 감사드린다. 필자의 부족했던 『요한계시록에 나타난 생명 ― 요한계시록에서 생명을 묻다』에 대한 원고를 읽고 심사하고 논평해 주신 익명의 심사자들과 논평자들에게 심심한 감사를 드린다. 이 글을 읽고 문법적인 교정을 해주신 김영미 전도사님께 감사드린다. 필자의 생명 신학 수업에 참석하여 질문하고 함께 토론했던 영남신학대학교 신학대학원 학생들에게도 감사드린다.

이 글을 기꺼이 출판해 주신 대한기독교서회 서진한 상무님과 편집교정을 담당한 김인자 차장님에게도 감사드린다. 필자의 유학 기간 동안과 귀국 후의 인고의 어려움 가운데서도 필자에게 든든한 울타리가 되어준 나의 가족인 아내 이성희와 세 아들 한경, 원경 그리고 현경에게 사랑과 감사를 드린다. 이 부족한 연구논문 『요한계시록에 나타난 생명 – 요한계시록에서 생명을 묻다』를 존경하는 스승 박수암 교수님께 감사함으로 바친다.

차 례

제1장

들어가는 말

I. 문제 제기

생명은 하나님이 인간에게 주신 가장 위대하고 고귀한 선물이다. 그런데 지금 이 위대한 선물이 유린되고 있다. 이러한 사회적인 현상을 직시하고 그것을 극복하는 길은 생명의 가치를 새롭게 인식하고 인간 스스로의 가치를 지키는 데 있다.

구약학적인 분야에서 생명 사상을 찾아야 그것과 초기 유대교에서의 생명 사상과 연결점을 찾을 수 있을 것이다. 그 당시 초기 유대교는 구약성경의 생명 사상을 어떻게 이해하고 발전시켰는지, 고단한 삶의 현실에 처해 있었던 그들에게 살아가야 할 이유가 무엇이었는지? 구약성경에서 하나님만이 생명에 대한 결정권을 가지는데(참조. 출 32:32), 이러한 하나님에 대한 이해가 요한계시록에서는 어떻게 나타나고 있는가? 요한계시록에서 '묵시적이고 초월적인 언어'가 발견되지만 그럼에도 불구하고 요한계시록은 현실적인 면을 많이 담고 있다. 그것은 요한계시록의 저자 자신이 속한 공동체가 처한 "처절한 신앙의 역사"를 바라보면서 "철저하게 현실을 생각하고, 현실을 위해" 이 책을 기록하고 있다는 점에서 그렇다.[1] 그러므로 요한계시록에 나타나는 '생명'에 대한 여러 가지 언어적인 의미도 이러한 현실 속에서 관찰되어야 할 것이다.[2] 요한계시록 저자는 초기 그리스도교의 "예수 그리스도의 죽음과 부활과 함께 승천과 재림을 자신의 선포의 중심으로 삼고 있다."[3] 그런데 생명의 신적인 표현이 요한계시록에서 그리스도론적인 사고와 관련됨을 통하여 저자가 말하고자 하는 생명 사상에 대한 고찰이 필요하다. 그러나 이 글에서는 요한계시록에 나타나는 생명에 대한 모든 사상을 다루지 못하고 요한계시록에서의 생명 사상의 특징을 '구약성경과 연관해서', '종말적 묵시적인 생명 사상' 그리고 '그리스도론적인 연관성'을 살펴보고자 한다. '요한계시록의 새 창조 사상에 담긴 생명 신학의 함의'를 '새 창조 사상의 구원론적인 이해와 생명', '새 예루살렘 상징어에 나

---

1) 박두환, "요한계시록의 선교신학", in: 목회와신학 편집부 편, 『요한계시록: 어떻게 설교할 것인가?』 두란노 How 주석 시리즈. How Commentary Series 50(서울: 두란노아카데미, 2008), 103을 참조하라.

2) 생명에 대한 연구를 위하여 Christoph Barth-Bernd Janowski, *Die Errettung vom Tode: Leben und Tod in den Klage- und Dankliedern des Alten Testaments*, Christoph Barth. Neu hrsg. von Bernd Janowski.-Neuausg(Stuttgart: Kohlhammer, 1997); E. Winkler, *Tore zum Leben. Taufe-Konfirmation-Trauung-Bestattung* (Neukirchen-Vluyn: Neukirchener Verlag, 1995); L. Goppelt, "Taufe und neues Leben nach Joh. 3 und Röm. 6." *SOrth* 4.5 (1970), 36-41, 51-53; 배재욱, "신약성경의 생명 사상에 대한 고찰", 「선교와 신학」 22집(2008), 45-82; 배재욱, "초기 유대교 문헌에 나타난 생명 사상과 그 특징", 「신약논단」 통권 15권 1호(2008), 1-35를 참고하라; 김철영, "생명과 생태에 관한 기독교 윤리적 이해-과학기술과 생명가치의 만남에 있어서 협의회적 형식", 「한국기독교신학논총」 31(2004), 503-548. 생명에 대한 연구를 위하여 아래의 논문들을 참조하라. 김영선, "생명의 개념과 본질에 대한 신학적 고찰", 「한국기독교신학논총」 30(2003), 237-262; 서중석, "요한의 예수와 영원한 생명", 「한국기독교신학논총」 34(2004), 129-157; 유윤종, "구약성서 생명윤리의 방향과 원칙", 「한국기독교신학논총」 53(2007), 5-27; 이찬수, "관계, 생명, 신학", 「한국기독교신학논총」 30(2003), 603-621.

3) 박두환, "요한계시록의 선교신학", 112.

타나는 생명 이해'와 '생명수의 강과 생명 이해'와 관련하여 다루고자 한다.

요한계시록 저자는 자신이 처한 현실에서 생명에 대한 깊은 이해를 하면서 동시에 미래적인 전망으로 생명을 본다. 이때 그는 자신이 처한 현실을 어떻게 이해하고 있는가가 중요한 문제로 대두된다. 그것은 요한계시록의 태생이 가진 문제들과 맥을 같이한다. 요한계시록은 고난의 시기를 살았던 그리스도인들이 그들이 살았던 그 상황을 어떻게 받아들이고 극복했는가라는 현실적인 문제와 연결되어 있기 때문이다. 그래서 요한계시록에 나타난 생명 이해는 현실과 종말이란 두 시간 속에서 인간의 구원과 생명 문제를 어떻게 이해하고 다루어야 할 것인가에 대한 고민을 필요로 한다.

요한계시록 21장 1-27절에 나타나는 새 예루살렘에 대한 상징어가 어떤 연결 속에서 생명과 관련되는가? 이 새 예루살렘은 하나님의 구원 사역에 대해 어떤 그림을 제공하는가? 22장 1-2절에 나타나는 "생명수의 강"은 무엇을 지칭하며 이것이 어떻게 가능한가?

요한계시록에는 하나님의 구원사에 대한 분명한 목표가 나타난다. 보쿰(R. Bauckham)은 요한계시록이 "무한한 지식과 놀랍도록 정교한 문학적인 기법, 남다른 창조적인 상상력과 급진적인 정치적 비평, 그리고 심오한 신학을 지닌 작품"이지만 요한계시록은 그것이 지닌 고유한 가치를 제대로 "평가받지 못한 책"이라고 말한다.[4] 그러면서 보쿰은 요한계시록을 바르게 이해하기 위하여 "문학적이며 역사적인 문제에 더 많은 관심"을 기울여야 되고 요한계시록에 나타나는 여러 가지 주제들이 "요한계시록의 신학적 메시지와 분리할 수 없다."는 것을 말한다.[5]

---

4) Richard Bauckham, *The Climax of prophecy: studies on the book of Revelation*, 리차드 보쿰/최홍진 역, 『예언의 절정 1. 요한계시록 연구』(서울: 한들, 2002), 7.

5) Richard Bauckham, *The Climax of prophecy*, 8.

II. 연구 내용, 방법 및 범위

요한계시록은 생명 사상을 그리스도론적으로 진술함으로써 그리스도론의 발전된 모습을 담고 있다. 이런 성경의 진술을 통하여 요한계시록이 기록될 당시에 초기 교회는 이미 발전된 그리스도론을 가지고 있었고, 당시 교회가 그리스도를 κύριος('주', 참조. 요 11:27; 20:28; 빌 1:2; 골 1:3; 살전 1:3, 8; 2:15; 3:11, 13; 4:1; 4:16; 5:9, 23)와 θεός('하나님', 참조. 마 16:16; 요 20:28)로 고백했음을 알 수 있다. 요한계시록에 나타난 그리스도 인식에서 볼 때 초기 교회는 그리스도를 생명 사상의 정점(頂點)에서 이해하고 있다.

요한계시록에 나타나는 생명 사상의 중심축에는 그리스도론적인 진술이 있다. 요한계시록에서 그리스도 이해를 위해 여러 상징적인 표현을 사용한다. 그중에서 ἀρνίον('아르니온', '어린 양')이란 단어는 그리스도론적인 생명 진술을 위한 중요한 상징 언어로서 생명을 이해하기 위한 좋은 재료이다.

이러한 ἀρνίον이란 상징어를 사용하여 신적인 칭호를 통하여 그리스도가 '영원히 살아 계신 하나님'의 모습으로 이해된다. 이러한 그리스도 이해는 신약성경에서 가장 고양된 그리스도론적인 표현으로 이해된다. 요한계시록에서 그리스도론적인 표현 중에서 '어린 양'은 가장 빈번하게 등장하는 중심적인 용어이다.

요한계시록 22장 1절에서는 '어린 양'이 하나님의 보좌에 함께 앉아 있는 모습으로 나타나는데, 이러한 모습을 통하여 어린 양의 신성이 드러난다. 여기서 하나님과 어린 양의 보좌로부터 발원하여 흘러가는 물이 생명을 살린다는 구도가 나타난다. 여기서 물이란 상징어를 통하여 생명 창조와 보존 그리고 하나님의 구원 역사가 종말론적인 모습으로 나타난다.

이 논문의 연구방법은 먼저 요한계시록의 생명 사상의 배경을 구약성경과 초기 유대교에 나타난 생명 이해에 대하여 살펴보고, 다음에 신약성경에 나타난 생명 이해를 다루고자 한다. 이러한 연구 방법은 전승사적인 연구 방법을 따라 다루게 될 것이다. 구약성경에 나타난 생명 상을 초기 유대교는 어떻게 이해하고 받아들였는지에 대한 고려를 통하여 신약성경이 구약성경의 생명 사상을 이해하고 초기 유대교가 신약성경에 미친 영향을 이해하게 될 것이다. 그 다음에 신약성경에 나타나는 생명 사상을 찾아 이해하고자 한다. 신약성경의 생명 사상은 구약성경과 초기 유대교의 생명 사상의 전승을 따라 형성되었다는 것을 전승사적인 연구를 바탕으로 논증하고자 한다. 그러나 이 학술 논문의 제목이 "요한계시록에 나타난 생명"이기 때문에 주된 논지는 요한계시록에 집중하게 될 것이다.

요한계시록이 '예언', '묵시'와 '서신' 세 가지 문학특징이 있다는 사실은 요한계시록에 나타난 생명 사상을 살펴보는 기본적인 토대가 되리라고 본다. 이러한 토대 위에서 묵시문학이란 무엇인가?에 대해서, 묵시에 대한 용어를 정의하고 묵시문학의 기원을 살펴보게 될 것이다. 그 후에 요한계시록의 언어와 시간 문제를 다루게 된다. 이것은 요한계시록이 현재적인 상황을 다루면서 동시에 미래적이고 종말적인 사건으로 받아들이는 것에서 그 특성을 찾고자한다. 요한계시록에 나타난 세 가지 특성은 '기독교 예언', '묵시문학적 전승'과 '회람 서신'이란 사실에서 그 특성과 요한계시록의 생명 사상이 어떤 관련을 가지는 지를 찾아야 할 것이다. 나아가 요한계시록에는 상징적인 언어들이 많이 나타나는데, 이러한 언어들은 상징(象徵)성과 비상징(非象徵)성을 동시에 가지고 있다는 점에서 요한계시록의 문학적인 다양성을 파악할 수 있을 것이다.

요한계시록에 나타난 여러 가지 문학적인 다양성을 통하여 밝혀진 사실을 바탕으로 생명 사상을 연구할 때 요한계시록에서 중요하게 대두되는 아홉 가지 주제와 관련하여 생명 사상을 연구하고자 한다. 이러한 주제들은 요한계시록에 나타나는 생명 사상을 연구하는 데 없어서는 안 될 중요한 주제이다. 예수 그리스도 찬송과 생명에 대한 연구는 요한계시록 5장에 나타난 그리스도 찬송을 연구하는 것이 필연적이라고 본다. 그것은 그리스도의 대속의 죽음과 생명과 어떤 관계 속에 있는가를 찾아야 마땅하다고 본다. 그 후에 심판자로서의 그리스도 사역의 열매인 생명을 찾아야 하고, 그리스도 찬송에 나타난 생명의 상을 이해하고 이것을 요한계시록에 나타난 생명 사상과 어떻게 연결되는지를 찾는 것이 요한계시록의 생명 사상을 연구하는 중요한 길이 되리라고 본다.

요한계시록에는 여러 가지 상징어가 많이 나타난다. 이러한 상징어 중에서 어린 양 상징어는 어린 양과 생명의 관계를 연구하기 위하여 어린 양 상징 언어에 대한 이해를 먼저 한 후에 상징 언어를 통해 나타난 그리스도론적인 진술과 생명 사상을 탐구하고 ἀρνίον과 생명에 대하여 1) 요한계시록 7장 17절, 2) 요한계시록 22장 1–5절을 연구한 후에 어린 양과 관련된 생명 사상을 요약하고 소결론을 내리고자 한다.

다음으로 인자 그리스론 속에 내포된 생명을 연구하는 것이 바람직하다고 본다. 그러기 위하여 요한계시록에 나타난 인자 사상의 사상적인 배경을 1) 구약성경, 초기 유대교와 신약 복음서에서 찾는 것이 마땅하다고 본다. 그것은 요한계시록의 생명 사상이 사상적인 연속성을 가지고 있다고 보기 때문이다.

다음으로 인자 형상과 생명에 대해서는 1) 1장 13–20절과 2) 14장 14–16절을 살펴보는 것이 필요하다. 이 두 본문을 살펴본 뒤에 인자 형상(形象)에서 보는 그리스도론을 이해한다면 요한계시록의 인자 형상과 생명 사상을 이해하는 데 큰 도움을 얻게 될 것이다.

요한계시록의 구원 사상은 생명에 대하여 어떻게 비교되고 연구되는지에 대하여 살펴보아야 할 것이다. 요한계시록의 구원과 생명은 요한계시록 1장 20절과 14장 14–16절을 배경으로 살펴보고자 한다. 그러기 위하여 먼저 ὁ υἱὸς τοῦ ἀνθρώπου 상징(象徵) 언어에 나타나는 구원 사상, ἀρνίον의 상징(象徵) 언어를 통해 나타나는 구원 사상, 요한계시록에서 그리스도론을 통해 나타나는 구원 사상을 살펴본 후 요약 및 소결론을 내리고자 한다. 그리고 십사만 사천명에 대한 표현 속에 나타난 생명에 대해서는 요한계시록 14장 1-5절을 중심으로 살펴보고자 한다.

새 하늘과 새 땅에 대한 묘사와 생명(계 21:1-8)은 1. 새 하늘과 새 땅(21:1-2), 2. 거룩한 도시 새 예루살렘 (21:2), 3. 보좌로부터 들린 큰 음성(21:3-4)에 대하여 살펴본 후에 심판(21:5-8)에 나타난 생명을 살펴보고자 한다.

제4장은 요한계시록에 나타난 생명 사상을 담고 있는 종말론적-묵시적인 표현들에 대하여 조망하고 종말론적-묵시적인 관점에서 관찰할 때 생명에 대한 바른 이해에 도달하게 될 것이다. 그래서 요한계시록에 나타나는 생명 사상이 가지는 현실적인 관점과 아울러 미래적이고 종말적인 생명 상이 구원사적인 면에서 어떤 관련을 가지는지에 대하여 살펴봐야 할 것이다. 이런 관점에서 보면 요한계시록의 생명 사상은 인간에 대한 하나님의 구원 역사를 분명한 어조로 말하고 있다.

제5장은 요한계시록의 생명 사상의 특징을 1. 종말적 묵시적인 생명 사상, 2. 그리스도론적인 연관성, 3. 요한계시록의 새 창조 사상에 담긴 생명 신학의 함의를 새 창조 사상의 구원론적인 이해와 생명에 대해서, '새 예루살렘' 상징어에 나타나는 생명 이해 그리고 생명수의 강과 생명 이해에 대해서 다루게 될 것이다.

제6장은 결론을 도출하기 위한 전 단계로서 요한계시록에서 보게 되는 생명 사상을 신약신학이란 울타리를 벗어나서 신학 전반의 문제의식으로 포괄적인 주제를 다루게 될 것이다. 이 제6장은 "한국교회의 미래를 위한 생명 신학의 과제"란 주제를 설정하여 다음과 같은 작은 주제를 통해 다루게 된다. 1. 세상 속에 오신 그리스도에 대한 바른 인식을 통해 얻는 생명, 2. 함께 아파함을 통해 이루는 공동체적 생명, 3. 통일 시대를 대비하는 사회적 생명에 대하여 다루며 이 사회와 세상과 대화를 시도하고자 한다.

그 후 제7장은 이 논문의 결론부로써 맺는말과 전망으로 나누어진다. 맺는말에서 이 논문의 결론을 도출하여 요한계시록 저자가 말하고자 한 생명 사상을 찾을 것이다. 전망은 요한계시록의 생명 사상뿐만 신약성경의 다른 분야 그리고 신학 전반과 일반학의 다양한 관점에서 다루어져야 할 생명 연구를 통해 인간의 생명이 고귀하게 지켜지기를 전망하게 될 것이다.

제2장

요한계시록의 생명 사상의 배경

I. 구약성경에 나타난 생명 이해

인간의 생명 본질은 과학적인 인식에 근거할 것이 아니라, 인간 생명을 하나님의 존엄성에 기초하여 찾고 이해할 때 올바른 생명 이해에 도달하게 된다. 구약성경에서 생명의 본질은 하나님의 창조와 관련되어 나타난다. (참조. 창 2:7) 하나님은 이스라엘이 범죄할 때 그들을 징계하시지만 그들을 찾아오셔서 그들을 싸매어 주시고 용서하시고 회복시키시는 분으로 나타난다. 이런 점에서 보면 구약성경의 생명 사상은 생명의 신적인 기원을 가진다는 것에서 출발하는 것에서 초기 유대교와 신약성경의 생명 사상의 토대를 이루고 있다.

구약성경에는 생명의 기원에 대한 진술에서 파생되는 여러 가지 생명 진술을 볼 수 있다. 그것은 가치 있는 생명을 어떻게 지킬 것인가 하는 문제와 연결된다. 구약성경의 생명 사상은 인간의 불완전함과 결부되어 불완전한 인간이 어떻게 완전한 신적인 생명을 지키고 유지할 것인가에 대한 것과 관계가 있다.

하나님과 이스라엘은 계약을 맺은 관계에 있다. 이 계약은 하나님의 일방적인 사랑에 연유한 것이지만 이스라엘은 하나님 앞에서 신실하게 하나님을 섬겨야 했다. 구약성경에 나타난 구속사는 "하나님께서 자신의 백성을 위한 자신의 뜻을 확인하시는 계약의 재가(ratification)로 특징지어진다. 하나의 계약적 구조는 구속의 진행 순서를 뒷받침해준다. […] 구약의 계약들처럼 새 계약은 그것의 극적인 진술과 신약신학의 중요성에 의해서 강조되고 있다."[1] 하나님께서 아브라함에게 하신 "땅의 모든 족속이 너로 말미암아 복을 얻을 것"(참조. 창 12:3)이라는 약속은 열방을 향한 하나님의 사랑을 나타낸다. 이러한 약속은 이스라엘에만 머무르는 하나님의 복이 아니라, 모든 만방을 향한 하나님의 구원 계획을 나타낸다. 그런데 인간을 향한 하나님의 구원 계획은 하나님의 생명을 인간에게 선물하신 창조의 원리에 따른 것이다. 하나님이 인간에게 선물하신 생명은 하나님을 아는 데서, 그리고 하나님과의 바른 관계 속에서 인간에게 선물된 존귀하고 거룩한 삶을 영위하는 데서 그 생명의 가치를 누리게 된다. 그러므로 각자는 이 생명을 바르게 인식하고 지켜야 할 것이다.

구약성경에서 하나님이 선물하신 생명에 대한 바른 인식을 하는 것은 하나님과 바른 관계를 유지하는 것이다. 하나님과 바른 관계를 가진다는 보장은 하나님과의 계약을 지키고 하나님의 법을 바르게 지키는 것과 맥을 같이한다. 구약성경에서의 생명 이해는 이런 구조를 이해할 때 바른 길을 찾을 수 있다. 하나님이 '생명의 근원'[2](참조. 창 2:7; 시 36:9)이라는 구약성경에서의 생명 이해를 바탕으로 하여 보면 하나님의 생명을 인간이 이 땅에서 경험하고 산다는 것을 알 수 있다. 여기서 인간이 '지금 여기서' 가치 있는 삶을 영위할 당위성을 찾을 수 있고, 나아가 인간은 참된 생명의

---

1) Thomas Edward McComiskey, *The Covenants of Promise*, 토마스 에드워드 맥코미스키/김의원 역, 『계약신학과 약속』(서울: 기독교문서선교회, 1996).

2) 배재욱, 『생명. 신약성경에서 생명을 묻다』(서울: 대한기독교서회, 2010), 15, 32를 참조하라.

도리를 살아야 할 의무를 가진다. 그것은 피조물된 인간이 하나님의 형상을 되찾아 거룩한 본질을 회복하는 데서 가치 있는 생명을 살 수 있다. 그러므로 인간이 '어떤 것에 가치를 두고 사는가'란 문제에 대한 고민은 자신의 본질에 대한 되돌아봄이 전제되어야 한다. 그것은 인간의 참 가치는 자신의 본질을 아는 데서 찾을 수 있기 때문이다. 그러므로 구약성경의 생명 문제는 이런 것에서 그 중요성을 찾을 수 있다.

이 문제는 불완전한 인간이 하나님과의 계약을 인식하고 그 계약의 테두리 안에서 사는 데 있는데 그것은 하나님이 주신 율법을 지키고 법도를 따르는 데 있다. 그 율법은 하나님의 법도 안에서 살아가는 '완전함'으로의 요구를 이룬다. "자비한 자에게는 주의 자비하심을 나타내시며 완전한 자에게는 주의 완전하심을 보이시며"란 사무엘하 22장 26절은 "여호와께서 아브람에게 나타나서 그에게 이르시되 나는 전능한 하나님이라 너는 내 앞에서 행하여 완전하라."란 창세기 17장 1절에서 하나님이 아브라함에게 요구하신 것에 기인한다. 신명기 18장 13절에서도 이것을 다시 ·말한다. תָּמִים תִּהְיֶה עִם יְהוָה אֱלֹהֶיךָ("너는 네 하나님 여호와 앞에서 완전하라", 신 18:13)란 표현으로 완전을 요구하는 이 구절은 '완전한'이란 의미를 가진 תָּמִים이란 형용사와 הָיָה의 칼 미완료형 동사 תִּהְיֶה를 통하여 '완전하라'는 하나님의 요구를 담고 있다. 이 구절의 칠십인역은 맛소라 본문에 나타나는 תִּהְיֶה란 동사를 포함한 문장을 τέλειος ἔσῃ ἐναντίον κυρίου τοῦ θεοῦ σου라고 번역하는데, 이 문장에서 번역자는 תִּהְיֶה를 εἰμί 동사의 미래형인 ἔσῃ라고 번역하여 미래형 동사를 통해 '신적인 요구'를 담고 있다. 시편 18편 25절은 "자비로운 자에게는 주의 자비로우심을 나타내시며 완전한 자에게는 주의 완전하심을 보이시며"라고 했다.[3)]

인간에게 주어진 완전함으로의 요구는 레위기서의 진술에 따르면 하

3) 이 완전함과 생명에 대해서는 배재욱, 『생명. 신약성경에서 생명을 묻다』(서울: 대한기독교서회, 2010), 36-39를 참조하라.

나님의 거룩함에 기인한다. 이 레위기의 진술은 완전하신 하나님은 거룩하시고 거룩하신 하나님이 이스라엘에게 거룩할 것을 요구하는 의식적인 정결에 대한 법(레 11:1–15:33) 가운데 나타난다. "내가 거룩하니 너희도 거룩할지어다."(레 11:44–45)라는 진술에서 보다시피 하나님의 거룩에 기초하여, 인간에게 거룩할 것에 대한 요구가 나타난다. 이 레위기의 거룩에 대한 요구가 신명기에 나타나는 완전함에 대한 요구와 같은 맥락에서 관찰된다. וִהְיִיתֶם קְדֹשִׁים כִּי קָדוֹשׁ אָנִי("내가 거룩하니 너희도 거룩할지어다.")란 거룩에의 요구는 하나님의 거룩에 그 근거가 있다. 하나님이 거룩하시기 때문에 그의 백성된 자도 거룩해야 된다는 것이다. 이러한 거룩에 대한 요구는 하나님의 법도를 통해 '거룩한 삶'에 이르도록 요구하는 것으로, 이 요구는 "레위기의 중심"을 이룬다.[4] 이스라엘은 자신의 거룩을 지키기 위해 하나님께 예배를 드려야 한다.

만약 그들이 거짓으로 예배를 드리게 되면 그 거짓된 예배로 인하여 이스라엘이 더럽혀진다.(참조. 학 2:11–14) 그래서 이스라엘은 하나님이 그들을 새롭게 하실 때 정화되고(참조. 겔 37:23), 죄악으로부터 깨끗해지고 용서받게 된다.(참조. 렘 33:8; 겔 36:32; 시 51:4) 이러한 진술은 인간이 살아가는 현실적인 삶의 현장에서 자신의 생명의 수를 누리고 하나님이 주시는 복을 누리는 것과 연관된다.[5] 이러한 생명 사상은 다분히 현실적인 삶과 관련을 가진다.

초기 유대교는 구약성경의 생명 사상의 구조를 그대로 유지하면서 그들을 둘러싸고 있는 환경에 순응하는 모습을 보인다. 그것은 초기 유대묵시 문헌이나, 헬레니즘 세계에서 이루어진 초기 유대교 문헌에서 많이 나타난다.

---

4) John E. Hartley, *Leviticus. WBC 4*, 존 E. 하틀리/김경열 역. 『레위기. WBC 성경주석 4』(서울: 솔로몬, 2006), 338.

5) 인간이 자신에게 주어진 생명의 수를 누림과 행복한 삶에 대해서는 배재욱, 『생명. 신약성경에서 생명을 묻다』(서울: 대한기독교서회, 2010), 37–38을 참조하라.

II. 신약성경에 나타난 생명 이해

구약성경에 나타나는 인간을 향한 하나님의 사랑이 계약을 통해 지켜져야 한다는 당위성과 아울러 인간의 무능함은 인간을 서로 상치되는 개념인 '율법 성취'와 '죄악된 본성이라는 실존' 사이에서 고뇌하는 존재로, 이 땅에서 쓸모없는 존재로 몰아간다. 인간에게 선물된 생명의 존엄성마저 잃어버리고 비참함 속에서 사는 것은 하나님과 맺은 계약을 바르게 지키지 못함에서 그 연유를 찾을 수 있다는 것이 구약성경이 말하는 생명의 모습이다. 그런데 율법 아래서 이르지 못하는 생명의 실존으로 가는 길이 신약성경에 나타난다. 그것은 인간의 실존 속에 찾아오신 사건을 통해서 하나님이 인간 역사에 직접 개입하심으로 성취되었다. 예수의 성육신 사건은 인간을 향한 하나님의 사랑의 발로이고 이 속에 구원과 생명을 선물하신 하나님의 지고한 뜻을 발견할 수 있다.

신약성경은 율법으로는 의에 이를 수 없다는 것을 말한다. 특히 바울은 이 문제에서 철저하다. 율법 아래서는 모든 사람이 죄인(참조. 롬 5:20)이다. 그것은 인간이 율법을 성취함으로서는 생명에 이르지 못하기 때문이다. 그래서 예수 그리스도의 강림은 이 죄 문제를 근본적으로 해결하는 구원 사건이다. 그래서 이사야는 어둠에 앉은 백성이 큰 빛을 보았다고 한다.(사 9:2; 참조. 마 4:16) 어둠에 앉은 백성이 본 큰 빛은, 절망 가운데서 생명의 기쁨을 상실하고 살아가는 자들에게 주신 하나님의 사랑이다. 마태는 이사야의 이 예언을 인용하면서 그리스도의 강림을 흑암 속에 비치는 큰 빛으로 사망의 땅과 그늘에 비친 빛으로 보고 있다.(마 4:16; 참조 사 9:2)

신약성경에서 생명은 공관복음서, 누가복음과 사도행전, 바울서신 그리고 요한복음과 요한서신에서의 생명 사상을 객관적으로 살펴보고 요한계시록의 생명 사상을 탐구하고자 한다. 그것은 요한계시록은 신약성경의 결론적인 진술이면서 동시에 신구약성경 전체의 결론이기 때문이다. 요한계시록의 생명 사상을 이해하기 위해서는 구약성경의 생명 사상과 초기 유대교의 생명 사상과 요한계시록보다 먼저 기록된 신약성경의 생명 사상에 대한 전 이해가 필요하다. 그것은 요한계시록의 생명 사상을 이루는 터전이 되기 때문이다.

공관복음서에서는 마태복음과 마가복음에서 요한계시록 생명 사상과 연관된 생명 사상은 예수 그리스도의 이름이 가지는 의미를 생명 관점에서 어떻게 이해할 것인가에 대한 것, 예수의 치유 사역과 생명 회복, 그리스도의 속죄 죽음의 의미와 생명 사상의 관련이 중요하다.

마태는 예수란 이름이 구원이란 의미를 가지고 있다는 것을 보도한다. 그래서 예수의 탄생은 어둠에 앉은 백성이 큰 빛을 보는 인류 구원의 역사가 되는 사건이다. '예수'란 이름이 가진 구원의 의미처럼, 예수는 이 땅에서 죄인들의 죄를 용서하고 그들을 회복시켜 자유케 하시고 구원으로 인도하셨다. 그래서 구원자되신 예수를 받아들이고 그를 주님으로 섬기는 자는 하나님의 아들로 살아가는 것이다.

예수는 산상보훈의 팔복 선포에서 의를 위하여 핍박을 받는 자는 '하나님의 아들이라 불리는 복'을 받는다고 하셨다. 이 '하나님의 아들이라 불리는 복'은 하나님의 자녀로 회복된 관계를 나타내는데, 하나님의 자녀로 회복된다는 것은 하나님의 구원영역, 즉 하나님의 통치가 이루어지는 영역 안에서 살아가는 자로 하나님을 아버지로 부르는 자격을 가진 자를 의미한다. 구약성경에서 보면 이스라엘은 하나님의 아들로서 계약관계 속에 나타난다. 하나님의 아들이 된다는 것은 하나님의 통치를 받이들이고 그의 영역 안에서 살아가는 것을 의미한다. 그런데 구약성경에서 이스라엘은 계약으로 맺어진 관계를 충실하게 지키지 못했다. 계약이란 쌍방 간의 합의하에 이루어져야 한다. 어느 일방이 계약을 파기하면 그 계약은 효력이 없다. 이스라엘은 하나님과의 계약에 충실하지 못하고 범죄하였다. 하나님은 그 이스라엘을 이방 민족에게 내다 파셨다. 그래서 그들은 이방 민족의 종이 되어 섬기며(참조. 삿 3:7-11; 4:1-24; 참조. 삼상 4:9) 고통의 세월을 보내야 했다. 그들이 이방 민족의 종이 되어 부르짖을 때 하나님은 그들에게 구원자를 보내셔서 그들을 구원하셨다.(참조. 사 49:6; 60:16; 렘 30:11)

예수는 구원자로 이 세상에 오셔서 죄악에 팔린 자를 회복시키시고 그들에게 자유를 주셨다. 구원자 예수가 그들에게 자유를 만드신 것이다. 어둠의 권세 아래, 즉 죽음이 지배하는 곳에서는 자유함이 없고, 생명의 기쁨도 희망도 없다. 이런 의미에서 보면 구원자로 이 땅에 오신 그리스도의 권세 아래에서 희망을 발견하게 되고 생명을 찾을 수 있다. 생명은 구원의 현장 속에 펼쳐진 실제적인 구원 현실이다.

공관복음서에 나타난 예수는 치료자로 이 땅에서 활동하신다. 병에 얽매여 고통을 안고 살았던 많은 자들이 예수의 치료를 통하여 병에서 해방되어 자유를 찾았다. 역사 이래 인류는 여러 가지 질병으로 죽음을 맞았다. 질병으로 인한 죽음은 사랑하는 가족을 분리했고, 인간에게 큰 슬픔과 고통을 안겨 주었다. 그 질병이 육적인 것도 있지만 영적이고 정신적인 것도 있다. 예수는 치료자로, 의사로 오셔서 병든 자를 고치시고 마음 상한 자, 눌린 자를 회복시키시고 싸매어 주심으로 어둠에서, 죽음의 고통에서 생명 세계로 부르셨다.

예수 그리스도의 치유를 통해 병으로부터 자유함을 받고 억눌림으로부터 자유함을 받은 자들 안에 생명의 씨앗이 자라난다. 사람이 어떤 것으로부터 자유함을 누리지 못할 때 어둠 속에서 살아갈 수밖에 없다. 죄로부터 또는 병마로부터의 자유함은 생명을 산출한다. 이때 산출된 생명은 이 땅에서 살아갈 명분이 되고 이 땅에서 자신의 생명이 가진 가치를 인식하게 하는 생명이다. 그러나 이러한 생명은 그리스도를 인식하는 데서 파악된다. 예수는 병든 자를 고치기 위해 오신 의사로 자신을 언급하셨다.(참조. 마 9:12; 막 2:17; 눅 5:31) 의사는 병든 자에게 필요하지 건강한 사람에게는 필요하지 않다. 그러므로 의사로 오신 예수가 병든 자를 치료하시고 마음 상한 자를 회복시키시고 눌린 자를 자유케 하시는 것은 그들의 구원을 이루는 일임과 아울러 그리스도의 구원 활동으로 이루신 생명을 지키고 생명의 감격을 유지하는 사역인 것이다.

제3장

요한계시록에 나타난 생명

이필찬은 요한계시록에 나타난 세 가지 특징을 묵시, 예언 그리고 서신으로[1] 밝히면서 1장 1-18절까지를 프롤로그로, 1장 9-20절과 2-3장을 서론부로 그리고 4장부터 16장만을 본론으로 분류한다. 필자는 이 사실에 동의하면서도 다음과 같은 사실에 의문을 가진다. 요한계시록이 말하는 3가지 특징이 묵시와 예언과 서신이라면 당연히 이 세 가지가 비슷한 무게로 취급되어야 할 터인데 왜 예언과 서신을 다루는 부분이나 그것과 연관된 부분은 프롤로그와 서론으로 분류하고 묵시를 다루는 부분만 비중 있게 본론부로 따로 구분하는 것일까 하는 것이다. 이필찬은 그 문제에 대한 명확한 이유를 밝히지 않는다. 예언과 서신은 묵시를 위한 준비인가? 이필찬은 요한계시록의 특징을 "묵시, 예언 그리고 서신"[2]이라고 했는데, 이 특징들이 서로 독립적인 관계 속에서 가지는 특징인가 아니면 두 가지 특징을 묵

1) 이필찬, 『요한계시록. 내가 속히 오리라』, 이필찬 교수의 주해와 설교시리즈 03 (서울: 이레서원, 2006), 23.

2) 이필찬, 『요한계시록. 내가 속히 오리라』, 23.

시를 위한 종속 개념으로 봐야 하는가? 만약 그렇다면 요한계시록 저자는 유대 묵시문학의 형태로 글을 쓸 수 있었을 텐데 왜 앞부분에서 서신의 형태로 자신의 글을 기록했을까? 요한계시록의 문학적인 장르가 예언과 묵시를 모두 포함하고 있다면 예언적인 요소와 묵시적인 요소를 요한계시록 안에서 어떻게 구분해야 할 것이고 이 두 요소는 어떤 관련을 맺는가? 이러한 관련됨에 대한 질문은 이 두 요소, 즉 예언과 묵시가 전체 요한계시록에서 차지하는 위치는 무엇인가란 질문과 연계되어 나타나는 질문이다.

그것은 묵시가, 삶의 연장선 상에서 오고가는 많은 세대들이 현재와 불확실함의 미래에 대한 암담함과 공포 속에서도 미래를 포기하지 않고 희망을 가지고 미래를 풍요롭게 가꾸어 갈 용기를 가지게 된다는 사실과 관련을 가진다. 제2차 세계대전 후 암담한 현실과 예측치 못하는 미래에 대한 불확실함 앞에서 요한계시록이 많이 연구되고 있다. 요한계시록을 묵시로, 예언으로, 그리고 서신으로 보는 데서는 학자들 간에 대체로 일치한다. 최근에 보쿰(Richard Bauckham)은 요한계시록을 바르게 이해하기 위해서는 이 책이 포함하는 이러한 세 개의 문학적 범주인 "묵시문학, 예언, 그리고 서신에 정당성을 부여하도록 해야 할 것이다."[3]라고 말한다.

요한계시록에 나타나는 생명의 상이 흔히 묵시문학적인 표현으로 나타나고 있다. 그래서 요한계시록에 나타나는 생명에 대해서 연구하기 전에 묵시문학이 무엇인지에 대해서 알아보고자 한다.

3) Richard Bauckham, *The Theology of the Book of Revelation*, 리챠드 보쿰/이필찬 역, 『요한계시록 신학』, 켐브리지대학 신약신학 시리즈(서울: 한들출판사, 2000), 17.

I. 예언과 묵시

1. 묵시문학이란 무엇인가?

요한계시록 저자는 구약성경을 잘 알고 있는 사람이고, 구약성경의 묵시문학과 유대 묵시문학에 대해서도 정통한 사람으로 보인다.[4] 그래서 요한계시록 연구를 위해 구약성경의 묵시와 유대 묵시문학 연구는 필수적이다.[5]

그런데 20세기 초까지 묵시문학은 철저히 외면당하고 소외되었다. 구약을 연구할 때 학자들의 주된 관심은 오경이나 예언서에 국한되어 있었기 때문에 묵시문학은 관심 밖에 있었다. 그리스도교 신학자뿐만 아니라, 유대인 학자들도 묵시문학을 외면하기는 마찬가지였다. 독일 구약학자 벨하우젠(Julius Wellhausen)은 묵시문학을 한낱 모방자에 불과하다고 생각하였고 이러한 그의 생각은 묵시문학에 대해 부정적으로 보는 시각을 가지게 했다. 벨하우젠이 묵시에 대하여 부정적인 견해를 가짐으로 다른 신학자들이 묵시문학에 대해 부정적 시각으로 보게 하는 데 큰 영향을 끼쳤다.[6]

이런 묵시문학에 대한 인식이 변화를 겪게 된 것은 제2차 세계대전을 치르는 동안 일어났다. 전쟁의 위기의식 속에서 전쟁이 가져온 참혹함은 인류의 운명도 바꿀 수 있다는 사실을 학자들이 자각하면서 묵시문학에 대하여 관심을 자지게 되었고 묵시에 대한 인식이 많이 바뀌게 되었다. 뿐만

---

4) 그는 사도(ἀπόστολος)가 아닌 예언자 전승 위에 서 있다(계 1:3-"이 예언의 말씀"; 22:7, 10, 18, 19-"이 책의 예언의 말씀").

5) 송혜경, "필론의 작품에 나타난 신비주의", 「신학전망」 174(2011. 9), 77-112. 특히 96-97에서 송혜경은 필로의 사상적인 배경을 로마 헬라적인 배경과 아울러 유대교 묵시문학에 두고 있다.

6) Julius Wellhausen, *Prolegomena zur Geschichte Israels*. Nachdr von 1927; De-Guyter-Studienbuch (Berlin: de Gruyter, 62001), 23.

아니라, 그 이후 개발되는 가공할 만한 위력을 가진 핵무기의 존재를 자각하면서 세상의 종말에 대해 관심을 가지게 되었고 이러한 사실 앞에서 묵시문학이 가진 고유한 가치를 깨닫게 되었다.[7)] 묵시문학에 대한 이러한 사상의 전이(轉移)는 많은 학자들에게 묵시문학에 대해 관심을 가지게 하였고, 묵시문학에 대한 인식변화와 아울러 학문 분야도 확대되고 학술연구에도 많은 진전을 이루게 되었다.[8)]

1947년경에 유대 사막 지대인 쿰란 지역에서 많은 고대 문헌들이 발견되었다. 이때 발견된 사해 사본들은 대부분 묵시적인 경향을 띠고 있다. 쿰란-에세네 공동체에 의해 기록된 이 사해 사본이 발견되면서 묵시문학 연구를 위한 큰 진보가 이루어졌다. 쿰란-에세네 공동체가 기록한 쿰란의 문서들을 통해 "오랫동안 비밀에 가려져 있었던 쿰란 공동체의 실상을 아는 계기가 되었다."[9)] 이 문서들은 사해 북동쪽의 유대 사막의 산악 지대 비탈에 있는 수천 개의 동굴을 조사하는 과정에서 많은 문서들이 11개의 동굴

---

7) 자연과학에서는 변화무쌍한 자연의 운행을 연구하고자 카오스 이론을 정립해 가고 있다. 강성열은 자연과학의 카오스 이론을 신학에 대입((代入)하여 연구한 자신의 저서인, 『기독교 신앙과 카오스 이론』(서울: 대한기독교서회, 2005), 6에서 무질서와 혼돈 속에서의 어떤 질서를 찾고자 한다. "카오스는 […] 무질서와 혼돈을 뜻하는 낱말로 이해되어야 한다. 그러나 실제로는 그렇지 않다. 신기하게도 카오스라 불리는 일련의 현상들은 도리어 복잡성과 다양성 속에서 어느 정도 일정한 규칙성과 단순성을 보여 준다는 점에서 그 안에 질서와 법칙을 감추고 있는 이른바 결정론적인 카오스 내지는 질서를 낳는 혼돈이라 할 수 있다. 우리가 사는 세계가 본질적으로 카오스의 요소를 가지고 있으면서도 쉽게 붕괴되거나 무너지지 않고 도리어 오래도록 그 생명력을 유지하는 것은 바로 이러한 결정론적인 카오스의 특징 때문이다."라고 말하는 강성열의 주장은 창세기 1장의 태초의 창조시의 혼동과 무질서 속에서 하나님의 질서와 구원 활동을 찾고 있다는 것을 나타낸다. 유대 묵시문학이나 요한계시록에도 악의 번창에 따른 선의 위축과 혼동과 파괴와 죽음 같은 공포가 있지만 결국은 모든 악들까지도 하나님의 지배 아래 있다는 것을 분명히 한다.

8) F. Hahn, *Frühjüdische und Urchristliche Apokalyptik, Eine Einführung* (Neukirchen-Vluyn: Neukirchener Verlag, 1998), 10-12를 참조하라.

9) 배재욱, "쿰란 공동체의 의(義) 사상 연구", 「신학사상」 129(2005/여름호), (91-121), 96.

에서 발견되었기 때문에 사해 사본이라고도 하고, 쿰란 지역에서 발견된 것이므로 쿰란 문서라고도 한다.

묵시적 성향을 가진 그들은 사해 주변 유다광야로 나와 집단을 이루고 살면서 '임박한 종말론'을 대망하게 되었고 한편으로 그들은 종말의 때를 기다렸다. 이러한 종말론의 때를 대비하며 기다렸던 묵시적인 공동체가 저술한 사해 사본에 대하여 연구하는 동안 많은 사람들이 자연히 묵시문학에 대해 관심을 가지게 되었다.[10] 새롭게 발견된 사해 사본들을 연구하는 가운데 학자들은 구약성경에 나타나는 묵시에 대해서 자연히 관심을 높이게 되었다.

쿰란-에세네 공동체 구성원들은 자신들을 선택받은 참 백성, 말세에 있을 전쟁 때에 결정적인 역할을 할 운명을 지닌 자들로 생각했다. 그러므로 그들은 "항상 빛의 아들들과 어둠의 아들들 간의 전쟁에 대비한 상태로 살아가야 했다."[11] 제의적 정결은 거룩한 전쟁에 대한 성경적인 개념의 일부였다. 쿰란 문서인 전쟁 두루마리에 이러한 내용이 들어 있고 최후의 결정적인 종말론적 전쟁을 위한 군대 편성이 자세히 설명되어 있다.[12] 이러한 자세는 쿰란-에세네파의 종말론으로 지향하는 삶의 모든 면에서 나타난다. 쿰란-에세네 공동체의 성서해석은 종말론적이고,[13] 신학도 종말론적으로 엄격하게 이원론적으로 구성되어 있다. 즉 선한 세력과 악한 세력이 세상과 하늘에서 싸운다는 것이다. '빛과 어둠', '하나님과 벨리알', '진리의 영과 악의 영'이 '지상과 하늘'에서 서로를 대적한다. 공동체에 입회하는 사람은 이미 '빛의 자녀'에 속해 있다는 내용의 운명에 대해서 교육을 받는

---

10) 오택현 · 김호경, 『알기 쉬운 성서 묵시문학 연구』(양평, 경기: 크리스천 헤럴드, 1999), 27을 참조하라.

11) Helmut Koester, *Introduction to the new testament: history, culture, and religion of the hellenistic age*, 헬무트 쾨스터/이억부 역, 『신약성서 배경연구: 헬레니즘 시대의 역사, 문화, 그리고 종교』(서울: 은성, ²1995), 382f.

12) Helmut Koester, *Introduction*, 382f.

13) 하박국 주석인 1QHab와 나훔 주석인 4QNah 참조하라.

다.[14] 이 공동체는 자신들의 공동체 정결을 보존하려고 노력했으며, 하나님의 종말론적인 백성으로서 자신을 인식했고 경건한 백성을 향한 하나님의 영원한 신실하심에 대한 믿음을 강조했다. 이러한 공동체 인식은 불멸에 대한 믿음에 대한 표현으로 이해된다.[15] 그들이 즐겨보던 문서의 대부분이 묵시적 성향을 가진 문서들이었고 이러한 사해 사본에 대한 연구와 함께 자연히 구약학자들은 묵시문학에 관심을 갖지 않을 수 없게 되었다.[16]

묵시 사상을 가진 저술가들이 자신의 속내를 글에 담아 전하는 데 사용한 글을 총체적으로 '묵시문학'이라고 한다. 이 묵시문학은 대략 기원전 250년에서 기원후 132년에 이르는 기간 동안 쓰인 유대 묵시록들로 일종의 문학유형이다. 이 기간 중에서도 묵시문학은 기원전 200년부터 기원후 100년 사이에 그 절정을 이루었다. 그런데 이 묵시문학의 양식을 어떻게 정의할 것인지에 대한 논의는 지금까지도 논의 중에 있고 그것에 대한 견해가 다양하고 유동적이다.

환상, 환청, 꿈, 천사의 출현, 천사와의 담론, 기도, 전설 등이 포괄적으로 수용되어 있는 묵시는 역사와 우주(κόσμος)에 대한 비밀이나 그 해석을 전달하는 수단이 된다. 또 그것은 시간과 공간이 포함되는 초월적인 실재(實在)를 이루고 있다. 그리고 묵시에 대한 비밀이나 묵시에 대한 해석이 고난 중에 있는 독자에게 은밀하게 소개되는 형식으로 계시를 담고 있다. 묵시는 고난 중에 있는 독자들을 격려하여 그들이 묵시를 듣고 읽는 중에 지금 당하는 고난을 참고 인내하므로 구원을 곧 얻게 될 것이라는 확신을 가지도록 한다.

유대 묵시록에는 보통 계시의 수령자가 아브라함, 에녹, 다니엘, 에스라, 아담, 엘리야 등과 같은 구약의 족장들이나 예언자들 그리고 과거 유명

14) Helmut Koester, *Introduction*, 383.

15) Helmut Koester, *Introduction*, 385를 참조하라.

16) 오택현 · 김호경, 『알기 쉬운 성서 묵시문학 연구』(양평, 경기: 크리스천 헤럴드, 1999), 27.

한 영웅들의 이름으로 표현된다. 이것은 묵시가들이 자기의 작품에 과거 유명한 사람들의 이름을 차용하여 자기가 기록하는 계시에 권위를 부여하기를 원했기 때문이다.

묵시가들은 자신의 이름을 드러내지 않고 과거 유명했던 위인의 입을 통하여 자신의 신념과 세계관 등 자신의 생각을 묵시 가운데 은연중에 말하지만 묵시문학에는 묵시가의 사상(思想)과 그의 인생관(人生觀)과 인격(人格)이 드러난다.

1) 묵시에 대한 용어 정의

전통적으로 '묵시'(ἀποκάλυψις)라는 말이 어떤 한 책을 지칭하는 이름이 된 것은 요한계시록 1장 1절에 나오는 아포칼립시스(ἀποκάλυψις)에서 비롯되었다. 헬라어 ἀποκάλυψις는 '덮개를 벗김' 또는 '숨은 것을 드러내 보임'이란 뜻을 가지는데, 이것을 유대 묵시문학에서는 '감추어진 하나님의 뜻을 드러내 보임'이라는 의미로 사용되고 있다.[17)]

요한계시록에서 헬라어 ἀποκάλυψις를 통해 '예수 그리스도의 계시'가 드러난다. 이 ἀποκάλυψις는 '이제 곧 일어날 일들을 예시'하고 '하나님 구원 행위의 절정'을 알려줄 때 사용된다.

묵시문학에는 자주 '하나님 진노의 큰 날'(참조. 사 13:6, 9, 13; 22:5, 12; 22:25; 27:1 등)이 묘사되는데, 그 바탕에는 이원론적인 구조가 놓여 있다. 즉 그것은 '현 세대'와 '앞으로 다가올 미래세대'이다. 유대 묵시문학에서 '현 세대'는 악한 세계이고, 구원받을 수 없을 정도로 타락하여 갱신이 불가능하다. 이러한 세계관 아래서 미래적인 구원을 위한 묵시적인 희망을 기다리고, 세계 구원의 역사란 그림 속에서 종말론적인 하나님 나라가 확

---

17) 헬라어 ἀποκάλυψις를 영어로는 다음과 같이 세 가지 개념으로 사용하는 것을 볼 수 있다. ἀποκάλυψις에서 유래하는 Apocalypse는 '묵시'(또는 '계시'), Apocalyptic은 묵시문학을 말할 때 사용한다. 체계화된 묵시 사상, 묵시신앙 혹은 묵시문학적 신학을 말할 때는 Apocalypticism이란 말을 사용한다.

립된다. 이렇게 구원과 심판에 대한 지향점이 분명한 문학형태를 '묵시문학'이라고 말한다. 구원은 오직 하나님이 직접적으로 역사에 개입할 때 이루어진다. 바로 이때가 '영광의 날'이고 '구원의 날'이다. 그러나 동시에 이 날은 악의 자녀들에게는 공포와 파멸과 심판이 일어나는 '진노의 날'로 '하나님 심판의 큰 날'이다.

2) 묵시문학의 기원

묵시문학의 기원 문제에서 이것이 어디서 언제 기록되기 시작했는지에 대한 것은 쉽지 않는 질문이 된다. 이 문제를 위한 해결을 위해 학자들은 서로 다른 기원을 찾고 있다. 그 첫째는 유대 묵시문학을 이스라엘 역사 속에서 찾고자 하는 시도로, 이스라엘 옛 전승을 재해석하는 가운데서 묵시문학의 기원을 찾고자 한다. 둘째는 유대 묵시문학의 기원을 이스라엘의 신앙과 역사와 전통 밖에서 찾고자 하는 시도로 그 기원을 바벨론, 페르시아, 헬라 등 이방종교와 관련된 종교-사회적인 현상으로 보려고 하는 시도이다.[18)]

---

18) 이러한 시도들에 대해서는 H. D. Betz, "On the Problem of the Religio-Historical Understanding of Apocalypticism," *Journal for theology and the church* 6, ed. by Robert W. Funk (New York, NY: Herder & Herder, 1969); G. Windengren, "Leitende Ideen und Quellen der Iranischen Apocalypticism in the Mediterrancan World and the Near East: Proceedings of International Colloquium on Apocalypticism", David Hellholm(ed.). *Apocalypticism in the Mediterranean world and the Near East: proceedings of the International Colloquium on Apocalypticism, Uppsala, August 12-17, 1979. Sponsors of the colloquium the Royal Academy of Letters, History and Antiquities*; *the Fac. of Theology at the Univ. of Uppsala. Körperschaft International Colloquium on Apocalypticism 1979 〈Uppsala〉*(Tübingen: Mohr, 1989), 77-162; S. S. Hartmann, "Datierung der Jungavestischen Apocalyptik, Apocalypticism", David Hellholm(ed.). *Apocalypticism in the Mediterranean world and the Near East: proceedings of the International Colloquium on Apocalypticism, Uppsala, August 12-17, 1979. Sponsors of the colloquium the Royal Academy of Letters, History and Antiquities*;

묵시문학 연구의 대표적 한 흐름은 묵시문학을 포로기 이후에 팔레스틴에 다시 돌아온 유대인 공동체에 의한 예언에 대한 종말론적 재해석이라고 보기도 한다. 만약 이렇게 볼 때 묵시문학의 기원이 기원전 6세기 말 포로기 이후로 올라가게 된다. 이러한 관련으로 바벨론에서의 포로 생활 속에서 예언자들이 선포했던 이스라엘의 회복과 구원에 대한 꿈이 실현되지 않는 상태로 어두운 현실 속에서 "새 우주의 창조가 묵시라는 문학적 틀을 통해 서술되었다."[19]고 본다. 헨슨(P. D. Hanson)은 묵시적인 기대가 시리아의 폭력적인 통치 하에서 암울한 현실 속에서 묵시적인 종말 기대로 나타났다고 본다.[20]

이러한 학자들의 노력은 묵시가 '무엇인지?', '묵시의 기원문제는?'이란 질문과 이 묵시를 '누가?' '언제?'란 질문에 대한 해결을 위한 것이다.

이러한 질문은 성서 해석에 대한 통시적인 경향과 밀접히 연관된다.[21] 이러한 경향은 묵시에 대한 전승의 역사적인 뿌리를 어디에 두느냐에서 몇 가지 다른 의견이 나온다. 그 하나는 묵시문학이 '지혜 전승'에서 나왔다고 보는 견해이고[22] 다른 하나는 묵시문학을 '예언 전승'과 관련지어서 생각하

---

the Fac. of Theology at the Univ. of Uppsala. Körperschaft International Colloquium on Apocalypticism 1979 〈Uppsala〉(Tübingen: Mohr, 1989), 61-76. 특히 73; 왕대일, 『묵시문학과 종말론, 다니엘의 묵시록 새롭게 읽기』 (서울: 대한기독교서회, 2004), 42, 각주 31을 참조하라.

19) 왕대일, 『묵시문학과 종말론. 다니엘의 묵시록 새롭게 읽기』(서울: 대한기독교서회, 2004), 43.

20) P. D. Hanson, "Apocalypticism," IDBS (Nashville: Abingdon Press, 1976), 32-33; ders., *The Down of Apocalyptic: Historical and Sociological Roots of Jewish Apocalyptic Eschatology* (Philadelphia: Fortress, 1975), 1-31을 보라. 이러한 묵시적인 종말 기대에 대한 것을 다니엘 7-12장에서 볼 수 있다.

21) 이것에 대해서는 J. J. Collins, "Apocalyptic Literature," in: R. A. Kraft /G. E. Nickelsburg(ed.), *Early Judaism and It's Modern Interpreter*, (Atlana: Scholars, 1986), 345-370을 보라.

22) 묵시가 지혜 전승에서 왔다는 주장에 대해서는 G. v. Rad, *Theologie des Alten Testaments II, Die prophetischen Überlieferungen Israels* (München, 51960),

는 견해이다.[23)]

그런데 유대 묵시문학과 이스라엘 예언 전승은 서로 연속성을 가지고 있지만 동시에 비연속성이 있다.

이러한 유형의 연장선 상에서 예언자적 종말론과 묵시문학적 종말론의 연속성을 주장하는 이들도 있다. 그런데 왕대일은 이들의 한계가, "전자는 신탁, 곧 '맡겨주신 말씀'의 선포라는 양식으로 전달된 '미래를 위한 신학적 설계'이고, 이와는 달리 후자는 묵시, 곧 '하늘로부터 온 비밀의 수령'이라는 형식의 글이라는 사실을 간과"하고 있다[24)]고 주장한다.

묵시문학의 기원 문제에서 나머지 하나는 묵시문학을 '성전 제의'(聖殿祭儀, Tempelkult)와 관련 속에서 찾고자 하는 견해이다. 쉬테게만(H. Stegemann)은 '삶의 자리'(Sitz im Leben)에서 묵시문학의 기원을 찾아야 한다고 생각하여, 묵시문학을 구성하는 기본적인 요소는 '하나님의 권위'와 '천상의 지식' 그리고 '계시'라고 본다. 그리고 그는 묵시문학의 기원을 예언이나 종말론에서 찾지 않고, '성전 제의'에서 찾고 있다.[25)]

316-331을 보라.

23) 묵시가 예언 전승과 관련된 것에 대한 주장은 H. H. Rowley, *Apokaliptik, Ihre Form und Bedeutung zur biblischen Zeit. Eine Studie über jüdische und christliche Apokalypsen vom Buch Daniel bis zur geheimen Offenbarung* (Einsiedeln · Zürich · Köln ³1965), 15-46; R. H. Charles, *The Doctrine of the Future Life in Israel, Judaism and Christianity* (London: A. & C. Black, 1913); David S. Russell, *Zwischen den Testament* (Neukirchen-Vluyn, 1962), 107; David S. Russell, *The method & message of Jewish apocalyptic: 200 BC-AD 100* (London: SCM Press, 1964); Paul D. Hanson, *The dawn of apocalyptic: the historical and sociological roots of Jewish apocalyptic eschatology* (Philadelphia: Fortress Pr., 1979), 27-34; F. Hahn, *Frühjüdische und Urchristliche Apokalyptik, Eine Einführung* (Neukirchen-Vluyn 1998), 4-6; 배정훈, "최근의 묵시록 연구의 동향과 방향", 「한국기독교신학논총」, 23(2003), 7-44를 참조하라.

24) 왕대일, 『묵시문학과 종말론』, 44-45.

25) Hartmut Stegemann, "Die Bedeutung der Qumranfunde für die Erforschung der Apokalzptik", in: David Hellholm (hg.), *Apocalypticism in the Mediterra-*

어떤 이들은 묵시문학의 기원을 예언문학에 뿌리를 둔다고 생각한다. 이들은 특히 묵시문학에 나타나는 종말론의 배경이 예언문학의 종말론과 관련된다고 본다. 예언서에 나타나는 종말론은 낙관적이지만, 현실적인 면에서 바라본 사회는 정치, 사회, 종교적인 상황에서 낙관적이지 않다는 것에 주목하면서 묵시문학적인 종말론의 등장을 생각한다. "플뢰거에 의하면 묵시문학을 발전시킨 계층은 이스라엘의 기존 사회질서에서 아무런 공적 지위가 없던 예언자 집단이다."[26] 그는 공적으로 지위가 없는 집단들이 묵시문학적 목소리를 내게 되었다는 것이다.[27] 왕대일은 플뢰거의 이러한 주장에 반대하면서 계급론적인 분석이 "묵시라는 장르의 '삶의 자리'와 '의도'에 대한 정당한 이해를 그르치게 하는 누를 범할 수 있다."고 한다.[28] 그러면서 왕대일은 "'다양한 묵시적 공동체들'과 '다양한 계층과 지위'를 생각할 수 있어야 한다."[29]고 본다. 궁켈(H. Gunkel)은 묵시문학에 대한 언어 표현의 뿌리가 '바벨론의 신화에 기초한 것'으로 보았다.[30] 그렇지만 이러한 묵시적인 현상은 보편적인 현실이란 점에서 묵시적인 언어를 바벨론과 무리하게 연결시키고자 하는 궁켈의 주장은 설득력을 잃고 만다.

유대 묵시문학이 일반적인 묵시 사상을 그 시대 상황에 적용하고 반영하면서 새로운 문학적인 유형으로 발전시킨 것은 유대 묵시문학이 가진 다양한 출처와 시대 사정을 함축적으로 나타내는 다양성을 내포하고 있다고 생각된다.[31] 그것은 유대 묵시문학이 예언적인 전승만을 고집하거나 예언적인 전승의 연속성을 묵시적으로 변형한 것으로만 그친 것이 아니다. 유

---

nean world and the Near East: proceedings of the international colloquium on Apocalypticism, Uppsala, August 12–17 (Tübingen: J. C. B. Mohr, 1989). 507.

26) 왕대일, 『묵시문학과 종말론』, 46.

27) 왕대일, 『묵시문학과 종말론』, 46.

28) 왕대일, 『묵시문학과 종말론』, 46.

29) 왕대일, 『묵시문학과 종말론』, 47.

30) 왕대일, 『묵시문학과 종말론』, 47에서 재인용.

31) 왕대일, 『묵시문학과 종말론』, 48–49.

대 묵시문학은 저자가 처한 다양한 현실을 이해하고 그 상황 속에서 미래적-종말적 사유를 진행하는 데서 그의 사상의 범위를 이해할 수 있다. 그는 자신이 처한 현실에서 예언적인 기대를 충족하면서 동시에 미래적 종말적인 기대를 한다. 이런 점에서 "유대 묵시문학과 이스라엘 예언 전승 사이에는 연관성이 있다. [⋯] 예언 운동과 묵시문학의 탄생 사이에는 분명한 연속성과 비연속성이 동시에 있다."[32)]

2. 요한계시록의 언어와 시간의 문제

최근의 요한계시록 연구에서 요한계시록 연구는 아직까지 여러모로 불확실함 속에 있다. 그래서 요한계시록을 읽는 것 자체를 모험이라고 말하는 이도 있다. 하지만 요한계시록은 하나의 파국을 연상하는 절박함이 감도는 미래에 대한 두려움에도 불구하고 미래에 대한 희망을 보여주는 데서 그 위대함이 있다.

요한계시록의 정확한 연대측정이 쉽지는 않지만 학자들은 황제숭배(皇帝崇拜)[33)]가 기독교에 많은 문제를 제기했고, 이런 점에서 그들은 기독교인들에게 박해를 했던 도미티안(Domitian A.D. 81-96년)의 치세기간으로 그 연대를 잡고 있다.[34)] 이런 주장을 하는 배경에는 제정(帝政)로마 시대에 황제에 대한 제의적인 공격은 심각한 경제적, 정치적, 그리고 사회적 결과들

32) 왕대일, 『묵시문학과 종말론』, 50-51과 비교하라.

33) 황제숭배에 대해서는 W. Foerster, Art. σωτήρ, *ThWNT* VII (1004-1012, 1014-1022) 1010f.; J. Schneider, W. Haubeck, Art. σωτήρ, *TBLNTn* I (1997), 374를 보라.

34) 요한계시록을 도마티안 치세와 관련시키려는 시도에 대해서는 David E. Aune, *Revelation 1-5. WBC* 52, 데이비드 E. 아우내/김철 역, 『요한계시록 상: 1-5』, *WBC* 52 상(서울: 솔로몬, 2003), 91-94를 보라. 아우내(David E. Aune)는 이레니우스의 제안한 연대에 중심이 있다고 보고 도미티안의 통치 말경, 즉 주후 95년 경에 요한계시록이 기록되었다고 본다. David E. Aune, *Revelation 1-5. WBC* 52, 데이비드 E. 아우내/김철 역, 『요한계시록 상: 1-5』, *WBC* 52 상(서울: 솔로몬, 2003), 94.

을 초래할 수 있었다는 것이다. 그런데 그리스도교가 황제가 아닌 다른 사람을 '왕'으로 섬기고 '주'로 섬기며 예배하는 것에 대한 도미티안의 박해라는 것이다. 그렇지만 요한계시록에서 볼 수 있는 것은 로마제국의 권력자들과의 문제뿐만 아니라 '자칭 유대인'이라는 이름으로 분류되는 자들(계 2:9; 3:9)과의 문제와 아울러 심각하게 대두되는 내부적인 갈등의 문제들이 대두되는 점에서 이러한 연대 측정의 기준을 잡아야 할 것이다.[35)]

1) 언어

요한계시록에서 언어 문제는 이 책의 헬라적인 배경과 히브리적인 배경 속에서 이해해야 한다. 크라프트(Heinrich Kraft)는 그의 요한계시록 주석에서 묵시문학의 언어에 대해서 기술하고 있다.[36)] 요한계시록은 코이네 헬라어로 기록되어 있지만, 기본적인 헬라어의 기본 규칙을 준수하지 않고 있다. 요한은 구약성경의 방식으로 자기의 의도를 헬라어란 언어를 도구로 삼아 표현하고 있다. 그는 요한계시록의 언어가 "구약성서의 예언에서 유래"했고 요한계시록의 저자는 "자신을 구약성서 예언의 계승자이며 궁극적인 해석자"라고 생각하고 있다고 말한다.[37)] 크라프트에 따르면 요한은 일상적인 헬라어가 거룩한 내용을 선포하기에는 품위가 떨어지는 언어라고 여겼을 수도 있을 것이라고 생각한다.[38)] 아우내(David E. Aune)도 요한계시록의 저자가 "구약성경의 문체, 언어, 사고 방식을 사용하여 자신의 신학

35) Donald Senior, *Mission*, 524f.를 참조하라.

36) Heinrich Kraft, *Die Offenbarung des Johannes* (Tübingen : J. C. B. Mohr, 1974); 하인리히 크라프트/박재순 · 최미영 공역, 『요한 묵시록』, 國際聖書註釋 47 (서울: 한국신학연구소, 1983), 27. 요한계시록의 언어에 대해서 David E. Aune, *Revelation 1-5, WBC* 52A (Dallas, Texas : World Books Publisher, 1997), 데이비드 E. 아우내/김철 역, 『요한계시록』 1권 (서울: 솔로몬, 2003), 151f.를 아울러 참조하라.

37) 크라프트(Heinrich Kraft)는 같은 동일한 장소에서 요한이 자신이 말하는 방식으로 성령도 말한다고 생각한다고 말한다. 이것에 대해서는 Heinrich Kraft, *Die Offenbarung des Johannes*, 28을 보라.

38) Heinrich Kraft, *Die Offenbarung des Johannes*, 28을 보라.

메시지를 구현"하는 데 관심이 많았다고 생각한다.[39] 이러한 크라프트의 주장은 상당한 설득력이 있어 보인다. 요한계시록에서 언어는 언어 이상의 의미가 있다. 그는 요한계시록에는 "구약성서의 언어가 살아 있다."[40]는 사실에서 표현된다고 한다. 그다음에 크라프트는 요한계시록에서의 언어와 영의 관계에 대해서 "이 언어는 그에게 있어서는 영(靈)의 표현이며, 다시 말하면 여기에서 성령(聖靈)의 표현이다."라고 말한다.[41] 이러한 사고 속에서 요한계시록의 저자는 자신의 계시록을 기록할 때에 헬라어의 문법에서 벗어나는 데 구애(拘礙)받지 않았다고 본다.[42]

2) 시간과 종말

일반적으로 유대 묵시문학에서 계시의 미래적인 요소가 핵심을 이룬다. "계시의 대상이 과거와 현재 그리고 미래에 다 관계되고 있다는 사실을 우리는 다 알 수 있다. 특히 미래에 대한 관심은 묵시문학 속에서 핵심적인 자리를 차지하고 있다. 미래는 선견자들이 가장 관심을 갖고 있는 부분이다. 선견자들은 미래의 관점에서 과거와 현재를 조명해 본다."[43] 이러한 안병철의 입장은 일반적으로 인정되는 논리이다. 한편 묵시문학에서 시간의 의미가 분리된 것이 아니라 통합된 개념으로 있다. 묵시가들은 미래의 시간 속에서 현재의 희망을 본다. 안병철은 "유대 묵시록 자체는 충실한 유대인에게는 희망의 메시지"[44]라고 한다. 이러한 면에서 볼 때 과거란 시간은 단순히 버리워진 시간이 아니라 "하나님의 계획에 따라 진행되어"[45] 온 것이다. 그의 이러한 시간 정리는 묵시문학이 암울하고 혼란한 시대 상황에

---

39) David E. Aune, *Revelation* 1–5, 152.

40) David E. Aune, *Revelation* 1–5, 29.

41) David E. Aune, *Revelation* 1–5, 29.

42) David E. Aune, *Revelation* 1–5, 29.

43) 안병철, 『요한묵시록 1. 1장 1절–14장 5절』(서울: 가톨릭대학교출판부, ^{2}2001), 14.

44) 안병철, 『요한묵시록 1』, 14.

45) 안병철, 『요한묵시록 1』, 14.

서 태동되고 성장하고 발전하고 번창했던 태생적인 상황을 반영하고 있다. 묵시문학은 일반적으로 위기와 혼란 중에 소외되고 배고프고 고통을 안고 살아가는 사람들에게 인간 운명의 주관자는 역사의 주관자인 하나님이란 사실을 인식시키고 하나님께 대한 신앙을 더욱 굳건하게 하도록 하기 위함이다.

쿨만(O. Cullmann)에 따르면 "현재는 이미 종말의 때이다. 그럼에도 불구하고 아직 종말은 아니다. 이러한 긴장은 초대 기독교의 전체 신학에 표현되어 있다. 교회의 현재 시간은 이미 발생한 결정적인 전투와 '승리의 날' 사이의 시간이다."[46] 이러한 쿨만의 주장은 요한계시록의 시간 개념에도 적용되어 요한계시록이 말하는 일곱 인을 봉한 책은 '이미'와 '아직은 아닌'이란 시간 속에서 하나님의 구원사의 비밀을 밝혀 준다. 요한계시록에서 시간을 표시하는 καιρός('카이로스')의 의미가 '종말', '마지막 때'(1:3; 22:10)를 지시한다.[47] 요한계시록 11장 18절에서는 이 καιρός가 '죽은 자의 심판의 때'와 관련된다. 초기 기독교 세대는 종말론적 성격이 강하였다. 그들이 생각하기에, '마지막 시간'은 임박해 있었으며, 의심의 여지없이 예수가 곧 돌아오실 것이었다. μαράνα θά('마라나타', 고전 16:22)에 대한 설명인 "내가 진실로 속히 오리라"(ἔρχομαι ταχύ)란 표현이 예수의 말에 응답하는 형식으로 요한계시록 22장 20절에 나타나는데 이러한 언급은 초기 기독교인들이 신앙 고백적으로 종말을 기대하고 있음을 드러내고 있다. "주 예수여 오시옵소서."(ἔρχου κύριε Ἰησοῦ, 계 22:20)[48] 이러한 초기 기독교인의 신앙 고백은 요한계시록에 나타나는 하나님의 구원사에서 예수 그리스도

46) Oskar Cullmann, *Christ and Time*, 오스카 쿨만/김근수 역, 『초기 기독교의 시간관과 역사관. 그리스도와 시간』(서울: 나단출판사, 2005), 204.

47) H. C. Hahn/W. Kraus, Art. καιρός, *TBLNT*^{n} II (2002), (2001-2008), 2008을 보라.

48) Raymond E. Brown, *An Introduction to the new Testament*, 레이몬드 E. 브라운/김근수 · 이은순 공역, 『신약개론』(서울: 기독교문서선교회, 2003), 50을 참조하라.

가 차지하는 역할의 비밀이 들어 있다.

3. 요한계시록의 세 가지 특징

요한계시록에는 여러 가지 신앙적인 박해 상황을 상정할 수 있는데, 그 중에서 아주 심각한 문제는 요한계시록 2장 6, 15절에 나타나는 '니골라당'과 같은 분파문제로 보인다. 이 중에는 자칭(自稱) 예언자 '이세벨'(2:20)과 '발람'의 교훈을 지키는 자들이 있었다. 요한계시록 2장 14, 20절에 따르면 이들은 우상에게 바친 고기 먹는 것을 허용하며 행음[49]하게 했던 자들이었다. 이교도 제의(異教徒 祭儀)에서 사용했던 고기를 먹는 문제는 바울이 고린도전서에서 말하듯이(고전 10:14-33) 원시 교회에서 있었던 어려운 신앙양심(信仰良心)의 문제였다. 이교도의 제의에서 상용(常用)되었던 대부분의 고기는 시장에 내다 팔렸다. 이 고기는 그 당시에 경제적인 어려움이 있는 사람들에게 좋은 양식이었다. 그런데 경제적인 어려움에 처해 있는 다른 사람들처럼 가난한 기독교인들도 이 고기를 외면하고 살기가 쉽지 않았다. 이 문제에 대하여 바울은 고기를 먹는 것이 양심에 가책은 없지만 믿음이 약한 다른 신자들을 위해 조심할 것을 촉구하고 있다.(롬 15:1-2; 고전 10:23-33) 요한계시록에서는 이러한 문제가 더욱 엄격하게 적용되고 있다. 우상제물(偶像祭物)로 드려졌던 고기를 먹는 것을 종교적으로 오염된 고기를 먹는 것으로만 생각한 것이 아니다.

그것에서 더 나아가 하나님 나라와 대칭되는, 로마 국가와 우상을 숭배

---

49) John Sweet, *Revelation. Westminster Pelican commentaries*(Philadelphia: Westminster Press, 1979), 89에 따르면 요한계시록에서 말하는 행음은 문자적으로 음란한 행위들을 말하기보다는 종종 유대교 문학에 나타나는 우상숭배를 은유적으로 가리키는 말로 보인다. 이것에 대하여는 아울러 G. Vermes, *Scrikture and Tradition in Judaism* (Leiden: E. J. Brill 1961), 127-177과 Donald Senior · Carroll Stuhlmueller Senior, *The Biblical for Mission*, 도날드 시어니 · 캐럴 슈툴뮐러/최성일 역, 『선교의 성서적 기초』(서울: 다산글방, 2003), 526을 참조하라.

(崇拜)하는 제의(祭儀) 속에서 의인화된 죽음의 세력들 사이의 우주적 투쟁으로 보고 있는 것 같다.[50] 요한계시록에서 그리스도의 피로 말미암아 구원받은 자들은 하나님 나라를 위해 악의 무리와는 타협할 수 없는 존재로 그려진다. 그들은 마지막 승리를 위해 흠없이 순결한 삶을 살아야 한다. 요한계시록에서 교회는 당장 선과 악의 투쟁 사이에서 위태로운 무대 위에 놓여 있지만 최후의 위대한 승리는 그리스도에게 있으므로 그리스도와 함께 승리한다는 것이 그려진다. 이 선과 악의 투쟁은 하나님과 사탄 사이에 일어나는 우주적 싸움이다. 요한계시록에서 이러한 악과의 투쟁의 모습은 구원 역사에서 중요한 동기를 이루고 있다. 그런데 요한계시록에서 이러한 투쟁의 모습이 여러 가지 상징 언어들을 통해 많이 나타나고 있다. 이러한 상황 속에서 기록된 요한계시록은 유대 묵시문학의 전통을 이어받으면서도 다른 한편 그리스도교의 예수 전승을 이어받은 그리스도교 묵시문학에 속하는 책으로 다음과 같은 세 가지 특징을 가진다.

1) 기독교 예언

요한계시록은 구약 예언의 전승에 서 있다. 요한은 예언자들의 종말론적 선포들이 성취되는 구약 전승의 정점에서 구약 예언을 이해하고 자신의 예언을 해석하고 모으고 기록한다. 요한계시록이 기독교 예언으로 간주될 수 있는 것은 어린 양, 메시야, 예수의 승리 안에서 이미 획득된 구약의 예언자적 관점에서 기독교 예배의 정황에서 읽혀지는 예언으로 묘사하고 있기 때문이다.(참조. 계 1:3) 요한계시록 10장 7절에 나타나는 "하나님의 비밀이 그 종 예언자들에게 전하신 복음과 같이 이루리라"는 언급은 아모스 3장 7절의 내용을 연상시키는 구절로 구약의 예언자적인 관점에서 교회가 당면한 상황을 언급하고 해석하는 것으로 보인다.(참조. 겔 2:9-3:3; 계 10:8-11)

50) Donald Senior, *The Biblical for Mission*, 526을 보라.

2) 묵시문학적 전승

유대 묵시문학은 구약의 예언을 계승한다. 유대 묵시문학은 구약의 예언자들에게 나타나는 악에 대한 심판, 의인들의 구원과 세상에 대한 하나님의 통치를 받아들이고 있는데, 요한계시록 저자는 이러한 유대 묵시문학의 묵시적 전승을 사용하여 유대 묵시문학 전통의 연속선상에서 예언을 이해하고 묵시적 장르를 예언의 매개로써 사용한다. 요한계시록은 환상적인 계시를 내포하는 묵시적인 전승을 가지고 있고 이 세상에 대해 초월적인 입장에 서 있다. 이러한 점에서 요한계시록은 유대 묵시문학의 전통을 계승한다.

그러나 유대 묵시문학은 저자를 가명(假名)으로 말하는데, 즉 예를 들어 에녹, 아브라함, 에스라 등의 이름으로, 요한계시록은 이러한 유대 묵시문학과는 다르게 자신의 이름으로 기록한다.[51] 다니엘 12장 4, 9절에 보면 다니엘의 환상들은 먼 미래와 관련되어 있지만, 그것과는 다르게 요한계시록 저자는 "이 책의 예언의 말씀을 인봉하지 말라 때가 가까우니라"(계 22:10)고 한다. 이렇게 요한의 예언은 먼 미래에 관계되는 것이 아니라 자신의 동시대인과 공유하는 상황과 결부되어 있다. 이런 점에서 요한계시록은 가명(假名)을 사용하는 유대 묵시문학가들과는 달리 실제 상황을 좀더 구체적으로 명백하게 전달한다.

묵시를 해석하면서 이필찬은 자신의 요한계시록 주석에서 4장 1절의 '하늘의 열린 문'(θύρα ἠνεῳγμένη ἐν τῷ οὐρανῷ)을 해석한다. 그는 '열린 문'이란 묵시문학적인 표현의 기원을 창세기의 에덴에서 찾고 있다.[52] 그는 "에덴은 '하늘'과 땅이 일치하여 땅에서도 하늘 문에 다다를 수 있는 축복스런 곳이다. 그래서 하나님은 에덴을 거처로 삼으셔서 그곳에서 거니셨고 아담과 하와는 에덴에서 하나님과 막힘없는 교제를 나눌 수 있었다."고 한

51) 그는 구약 예언자들의 전통 안에서 쓰고 있다는 것을 매우 확실하게 의식한다.

52) 이필찬, 『요한계시록. 내가 속히 오리라』, 이필찬 교수의 주해와 설교시리즈 03 (서울: 이레서원, 2006), 239.

다. 그런데 그는 본문의 묵시적인 의미를 찾기보다는 문학적인 의미를 찾고자 한다. 그러면서도 그는 왜 어떻게 창세기의 에덴동산이 어떤 관계 속에서 요한계시록의 '열린 문'의 기원이 되는지에 대해서는 명백히 밝히지는 않는다. 단지 그는 "'하늘에 열려져 있는 문'은 단순히 묵시문학적 표현을 답습하는 것이 아니라 그리스도론적 재해석이 가미되어 있음을 보여준다."고 하면서 그 이유를 계시록 1장 1절, 6절과 7절을 그 근거로 든다.[53] 동시에 그는 "더 나아가서 하늘의 문이 열려 있다는 것은 궁극적으로 예수님의 재림 때 세상을 새롭게 하실 그 날에 하늘이 완전히 열려 하늘과 땅이 서로 하나가 되는 새 창조의 완성을 4장을 통해 전망한다고 생각할 수 있다."[54] 고 한다. 필자 생각에 이필찬은 자신의 주장에 대한 뚜렷한 근거도 제시하지 않은 채 너무 성급하게 자신의 생각을 이론화시켜 저자의 신학을 묘사적으로 나열하여 일반화시킴으로 오히려 신학을 추상화시키는 것 같다.[55] 그가 요한계시록에서 4장이 차지하는 비중을 크게 보고 자신의 신학에서 중요한 틀로 잡고 강조한 것은 이해할 수 있고 요한계시록을 그리스도론적인 배경 속에서 연구하고 그리스도의 신성을 통해 요한계시록의 묘사를 이해하고자 하는 시도에 대해서는 이론의 여지가 없다. 그렇지만 그가 4장에서 급하게 위에서와 같이 요한계시록의 결론적인 언급을 미리 내리는 것은 너무 성급한 시도가 아닐까? 생각한다.

보쿰(Richard Bauckham)은 요한계시록이 서두에서 세 가지 문학적인 성격을 가진다는 것을 말하면서[56] 묵시문학으로서의 요한계시록이 예언의

---

53) 이필찬, 『요한계시록. 내가 속히 오리라』, 240.

54) 이필찬, 『요한계시록. 내가 속히 오리라』, 240f.

55) 만약 그가 이런 논리를 전개하길 원한다면 구약성경이나 신약성경 어디에서, 아니면 외경에서라도 에덴동산이 열린 문의 배경이 되는지 찾고 그 구절을 제시했어야 했을 것이다.

56) Richard Bauckham, *The Theology of the Book of Revelation*, 리챠드 보쿰/이필찬 역, 『요한계시록 신학』, 캠브리지대학 신약신학 시리즈(서울: 한들출판사, 2000), 15.

통로로서 사용되었다고 생각한다.[57] 이러한 주장에 대하여 그는 요한계시록에서 예언자 에스겔의 흔적을 찾고 있다. 그것은 이 책의 저자가 에스겔을 "모델 삼아(겔 2:9-3:3) 그 자신의 선지적 사역의 위임에 대해 계속해서 기록하고 있다.(10:8-11) 그의 사역은 하나님께서 과거의 선지자들에게 계시하셨던 것의 성취를 선포하는 것이다."[58]고 말한다. 보쿰(Richard Bauckham)은 요한계시록이 예언적일 뿐만 아니라, 묵시적이라고 말한다.

> 요한의 작품은 또한 묵시적이다. 왜냐하면 요한이 세상을 달리 보기 위해, 이 세상으로부터 취해져서 보게 되었던 환상의 내용을 밝힘으로서, 요한계시록은 독자들로하여금 그들의 상황을 하나님의 목적을 향한 선지적 통찰력으로 볼 수 있도록 하였기 때문이다. 여기에서 요한의 작품은 환상적 계시를 내포한 묵시적 전승에 속한다.[59]

예언적인 바탕 안에서 모든 피조물의 통치자로서의 하나님이 역사의 주인이심을 밝히는 가운데 요한계시록의 저자는 "세상을 향한 하나님의 통치를 본다."[60]고 보고 있다. 이러한 보쿰의 이해는 요한계시록의 예언자적인 전승과 묵시적인 전승을 이해하는 보편적인 시각을 잘 표현한다.

3) 일곱 교회들에게 전달된 회람 서신

요한계시록은 회람 서신(a circular letter)으로서의 특징을 가지면서도 일반적인 서신으로서의 특징을 동시에 가지고 있다. 그것은 그 시대 소아시아에 존재했던 일곱 교회에 대한 구체적인 특성과 그들에 대한 교훈을 내포하면서 동시에 오고 가는 모든 세대에 속한 보편적인 교회에 대한 교

57) Richard Bauckham, *The Theology of the Book of Revelation*, 17-21.
58) Richard Bauckham, *The Theology of the Book of Revelation*, 20.
59) Richard Bauckham, *The Theology of the Book of Revelation*, 23-24.
60) Richard Bauckham, *The Theology of the Book of Revelation*, 26.

훈을 아울러 그 속에 담고 있다. 회람 서신은 수신인이 정해져 있지 않기 때문에 수신인에 대한 구체적인 진술이 포함되지 않지만 일반 서신인 경우는 수신자와 송신자에 대한 구체적인 진술이 포함된다. 그런데 요한계시록은 다른 일반 서신들처럼 저자와 수신자의 이름을 밝히고 있고, 서두에 인사말을 담고 있다.(1:4-6) 서신으로서의 요한계시록은 교회가 당면한 역사적인 관심과 문제를 인식하여 "예언자적인 지혜와 목회적인 충고"를 내리고 있다.[61] 이 서신을 받게 되는 수신자는 형식상으로는 소아시아에 있는 일곱 교회이지만 내용상으로 볼 때는 오고 가는 모든 시대 모든 지역에 산재한 전체 교회를 수신자로 두고 있다는 면에서 이 요한계시록은 공적인 위치를 가진다.

요한계시록의 저자는 고난과 아픔의 시대적인 배경 속에서 목회적인 안목으로 서신의 형식을 빌려 글을 쓰지만(특히 1:4-3:22), 작품의 주요 골격은 묵시적인 것으로 역사에 대한 극적인 환상을 구성하고 있고 통렬한 예언자적-묵시적 운치로 서술하고 있다. 묵시적인 언어로 요한계시록은 믿음으로 인내한 자들이 마지막의 승리에 참여한다는 사실을 강조하고 있다: "예수를 증언함과 하나님의 말씀 때문에 목 베임을 당한 자들의 영혼들과 또 짐승과 그의 우상에게 경배하지 아니하고 그들의 이마와 손에 그의 표를 받지 아니한 자들이 살아서 그리스도와 더불어 천 년 동안 왕 노릇 한다."(계 20:4) 요한계시록에서 이러한 묵시 사상은 하나님의 구속사업과 깊이 관련되고 있다. 이러한 묵시적인 내용을 파악하기 위해서는 묵시를 이해하기 위한 지식을 습득해야 할 것이다. 그러면 이 묵시에 나타나는 '상징(象徵)적인 표상'과 '비상징(非象徵)적인 표상'에 대하여 알아보자.

---

61) Pau J. Achtemeier · Joel B. Green · Marinne Meye Thompson, *Introducing the New Testament: Its literature and theology*, P. J. 악트마이어 · J. B. 그린 · M. M. 톰슨/ 소기천 · 윤철원 · 이달 역, 『현대적인 방법을 적용한 새로운 신약성서개론』(서울: 대한기독교서회, 2004), 675.

4. 상징성과 비상징성

요한계시록은 '상징(象徵)적인 표상'과 '비상징(非象徵)적인 표상'을 가지고 있다. 보쿰(Richard Bauckham)은 요한계시록은 "독자들에게 세상에 대한 다른 환상(요한이 4장에서 끌어올려져 간 하늘로부터 세상이 보이게 되는 모습)을 각인시킴으로써 로마의 강력한 인상에 대응할 수 있는 일련의 기독교 선지적 역(逆) 이미지들을 제공해 주고 있다."[62]고 하면서 "요한계시록은 구약에 대한 언어적 유비들로 가득 차 있다. 이러한 것들은 우발적이지 않고 도리어 의미를 전달하기 위한 방법으로 매우 긴요하게 사용된다."[63]고 진단한다. 요한계시록에 나타나는 이러한 상징적인 요소들을 탐구해야 요한계시록에 담겨 있는 바를 바르게 이해하게 된다. 그것은 요한계시록은 신약성경 중에서 가장 세련되고 위대한 문학 요소를 가지고 있을 뿐만 아니라, 초기 교회의 가장 위대한 신학적인 자산이기 때문이다. 그런데 상징(象徵)적인 표상은 실제성보다는 의미에 관심을 둔 것이다. 여기에는 '어린 양'(5:6, 7, 8, 12 등), '촛대'(1:12, 13, 20; 2:1, 5; 11:4), '별'(1:16, 20; 2:1, 28; 3:1; 6:13; 8:10), '바벨론'(14:8; 16:19; 17:5; 18:2, 10, 14, 15), '음녀'(17:1, 5, 15, 16; 19:2), '짐승'(6:8; 11:7 등) '이스라엘'(2:14; 7:4; 21:12), '유대인'(2:9; 3:9), '예루살렘'(3:12; 21:2, 10[64]) 등은 상징

62) Richard Bauckham, *The Theology of the Book of Revelation*, 37.

63) Richard Bauckham, *The Theology of the Book of Revelation*, 39.

64) 거룩한 성은 문자적으로는 예루살렘 성을 가리키나 상징(象徵)적으로는 성도의 육체를 가리킨다. 계 11:1의 "저희가 거룩한 성을 마흔두 달 동안 짓밟으리라."란 말 가운데 나타나는 "거룩한 성"은 박수암, 『신약주석. 요한계시록』(서울: 대한기독교서회, 1998), 179-181에 따르면 "문자적으로는 예루살렘 성을 가리키나 상징(象徵)적으로는 성도의 육체를 가리킨다." 그리고 이 구절에서 "예루살렘"이 "성전 밖 마당", 즉 이방인의 뜰과 동일시되어 나타나는데 그곳을 이방인에게 주었다는 것이다. 이 말은 이방인들이 "거룩한 성", 즉 성도의 육체를 마흔두 달 동안 짓밟도록 허락한다는 것이다. 여기서 마흔두 달은 3년 6개월에 해당하는 시간으로 계시록에서 성도의 환난기간을 상징(象徵)적으로 말하는 상징(象徵) 언어이다.

(象徵)적인 표상이고 상징적 의미로 사용된다. 그러나 요한계시록에서 '네 생물의 모양', '보좌에 앉으신 이의 모양', '새 예루살렘의 모양' 등에 대한 서술은 '비상징(非象徵)적인 표상'이다.

요한은 상징을 이용하여 기독교 예언적 상징들을 제공하고 이 상징들을 통해 독자들에게 세상에 대한 다른 환상을 각인시킨다. 이러한 상징들을 통한 시각적인 능력은 로마의 강력한 인상에 대응할 수 있게 하고, 세상의 현재적 모습과 미래적 모습에 대한 새로운 환상들을 가지게 한다.

5. 요한계시록의 구조

요한계시록은 약속(1-18장)과 성취(19-22장)의 구조로 이루어져 있고 이 구조가 점진적으로 종말을 향해 나아간다. 요한계시록의 구조를 분석하는 일은 매우 난해하고 또 학자들 간에 이견이 상당히 많다.[65] 전체적인 내용에 따라 개괄적으로 구조를 나누어 보면 다음과 같다.

1:1-8 서론 및 인사말
1:9-3:22 일곱 교회를 향한 계시와 일곱 교회의 상황
4:1-18:24 하나님의 심판과 구원
19:1-22:21 하나님의 종말론적인 구원 성취

65) 학자들 간에 존재하는 여러 가지 구조 분석에 관한 이견에 대해서는 이필찬, 『요한계시록 어떻게 읽을 것인가?』(서울: 성서유니온, 2000), 23-39를 참조하라.

II. 예수 그리스도 찬송과 생명

요한계시록 5장 9–10, 12–13절과 12장 10–12절은 아주 오래된 고대 그리스도 찬송이다.[66] 쿨만(O. Cullmann)에 따르면 원시 교회의 예배에서 알려진 찬송들은, 특히 요한계시록에서, 부분적으로는 직접적으로 유대적인 유래를, 부분적으로는 유대적인 찬송들을 모방하고 있다.[67] 유대적인 전승을 받아들여 신약성경 저자들은 하나님을 찬송의 대상으로 찬송한다. 요한계시록에 나타나는 찬송은 다른 신약성경에 나타나는 찬송처럼 '하나님에 관한 찬송'과 '예수 그리스도에 관한 찬송'으로 구분된다.

요한계시록에 나타나는 찬송에서 요한계시록 저자는 신약성경의 어떤 저자보다도 '그리스도 찬송'에 대한 깊은 통찰을 하고 있다. 그 때문에 요한계시록에 나타난 찬송을 이해하면 그리스도에 대한 초기 교회의 이해를 알 수 있을 것이다. 요한계시록 저자는 신약성경의 어느 다른 성경보다도 그리스도에 대한 깊은 통찰 속에서 그리스도를 높이고 그리스도의 고양된 모습을 진술한다. 그래서 요한계시록에 나타난 그리스도를 이해하기 위하여 요한계시록에 나타난 그리스도 찬송을 연구할 때 연구자가 이루고자 하는 분명한 목표에 도달하리라고 본다. 그것은 요한계시록에 나타난 그리스도 표현이 신약성경의 다른 어느 곳보다도 고양된 그리스도를 표현하고 있는 것에서 알 수 있다. 요한계시록에 나타난 그리스도 찬송을 이해하는 가운데 그리스도론의 깊은 통찰에 이를 수 있을 것이다. 그런데 요한계시록에

66) O. Cullmann, *Urchristentum und Gottesdienst* (Zürich · Stuttgart: Zwingli-Verl., ^{4}1962), 24는 19:1–2와 19:6을 그리스도 찬송으로 평가한다. 이것들은 가장 고대의 그리스도 노래로 여기서 불린다: 요한계시록 5:9, 12–13; 12:10–12; 19:1–2; 19:6. 이 경우(境遇)에 적합한 솔로몬의 송가들(Oden Salomos)을 아울러 보라.

67) O. Cullmann, *Urchristentum und Gottesdienst*, 24를 보라.

나타난 그리스도 찬송은 신약성경의 생명 사상과 어떤 맥락에서 연결되는지, 그리고 요한계시록에 나타난 그리스도 찬송이 생명 사상을 어떻게 표현하고 있는지를 안다면 요한계시록 저자가 그리스도 찬송을 통하여 말하고자 하는 의도를 알 수 있을 것이다.

이러한 몇 가지 문제점을 두고 요한계시록에 나타난 그리스도 찬송을 연구하기 위하여 필자는 요한계시록 5장에 나타난 그리스도 찬송을 중심하여 요한계시록의 생명 사상을 탐구하고자 한다.

1. 요한계시록 5장에 나타난 그리스도 찬송

5장의 '그리스도 찬송'은 4장에 나타나는 '하나님 찬송'과 비교되는데 4장에 나타나는 '하나님 찬송'은 5장의 '그리스도 찬송'을 준비한다. 요한계시록 저자는 '일곱 인에 대한 묘사'를 말하기 전에 '하나님 찬송'을 4장에 먼저 배치시킴으로써, 일곱 인에 대한 묘사를 준비하는 도입부 역할을 맡기는 것 같다. 이렇게 요한계시록의 저자는 원대한 하나님의 구원 계획을 4장에서 시작하면서 하나님의 주권에 대하여 강조한다. 그가 요한계시록 전체를 통해 그리스도의 주권을 강조하고 그리스도론적인 많은 상징어를 사용하지만, 그럼에도 불구하고 그리스도에게 한번도 '호 테오스'(ὁ θεός)란 칭호를 사용하고 있지 않은 것을 주의해야 할 것이다. 그는 분명히 하나님과 그리스도의 관계를 이해하고 있고, 그리스도의 사역을 하나님과 함께 둠으로써 초기 교회의 그리스도 이해를 그대로 전승하면서 동시에 그리스도론적인 발전을 꾀하고 있다.

1) 구조와 내용

요한계시록 5장 12절에서 하나님과 죽임을 당한 제물이 된 어린 양, 즉 십자가에 달리고 부활한 예수 사이의 유일하고 밀접한 관계가 하나님의 보좌와 함께 '토 아르니온 토 에스파그메논'(τὸ ἀρνίον τὸ ἐσφαγμένον, '죽임을 당하신 어린 양', 참조. 5:6)이란 더 발달된 형태의 서술을 통해 강조되고 있다. 일치 속에서의 대립은 하나의 역설을 이루고, 묵시록이 신약성경 안에서 형성한 '십자가 신학'('theologia crucis')의 특별한 한 변형(變形, Variante)이 나타난다.[68] 그러면 이제 요한계시록에 나타나는 그리스도론적인 진술을 어린 양에 대한 상징 언어를 통해 살펴보자. 요한계시록 5장 13절과 7장 10절에 하나님과 어린 양에 대한 찬송 속에 보좌가 등장하고 6장 16절에는 하나님과 어린 양의 심판과 보좌가 관련되어 나타난다.

ἀρνίον('아르니온')이라는 단어는 요한계시록에서 가장 자주 언급되는 그리스도론적인 칭호이다. 요한계시록에서 ἀρνίον을 통해 그리스도의 속죄제물로서의 죽음이 강조되고 있다.(비교. 계 5:6, 12) 요한계시록에 그리스도의 죽음과 연결된 높임 받은 그리스도에 대한 그리스도론적인 진술이 나타난다. 그런데 이 죽음은 제물로서의 죽음이고, 구원을 위한 희생으로 이해된다.(7:14; 12:11) 이 죽음은 속죄하는 능력을 가지고 있다.(5:9f.; 비교. 요 1:29) 요한계시록에서 십자가에 달린 분의 죽음에 이른 상처는 ὡς ἐσφαγμένον('호스 에스파그메논', '죽임을 당한 것 같은')이라는 어귀를 통해 강조되고 있다.[69] 그리스도의 속죄의 죽음을 통해 주어지는 어린 양의 신적인 전권이 요한계시록 5:6에서 '하나님의 일곱 영'을 의미하는 '일곱 뿔'과 '일곱 눈'을 통해 상징적으로 표현되고 있다.(비교. 11:2-5)[70]

제물 된 어린 양 그리스도와 함께 하는 자는 마지막 때에 그의 죽음을 통해 죄 씻김을 받는다.[71] 제물로서의 죽음을 통해 요한계시록의 그리스도

68) M. Hengel, "Throngemeinschaft," 169를 참조하라.

69) 요한계시록 1:7; 5:6, 12를 보라; 요한복음 19:34, 37도 참고하라.

70) 이것에 대해 M. Hengel, "Throngemeinschaft," 165와 비교하라: 어린 양의 당당하고 신적인 전권이 일곱 뿔과 일곱 눈을 통해 강조되고 있다. H. Kraft, "Offenbarung," 110을 비교하라: 일곱 눈과 일곱 영에 대한 진술은 스가랴 4:10과 이사야 11:2가 결합된 형태에 소급되어진다.

71) 이것에 대해서는 T. Holtz, "Christologie," 47과 비교하라.

론은 "높임 받은 그리스도"를 위해 신적인 지위를 요구하고 있다.[72] 요한계시록에서 제사를 위해 준비되는 어린 양에 대한 은유법(隱喩法)은 비록 언어적으로 그리고 객관적으로 요한복음과는 차이가 있을지언정 여러 면에서 요한복음에 가장 가까이 서 있다.[73] 요한계시록에서 요한의 존엄한 기독론(Hoheitschristologie)은 요한복음의 '선재 기독론'(der Präexistenz-Christologie)을 활용하고 있고 속죄제사(贖罪祭祀)를 위한 '어린 양'(Opferlamm)과 연결되어 있다.[74]

2. 그리스도의 대속의 죽음과 생명

"그들이 새 노래를 불러 이르되 두루마리를 가지시고 그 인봉을 떼기에 합당하시도다 일찍이 죽임을 당하사 각 족속과 방언과 백성과 나라 가운데에서 사람들을 피로 사서 하나님께 드리시고"란 요한계시록 5장 9절의 진술은 그리스도 찬송이 내포한 생명 사상의 진수이다. 이 구절에서 요한계시록 저자는 그리스도 찬송을 통해 그리스도가 가진 생명 사역의 핵심인 것을 어린 양만이 두루마리의 인봉을 떼기에 합당하다란 표현을 통하여 진술한다. 이 묘사에서 그리스도가 가진 생명에 대한 주권을 유추할 수 있다. 다른 어떤 피조물도 심지어 하늘에 있는 어떤 영도 그리스도와 대결하여

---

72) O. Böcher, *Die Johannesapokalypse*, *EdF* 41 (Darmstadt: Wiss. Buchges., 1975), 42를 보라. 이것에 대하여 H. Kraft, *Offenbarung*, 110도 함께 참조하라: "어린 양과 예수를 동일시하는 것을 통해 도입되는 제사 관념(Opfergedanke)은 … 아람어적인 표현에 놓여진 것이 아니라, 부활절 후의 해석의 결과이다."

73) 이러한 주장에 대해서는 J. Frey, "Erwägungen," 346, 388도 함께 참조하라; 아울러 M. Hengel, "Throngemeinschaft," 175와도 비교하라: 그 은유가 요한복음에 - "모든 차이에도 불구하고 - 일반적으로 인정되어질 때는, 가까이 놓여진다."

74) 요한복음 1:29, 36의 "어린 양"에 대한 해석에서 어린 양을 이사야 53장의 고난 받는 종과 연결하기도 하고, 유월절 양에 연결하기도 하지만 필자의 의견에는 요한복음 1:29에서 이 어린 양은 "세상 죄를 지고 가는 어린 양"이므로 죄란 관념과의 연관 속에서 이 어린 양은 먼저 속죄제사를 위한 제물 된 어린 양으로 생각된다.

생명 사역의 한 부분을 담당할 수는 없다. 생명 사역에서 그리스도의 독보적인 위치가 그리스도 찬송에 표현된다는 점에서 저자는 그리스도 찬송을 통하여 그리스도를 높이고 그리스도를 찬송의 대상으로 섬긴다. "그들이 새 노래를 불러 이르되"(ᾄδουσιν ᾠδὴν καινὴν λέγοντες)란 표현을 통하여 '그리스도 찬송'이 '새로운 노래'로 정의된다. '하나님 찬송'과는 다르게 '그리스도 찬송'이 이 구절에서는 '새 노래'(ᾠδή καινός)란 말로 언급되면서 '그리스도 찬송'이 '하나님 찬송'과 다르게 표현된다. ᾠδή καινός란 말로 촉발된 '그리스도 찬송'은 그리스도의 속죄 죽음을 그리스도 찬송의 근거로 제시한다. "일찍이 죽임을 당하사 각 족속과 방언과 백성과 나라 가운데에서 사람들을 피로 사서 하나님께 드리시고"란 언급은 '그리스도 찬송'이 '그리스도의 속죄 죽음'에 연유된다는 것을 말하고 있다. 이 구절은 공관복음 전승과 바울 서신에서 그리스도의 죽음이 다른 사람을 위한 속죄의 죽음에 대한 저자의 전이해를 통해 표현되는 것이다. 요한계시록 저자는 이런 전이해를 바탕으로 그리스도 찬송을 전개한다. 이 단락에서 그리스도는 어린 양이란 상징어를 통해 묘사되는데, 이런 묘사를 통하여 그리스도 찬송이 그리스도의 속죄 죽음에 근거를 두고 전개된다. 그리스도는 속죄 죽음을 당하시므로 인간의 속죄를 이루시고 구원을 성취하셨다. 이러한 요한계시록의 '그리스도의 찬송'에 대한 언급은 빌립보서 2장 6–11절에 나타나는 '그리스도 찬송'과 아주 밀접하게 연관된다. 빌립보서 2장에 나오는 그리스도 찬송은 ἐσφάγης καὶ ἠγόρασας τῷ θεῷ ἐν τῷ αἵματί σου ἐκ πάσης φυλῆς καὶ γλώσσης καὶ λαοῦ καὶ ἔθνους("그는 근본 하나님의 본체시나 하나님과 동등됨을 취할 것으로 여기지 아니하시고", 빌 2:6)란 구절과 ἀλλὰ ἑαυτὸν ἐκένωσεν μορφὴν δούλου λαβών, ἐν ὁμοιώματι ἀνθρώπων γενόμενος· καὶ σχήματι εὑρεθεὶς ὡς ἄνθρωπος ἐταπείνωσεν ἑαυτὸν γενόμενος ὑπήκοος μέχρι θανάτου, θανάτου δὲ σταυροῦ("오히려 자기를 비워 종의 형체를 가지사 사람들과 같이 되셨고 사람의 모양으로 나타나사 자기를 낮추시고 죽기까지 복종하셨으니 곧 십자가에 죽으심이라", 빌 2:7–8)에서 그 진수가 드러난다. 빌립보서 2장에 나타나는 '그리스도 찬송'에서 그리스도가 '본성적인 존귀함의 극치를 버리심'과 '사람되심'과 '죽기까지 복종하심'을 낮아짐의 최하점으로 기술하면서 동시에 διὸ καὶ ὁ θεὸς αὐτὸν ὑπερύψωσεν καὶ ἐχαρίσατο αὐτῷ τὸ ὄνομα τὸ ὑπὲρ πᾶν ὄνομα("이러므로 하나님이 그를 지극히 높여 모든 이름 위에 뛰어난 이름을 주사", 빌 2:9)란 구절에서 존귀함의 극치를 기술한다. 빌립보서에 나타나는 '그리스도 찬송'에서처럼 요한계시록 5장에 나타나는 '그리스도 찬송'에서도 이러한 '낮아짐의 최하점'이 '존귀함의 극치'와 함께 표현된다.

이 빌립보서의 그리스도 찬송과 비슷하게 그리스도의 속죄 죽음과 높임 받은 그리스도를 찬송하는 요한계시록 5장은 요한계시록에 나타난 생명을 이해하는 데 중요한 위치에 있다. 어린 양이 보좌 위에 앉아 있는 분으로부터 책을 받았을 때 네 생물과 24장로들이 어린 양 앞에 엎드린다.(참고. 계 5:7f.) 그때 그들은 모든 거문고와 향이 가득 담긴 금 대접(goldene Schalen)을 가지고 있었다. 그런데 이 향은 성도들의 기도를 상징하고 있다.(5:8; 비교. 8:3-4) 그 성도들은 하나님께 속한 백성들인 그리스도인들이다.(비교. 8:3f.; 11:18; 13:7, 10 등등) 요한계시록 5장 9-12절에서 '그리스도 찬송'은 '새 노래'(ᾠδὴ καινός)로 나타난다. 22장 3-5절에서는 그의 종들이 어린 양과 하나님을 천상적인 예배로 섬기고 있다. 어린 양에 대한 이러한 숭배 사상은 보좌 공동체에서 기인되고 있다. 요한계시록 22장 3절에서 '하나님의 보좌'가 동시에 '하나님과 어린 양의 보좌'이고 하나님과 '같은 방식'으로 어린 양은 하나님과 함께 ἱερεῖς τοῦ θεοῦ καὶ τοῦ Χριστοῦ('히에레이스 투 데우 카이 투 크리스투', '하나님과 그리스도의 제사장', 20:6)인 그들의 종들의 숭배를 받고 있다.[75] 요한계시록 5장 8-14절, 7장 9-17절과 12장 11절에 따르면 그의 종들은 어린 양 예수 그리스도에게 예배(禮拜)와 경배(敬拜)를 드리고 있다.

---

75) O. Hofius, "Zeugnis," 235.

요한계시록 5장 9-10절, 12-13절과 12장 11절에서 '그리스도 찬송'은 그리스도의 속죄의 죽음을 찬송하고 있다. 그것과 나란히 5장 9-10절에서는 어린 양이 '세상의 심판자'의 모습으로 인식된다. 그런데 '어린 양'의 본질은 '하나님과 함께 이루는 보좌 공동체'에서 드러나고 있다.(5:13; 6:16; 7:9-10; 22:1-3) 어린 양은 하나님처럼 '만주의 주요 만왕의 왕'(계 17:14; 19:11-16)으로 불리고 경배(敬拜)를 받는다.(5:8-14; 7:9-17) 이러한 근거로 볼 때 어린 양에 대한 찬송은 하나님께 드리는 찬송과의 관련 속에서 연구되어야만 한다.

요한계시록 5장 13절에서 '새 노래'가 하나님을 위한 종말론적인 찬송으로 불려지는 것과 대조적으로, 요한계시록 5장 9-10, 12절에서 어린 양의 유일무이(唯一無二)한 위엄(威嚴)이 찬송되어진다. 5장 9절에서 이 찬송에 대한 근거로서 어린 양의 제물로서의 죽음이 언급되고 있다. 자신의 고난의 죽음을 통해 어린 양은 자기의 사람들을 속죄했다. 속죄함을 받은 자들은 어린 양의 피로 인해 (비교. 5:9c; 1:5) '왕과 제사장'(5:10; 비교. 1:6)이 되었다. 이 노래들에서 어린 양의 위엄이 찬송으로 불린다. 로제(E. Lohse)는 어린 양에 대한 찬송에서 원시 교회의 신앙고백 (信仰告白)의 증언을 보고 있다.[76] 이렇게 요한계시록에서 아버지와 함께 이루는 공동체 속에서 아들에게, 즉 죽임을 당한 어린 양에게, 신적인 위엄이 주어진다.[77]

요한계시록에서 결정적인 하나님의 칭호인 ὁ ων καὶ ὁ ἦν καὶ ὁ ἐρχόμενος ('호 온 카이 호 엔 카이 에르코메노스', '이제도 계시고 전에도 계셨고 장차 오실 이')(1:4, 8),[78] ὁ παντοκράτωρ('호 판토크라토르', '전능한 자')(1:8; 4:8; 11:17; 15:3; 16:7; 19:6; 21:22) 그리고 ὁ καθήμενος ἐπὶ τοῦ θρόνου ('호 카테메노스 에피 투 드로누', 보좌에 앉으신 이)"(7:15)/ ὁ καθήμενος

76) E. Lohse, *Offenbarung*, 44f.를 보라.

77) 이것에 대하여 M. Hengel, "Throngemeinschaft," 175를 보라.

78) 비교. 4:8: "호 엔 카이 호 온 카이 호 에르코메노스"(ὁ ἦν καὶ ὁ ων καὶ ὁ ἐρχόμενος, 전에도 계셨고 이제도 계시고 장차 오실 이).

ἐπὶ τῷ θρόνῳ('호 카테메노스 에피 토 드로노', '보좌에 앉으신 이')(21:5)[79]가 그리스도를 위한 칭호로 이용되지 않고 그리스도가 데오스(θεός)로 칭해지지 않았을지라도, 아들은 아버지와 본질적인 동질성을 나누고 있다.[80]

요한계시록 저자는 죽임을 당하신 어린 양에 대한 묘사 뒤에 그 어린 양은 "능력과 부와 지혜와 힘과 존귀와 영광과 찬송을 받으시기에 합당하도다."(계 5:12)란 말로 찬양을 한다. 그런데 그리스도를 향한 이 찬양에 대한 표현은 요한계시록의 생명 사상의 중요한 요소를 나타낸다. 그리스도가 찬송을 받는 대상자로 언급되는 이러한 표현은 '그리스도 찬송'을 통해 나타나는 인간에 대한 인식과 아울러 구속자에 대한 분명한 인식을 통해 자신의 생명 본질을 인식하게 된다. 그것은 그리스도가 생명의 본질임을 인식하는 가운데 그리스도를 주와 하나님으로 섬기게 되고 찬송의 대상이 된다는 것을 인식함으로써 그리스도가 주시는 생명의 평화를 누린다는 것이다. 그것은 인간이 누구를 주로 섬기는가, 누구를 찬송의 대상으로 섬기는가에 따라 그의 운명이 판별되기 때문이다.

3. 심판자로서 그리스도 사역의 열매인 생명

요한계시록에서 하나님의 보좌는 하나님의 권세(權勢)와 하나님의 현존(現存)을 명백히 표현하는데,[81] 5장 13절에서 보면 '보좌에 앉으신 이와 어린 양'은 분리될 수 없는 관련 속에 있고 모든 만물이 두 분 모두에게 찬

79) 이것에 대해서는 요한계시록 4:9; 5:13; 6:16; 7:10; 비교. 7:9도 아울러 비교하라.

80) 이것에 대해서는 O. Hofius, "Zeugnis," 239를 참조하라; 이것에 대한 반대 주장으로는 요한계시록이 그리스도를 하나님과 같은 칭호로 수식하는 것을 피한다고 주장하는 T. Holtz, "Christologie," 176을 보라.

81) 이것에 대해서는 O. Schmitz, Art. θρόνος, *ThWNT* III (1938), 165f.; E. Peterson, "Von den Engeln," in: *Theologische Traktate* (München: Koesel-Verl., 1951), 330-343을 참조하라.

송을 드리고 있다. 어린 양과 하나님은 하나님의 보좌 위에서 서로 일치(一致)를 이루고 있다.[82] 5장에 나타나는 그리스도 찬송에는 그리스도의 심판자로서 역할을 수행하는 모습이 나타난다. 그리스도의 심판자로서의 사역은 그의 신적인 본성과 관련되어 있고, 이런 관련은 그리스도가 찬송을 받는 주인이란 분명한 저자의 의도를 나타낸다. 그리스도는 찬송의 주인으로서 본성은 그의 속죄자로서의 죽임 당함에 기인하고 있음을 요한계시록 저자는 "죽임을 당하신 어린 양은 능력과 부와 지혜와 힘과 존귀와 영광과 찬송을 받으시기에 합당하도다 하더라"(계 5:12)란 묘사를 통하여 그리스도는 자신의 속죄 죽음을 통하여 찬송을 받는 존귀함을 가지게 됨을 말하는데, 이런 묘사는 그리스도의 심판권으로 이어진다. 이 구절에서 그리스도의 심판권은 "그들로 우리 하나님 앞에서 나라와 제사장들을 삼으셨으니 그들이 땅에서 왕 노릇 하리로다."(계 5:10)란 언급에서 표출된다. 제사장과 왕의 역할은 어떤 것에 대한 판단을 내리는 위치에 있다는 점에서 그리스도의 심판권에 대한 진술로 볼 수 있는 개연성은 충분하다. 제사장은 영적인 면에서 왕은 세상적인 관점에서 진리와 거짓을 판단하고 평가해야 할 책임을 가진다.

그리스도가 심판자로서 세상을 판단하고 심판한다는 것은 바른 진리를 알게 되고. 그 진리에 대한 탐구로 이어진다. 진리는 참된 것이고 그것은 생명에 대한 무한한 비밀이다. 그것은 진리가 가진 생명 본질과 밀접히 연결되어 있다. 그것은 "진실로 생명의 원천이 주께 있사오니 주의 빛 안에서 우리가 빛을 보리이다."(시 36:9)란 진술에서 '주의 빛'이란 생명의 원천과 어떤 연결점이 있다는 것이 확인가능하다. 예수는 자신을 '진리'요 '생명'(ἡ ἀλήθεια καὶ ἡ ζωή)이라(요 14:6)고 말했다. 예수가 진술한 생명 본질은 시편 36편에 나타나는 생명 본질과 깊은 관련 속에 있다. 그것은 본질적인 생명이란 것에서 이해된다. "진실한 증인은 사람의 생명을 구원한다."(잠 14:25)

82) 그것에 대하여 M. Hengel, "Throngemeinschaft," 159-175를 보라.

란 잠언의 진술은 시편 36편 9절에 나타난 생명 본질이나 예수가 진술하신 생명 본질과는 다르게 외적인 인간의 생명으로 파악된다. 이러한 생명 이해에서 볼 때 생명 본질은 생명의 근원의 문제로 향하게 되는데, 생명 근원으로서의 생명 본질 문제에 대한 탐구는 어린 양을 찬송의 대상으로 섬기는 것을 묘사한 요한계시록 5장에서 그 답을 찾게 된다. 그런데 그것은 그리스도의 심판 사상과 함께 주어진다.

심판은 하나님의 의로우심에 기초하고 있는데 이것은 하나님의 의를 이루고자 하는 하나님의 본성적인 의로우심을 나타내는 통로가 된다. 심판과 관련된 하나님의 의에 관한 표현을 구약성경과 신약성경에서 자주 만날 수 있다. 하나님은 의를 성취하기 위해 진노하시고 심판을 행하신다. 하나님은 의로우시고 거룩하신 분이시므로 악을 징계하시고 의를 성취하신다. 하나님의 의를 성취하기 위해 하나님의 진노가 나타나는 현실을 구약성경은 분명히 언급한다. 출애굽기 15장 7절은 "주께서 주의 큰 위엄으로 주를 거스르는 자를 엎으시니이다 주께서 진노를 발하신다."란 구절에서 하나님의 위엄과 심판과 진노를 같은 맥락에서 다룬다. 이런 문맥에서 하나님의 심판과 진노가 하나님의 의를 이루는 한 방편인 것을 알 수 있다. 이러한 구약성경의 진노 이해는 신약성경에서 더욱 분명해진다. 바울은 "하나님의 진노가 불의로 진리를 막는 사람들의 모든 경건하지 않음과 불의에 대하여 하늘로부터 나타나나니"(롬 1:18)라고 했는데, 이 진술은 "네 고집과 회개하지 아니한 마음을 따라 진노의 날 곧 하나님의 의로우신 심판이 나타나는 그 날에 임할 진노를 네게 쌓는도다."(롬 2:5)란 구절에서 더욱 분명하게 진노와 심판이 연결된다. 그런데 진노를 통해 이루는 심판을 바울은 의로운 심판이란 말로 진노를 하나님의 의를 이루는 방편임을 나타낸다.

하나님의 진노를 거스릴 수 있는 피조물은 존재하지 않는다. 하나님의 의는 하나님의 거룩을 드러내는 것이고 하나님의 거룩에 비추어진 모든 피조물의 흠은 하나님의 진노의 대상이다. 그러므로 구약성경에는 자주 회개에 대한 언급이 주어진다. '돌이킴'이란 의미로 표현되는 '회개'는 피조물이 자신의 근본적인 피조물 됨을 인식하고 창조주를 상기하고 창조주의 뜻을 찾고 그 근본적인 위치로의 환원을 의미한다. 이렇게 피조물이 자신의 허물을 깨닫고 돌이킴을 통해 하나님의 거룩하심이 드러나는 것이고 하나님의 의가 성취된다. 하나님의 심판은 하나님의 본성적인 거룩에 기인한 것으로, 하나님은 심판을 통하여 거룩을 보존하시고 의를 성취하신다.

하나님은 의를 성취하시기 위해 하나님의 본성적인 거룩을 표출하는 동시에 피조물인 이스라엘에게도 거룩을 요구하신다. 이스라엘은 이 요구 앞에서 자신의 거룩을 지켜야 했다. 하나님의 이러한 요구를 레위기 11장 45절에서 볼 수 있다.(참조. 벧전 1:15-16) 레위기에 나타나는 거룩에 대한 요구는 하나님의 본성적인 거룩에 기초되어 있으므로 하나님의 뜻을 찾고 그 뜻에 합당하게 살아가는 데서 거룩을 성취할 수 있다.

이런 점에서 본다면 그리스도 찬송에 나타난 하나님의 심판 사상은 하나님의 본성적인 거룩을 지키는 데서 나타난다. 하나님을 알고자 하는 인간의 질문을 통해 찾은 자신의 본질에 대하여 돌아보게 하고 자신의 삶의 방향을 돌이키고 회복하는 행동으로 나타난다는 점에서 생명 회복의 중요한 요소이기도 하다. 그것은 인간 생명의 본질은 창조주를 바르게 인식하고 창조주를 향해 자신의 인생을 계획하고 살아가는 데 있기 때문이다. 하나님의 뜻을 찾는 인간의 질문과 그것에 대한 하나님의 응답을 통해 생명 본질에 대한 이해에 이르게 된다.

이런 점에서 본다면 하나님의 심판 사상은 하나님의 거룩을 표현하고 하나님의 의를 드러내는 것으로 그치는 것이 아니라, 하나님의 뜻을 알게 하고 그 뜻을 성취하도록 요구하도록 한다. 이러한 하나님의 의를 알고 성취하기 위해서 율법을 지키고 규례를 지키도록 구약성경은 요구한다. 그들은 하나님의 법 안에서 자유를 누렸던 것이다. 그러므로 하나님의 법의 테두리는 인간을 제한시켜 구속하는 것으로 그치는 것이 아니라, 동시에 그 테두리 안에서 무한한 자유를 누리고 그 자유함을 통해 하나님을 섬기게 하는 데 있다. 그러므로 이러한 자유함 속에 생명의 기쁨이 내재되고 세상이 알지 못하는 환희와 기쁨으로 세상을 이기는 것이다.

4. 요약 및 소결론

찬송에 나타난 심판 사상은 그리스도의 절대 주권을 나타내는 것이고 이런 심판 사상은 그리스도의 주권을 통한 그의 통치와 왕권을 분명하게 나타낸다. 이런 점에서 보면 그리스도 찬송은 인간의 생명과 죽음에 대한 모든 권세를 가진 심판주로서의 본질을 분명히 제시한다. 요한계시록에 나타난 찬송은 그의 심판에 대한 권세를 나타내는 것이고, 그것은 그리스도의 왕권과 그의 통치에 대한 묘사를 나타내는 것이다. 그리스도의 왕권과 심판권은 그리스도가 그들로 나라와 제사장을 삼은 권세에 의해 명백해진다. 하나님 앞에서 나라와 제사장의 역할을 감당하도록 한다는 것은 그리스도의 왕권을 나타내는 것이고 그의 왕권은 그리스도의 심판권을 지시한다. 그런데 요한계시록 저자는 그것을 통하여 인간 구원에서의 그리스도의 역할을 묘사함으로써 그리스도 찬송 속에 나타난 그리스도의 심판권을 주장한다. 이 심판권은 그리스도의 구원 사역의 중요한 터전을 이룬다. 그리스도 찬송이 나타나는 요한계시록 5장 1-13절은 그리스도의 왕권에 기초한 심판을 통하여 이루는 생명 사상이라고 볼 수 있다. 이런 관점에서 본다면 그리스도의 심판은 요한계시록의 생명 사상의 주요한 한 요소를 이룬다고 생각된다.

III. 어린 양과 생명

요한계시록에서 그리스도론적인 진술이 중심축을 이루고 있다. 한편 요한계시록에서 그리스도론적인 진술에서 ἀρνίον이란 상징 언어가 중요한 위치에 있다.[83] 이 글에서는 그리스도론과 관련된 생명 주제를 살피기 위

하여 요한계시록에 나타난 '어린 양'(ἀρνίον)[84]이라는 상징 언어 속에서 찾고자 한다.[85]

요한계시록에는 여러 상징 언어를 통하여 그리스도론적인 진술을 하고 있는데, 이 장(障)에서는 그 상징 언어들 중에서 ἀρνίον이란 상징 언어를 중심으로 생명 사상을 도출하고자 한다.

---

83) 요한계시록에 나타나는 '인자'(υἱὸς ἀνθρώπου, 계 1:13; 14:14) 사상도 그리스도론을 연구하는 데 중요한 주제이나 이 글에서는 어린 양에 집중하고자 생략한다. '인자'에 대해서는 Canon Leon Morris, *The Revelation of St. John: An Introduction and Commentary Tyndale New Testament Commentary 20*, 레온 모리스/김근수 역, 『요한계시록』, 틴델 신약주석 시리즈 20(서울: 기독교문서선교회, 2002), 58; Eduard Lohse, *Offenbarung des Johannes*, 에두아르트 로제/박두환·이영선 공역, 『요한계시록』(서울: 한국신학연구소, 1997), 46; 배재욱, "신약성경의 생명 사상에 대한 고찰", 「선교와 신학」 22(2008), 64를 참조하라. 어린 양에 대해서는 Doo-Hwan Park, "Die Christologie der Offenbarung des Johannes. Eine religions und traditionsgeschichtliche Untersuchung uber das Lamm(τὸ ἀρνίον) in ApkJoh", 「신약연구」 9/2(2010), 291-307; Richard Bauckham, *The Theology of the Book of Revelation*, 리챠드 보캄/이필찬 역, 『요한계시록 신학』, 켐브리지대학 신약신학 시리즈(서울: 한들출판사, 2000), 87-102; Eduard Lohse, *Offenbarung des Johannes* (1997), 87-91; Heinrich Kraft, *Die Offenbarung des Johannes*, 하인리히 크라프트/박재순·최미영 공역, 『요한 묵시록』, 國際聖書註釋 47 (서울: 韓國神學研究所, 1992), 168-185; 김춘기, "예수의 啓示事件으로 본 요한복음 21章"(대구: 啓明大學校 박사학위 논문, 2002), 199를 참조하라. 어린 양의 본질 문제는 이미 필자가 배재욱, "요한계시록에 나타난 상징 언어 '어린 양'에 대한 선교신학적인 고찰", 「선교와 신학」 13(2004), 188-190에서 다루었기 때문에 이 글에서는 다루지 않으니 위의 글을 참조하라.

84) 필자는 ἀρνίον에 대한 언어적인 분석을 이미 앞선 글에서 내렸기에 이 글에서는 ἀρνίον에 대하여 언어적인 분석은 시도하지 않는다. 이것에 대하여는 배재욱, "요한계시록에 나타난 상징 언어"(2004), 174-177을 보라. 그리고 J. Jeremias, Art. ἀμνός, ἀρήν, ἀρνίον, *ThWNT* I(1953), 342-345도 참조하라.

85) ἀρνίον과 관련하여 나타나는 그리스도론적인 이해에 대하여 배재욱, "요한계시록에 나타난 상징 언어"(2004), 178f.를 참조하라. 그러나 이 글은 요한계시록 생명 사상 전체를 다 살펴보는 것이 아니라, 어린 양 상징 언어와 관련된 것으로만 한정하여 연구하고자 한다.

요한계시록에서 ἀρνίον이 가지는 상징적인 의미는 그리스도론적인 의미로 집약되고 있다.[86] 그러므로 이 ἀρνίον이 가지고 있는 그리스도론적인 상징이 내포하는 의미가 생명 사상과 어떻게 관련되는지를 살펴보아야 한다. 그러기 위하여 ἀρνίον의 이미지 속에 나타나는 요한의 신학적인 진술을 찾아보아야 할 것이다. 요한계시록에서 생명 사상은 ἀρνίον(계 5:6, 7-8, 12-13; 6:1, 16; 7:9-10, 14, 17; 12:11; 13:8; 14:1, 4, 10; 15:3; 17:14; 19:7, 9; 21:9, 14, 22-23, 27; 22:1, 3) 상징어와 결합되어 나타난다.[87] 그런데 이 생명 사상이 요한계시록에서 그리스도론과 관련하여 어떤 면에서 중요한 터전이 되는가가 중요한 문제이다.

요한계시록에 많은 상징 언어들이 사용되는데, 그중에서 ἀρνίον이란 상징 언어는 그리스도론적인 중심 주제를 담고 있다. ἀρνίον이 하나님과 함께 가지는 보좌 공동체(참조. 계 3:31; 5:13; 6:16; 7:9-10; 22:1-3)는 시편 110편 1절의 내용을 암시하고 있다. "주께서 내 주에게 말씀하시기를 내가 네 원수들로 네 발판이 되게 하기까지 너는 내 오른편에 앉아 있으라 하셨도다."(비교. 잠 8:30) 잠언 8장 22절에 '선재한 지혜'에 대한 암시가 나타난다. 요한복음 10장 30절에도 회화적(繪畵的)으로 아버지와 예수의 하나

86) 위터쉐크(Stephan Witetschek)는 요한계시록에서 마성을 가진 동물 상징이 유명하다고 말한다. 그것에 대해서는 Stephan Witetschek, "The Dragon Spitting Frogs: On the Imagery of Revelation 16.13-14," *NTS* 54/4(2008), 557-558을 보라.

87) 요한계시록 21:17의 "그 성곽을 측량하매 백사십사 규빗이니 사람의 측량 곧 천사의 측량이라"에서 '측량'이란 언급을 J. Hernandez, "A Scribal Solution to a Problematic Measurement in the Apocalypse," *NTS* 56/2(2010), 277-278에서 에르난데스(J. Hernandez)는 새 예루살렘의 성곽에 대한 측량에 대한 문제점을 말하며 그것을 상징적인 의미나 영적인 의미로 해석하기보다는 의도적이고 사전에 숙고한 표현이라고 말한다. 이 글에서는 생명 사상을 요한계시록에 나타난 '인자'와 '어린 양'과 관련해서만 한계를 정하여 다루기로 한다. 인자와 생명에 대한 구절은 요한계시록 1:13-20에서 그리고 어린 양과 생명에 대한 구절은 7:17; 12:11; 13:8; 21:27; 22:15에서 볼 수 있다.

됨이 표현되고 있다.[88] "나와 아버지는 하나이니라." 요한계시록에서 아버지와 아들의 하나 됨의 사상은 보좌 공동체를 통해 볼 수 있다. 그런데 이 ἀρνίον이 어떤 면에서 그리스도론적인 관련성을 가지고 있는가란 질문이 대두된다.

7장 17절에서는 생명의 주체가 ἀρνίον과 하나님으로 분리되어 표현되고, 이런 표현을 통하여 그리스도론이 어떻게 나타나는지에 대한 질문이 나타난다. 요한계시록 4장 2절과 21장 6절에서는 ὁ καθήμενος ἐπὶ τῷ θρόνῳ ('보좌에 앉으신')란 표현을 통하여 하나님의 주권을 묘사하고, 이것과 다르게 7장 17절에서는 ἀρνίον이 보좌 가운데 있는 모습으로 묘사된다. 그런데 요한계시록 22장 1-5절에서는 하나님과 ἀρνίον이 함께 보좌 공동체를 이루는 모습이 그려진다. 하나님과 ἀρνίον이 함께 보좌에 앉아 있는 모습을 통하여 저자가 나타내고자 하는 궁극적인 이유가 무엇이겠는가?

이러한 물음은 요한계시록 저작 당시에 획기적인 그리스도론적인 발전이 이루어졌다는 것을 전제로 할 수 있겠는지에 대한 질문을 만든다. 그리스도론적인 발전이 초기 교회의 생명 사상에 어떤 영향을 끼쳤는지에 대한 물음도 아울러 나타난다. 이러한 질문을 통하여 이 논문은 초기 교회의 생명 사상의 중요한 해결의 실마리를 찾고자 한다.

이 글에서는 요한계시록에 나오는 다양한 생명 이해를 탐구함에 있어서 ἀρνίον 상징 언어를 매개로 하여 그리스도론을 전개하는 생명 사상에 대하여 살펴보고자 한다.

그리고 요한계시록에서 ἀρνίον에 대한 상징 언어가 내포하는 생명 사상을 탐구할 수 있는 요한계시록 7장 17절, 14장 1-5절, 21장 5-6절 그리고 22장 1-5절을 연구하면서 이 본문 속에 나타난 생명 진술을 탐구하고자 한다. 그런 후 그리스도론의 발전을 통해 형성된 그리스도의 신성 확립과 관련된 생명 사상을 연구하여 요한계시록 저자가 그리스도론적으로 생명

88) 이것에 대하여 M. Hengel, "Throngemeinschaft," 159를 보라.

을 이해하고 전개한 것에 대하여 진술하고자 한다.

1. 어린 양 상징언어에 대한 이해

요한계시록 5장 13절, 6장 16절, 7장 9-10절에는 '보좌에 계신 분과 어린 양'에 대한 서술이 나타난다. 요한계시록에는 하나님의 보좌에 관한 서술이 '40회' 나온다.[89] 하나님에 대한 칭호로 '보좌에 앉으신 이'가 요한계시록에서 고정된 관용어로 13회 발견되고 있다. 그리고 '주 하나님'(κύριος ὁ θεός)은 10회 등장한다. 이것과 함께 '판토크라토르'(παντοκράτωρ)가 결합된 명칭이 하나님에 대한 중요한 칭호로 나타난다.[90]

요한계시록에서 어린 양에 대한 상징 언어는 메시야 사상과 연결된다. 이러한 메시야 사상과의 연결은 요한계시록에서 처음 등장한 것이 아니다. 구약성경의 헬라어 번역인 칠십인역 성경은 이미 이사야 52장 13절-53장에서 עבד יהוה('에베드 야웨', '야웨의 종')가 δοῦλος θεοῦ('두로스 데우', '하나님의 종')가 아니라 παῖς θεοῦ('파이스 데우')의 의미로 번역하고 있다.(비교. 사 52:13) 그런데 παῖς θεοῦ의 뜻은 '하나님의 종'의 뜻만 아니라 '하나님의 아들'이라는 의미도 아울러 함께 가지고 있다. 이 παῖς θεοῦ는 아무튼 '메시야적인 의미'를 가진다.[91] '파이스'(παῖς)에 해당하는 아람어 '타리아'(טליא)는 이중의 의미를 가지는데 이것의 뜻은 1) '어린 양', 2) '소년' 또는

---

89) M. Hengel, "Die Throngemeinschaft des Lammes mit Gott in der Johannesapokalypse," *ThBeitr* 27 (1996), 160을 보라.

90) 이것에 대해서는 위의 논문, 161을 참조하라. 요한계시록에 나타나는 παντοκράτωρ 용법에 대해서는 요한계시록 1:8; 4:8 - "κύριος ὁ θεὸς ὁ παντοκράτωρ, '주 하나님 곧 전능하신 이'; 11:17과 15:3 그리고 16:7; 21:22 - κύριε ὁ θεὸς ὁ παντοκράτωρ, '주 하나님 곧 전능하신 이여'; 19:6 - κύριος ὁ θεὸς [ἡμῶν] ὁ παντοκράτωρ, '주 우리 하나님 곧 전능하신 이'를 참조하라.

91) H. Kraft, "Offenbarung," 109를 보라.

'종' 이다.[92] 이러한 구약성경적-유대교적 배경 속에서 요한계시록의 저자는 '어린 양'이란 상징 언어를 통해 고난당하는 예수에 대한 메시야적인 진술을 하고자 했다고 생각된다.

2. 상징 언어를 통해 나타난 그리스도론적인 진술과 생명 사상

요한계시록에서 여러 상징적인 표현은 그리스도를 이해하는 데 중요하다. 요한계시록 저자는 상징을 해석할 때 그것에 대하여 직접적으로 언급함으로 자신이 사용한 상징을 해석하기도 한다.(참조. 1:20; 4:5; 5:8; 12:9; 17:7, 9-10, 12, 15, 18)[93]

요한계시록에 나타난 상징 언어는 이원론적인 구조를 기본으로 하여 이루어져 있다. 요한계시록에서 이원론적인 구조는 하나님과 사탄의 대립으로 나타나는데, 이런 "대립적 구조는 요한계시록의 역사신학적 전제"라 할 수 있다.[94] 이러한 상징 언어들 중에서 "하나님과 어린 양의 보좌"(계 22:1)라는 상징 언어는 ἀρνίον이 하나님과 함께 이루는 공동체적인 연결을 보증하는 동시에 그리스도의 신성을 내포한다. 하나님과 ἀρνίον이 함께 이루는 보좌 공동체가 요한계시록 3장 21절, 22장 1절과 22장 3절에서 세 번 나타난다. 그런데 22장 1절과 22장 3절에서 ὁ θρόνος τοῦ θεοῦ καὶ τοῦ ἀρνίου('하나님과 어린 양의 보좌')란 표현이 언어적으로 완벽하게 하나님과 ἀρνίον

92) J. Jeremias, ἀμνός τοῦ θεοῦ – παῖς θεοῦ, *ZNW* 34 (1935), (115-23), 116. 이사야 53장의 '에베드 야웨'(עבד יהוה)는 때때로 아람어에서 '타리아 다아레'(טליא דאלהא)로 표기된다. 어떤 학자들은 이러한 연유에서 요한복음에서 '에베드 야웨'(עבד יהוה)가 헬라어 파이스 데우(παῖς θεοῦ) 또는 두로스 데우(δοῦλος θεοῦ)가 아니라 암노스 투 데우(ὁ ἀμνὸς τοῦ θεοῦ)로 의역한 것으로 보인다고 주장한다. 이 가정에 반대하여 여러 의견이 제시되기도 했다. 이것에 대하여는 H. Kraft, "Offenbarung," 109에서 풍부한 설명을 찾을 수 있다.

93) 박수암, "요한계시록에서의 묵시와 묵시주의", 「敎會와 神學」 33(1998) (158-182), 171을 보라.

94) 박두환, "요한계시록과 형상 언어", 「목회와 신학」 190(2005), 177.

의 보좌 공동체를 지시한다. 22장 3절에 나타나는 ὁ θρόνος τοῦ θεοῦ καὶ τοῦ ἀρνίου란 말이 3장 21절에는 없지만, "내가 이기고 아버지 보좌에 함께 앉은 것과 같이 하리라"란 표현에서 ἀρνίον이 하나님과 함께 보좌 공동체를 이루고 있음이 암시된다. 7장 17절에는 ἀρνίον이 보좌에 앉아 있는 모습이 그려지지만 하나님과 함께 보좌 공동체를 이루고 있다는 것이 명확하게 표현되지 않고 암시적으로 나타난다. ὁ θρόνος라는 상징 언어는 하나님이 가지시는 '통치권의 중심'을 나타내는 말로 '하나님의 절대적인 권위와 위엄'을 표현한다.[95] 그런 점에서 본다면 요한계시록 저자는 하나님과 ἀρνίον의 보좌 공동체[96]를 통해 그리스도의 신성을 드러내고자 하는 의도로 ἀρνίον이란 상징 언어를 사용했다고 본다. 하나님과 함께 ἀρνίον이 보좌에 앉는다는 요한계시록의 설정은 그리스도를 하나님으로 이해하고 표현하는 초기 교회의 신앙 고백의 발로라고 할 수 있고 이러한 설정은 그리스도론의 최정점을 이루고 있다.[97]

박두환은 "요한계시록과 형상 언어"[98]란 글에서 "요한계시록의 저자는 다른 복음서나 서신들과 같은 형상 언어(Bildsprache)를 사용해 자신과 당시의 실존적 위기를 고발하고 영적 교훈을 제공한다. 이는 형상 언어가 갖는 여러 가지 특징 중에서 상징성이나 함축성에서 찾아볼 수 있다."란 말로 요한계시록이 가지는 상징 언어가 내포하는 중요성을 말한다.[99] 이러한 상

---

95) O. Schmitz, Art. θρόνος, *ThWNT* III (1938), 165f.; E. Peterson, "Von den Engeln," in: *Theologische Traktate* (München: Koesel-Verl., 1951), 330-343을 참조하라. 하나님의 절대하신 권위와 위엄 때문에 시편 46:10은 "너희는 가만히 있어 내가 하나님 됨을 알지어다."(시 46:10)라고 했다.

96) 하나님과 ἀρνίον의 보좌 공동체에 관해서는 배재욱, "요한계시록에 나타난 상징 언어"(2004), 178-181을 참조하라.

97) 이것에 대해서는 배재욱, "요한계시록에 나타난 상징 언어"(2004), 188-190을 보라.

98) 박두환, "요한계시록과 형상 언어"(2005), 174-179.

99) 독일 학자들이 통상적으로 이러한 상징을 표시하는 말로 Bildsprache란 단어를 사용한다. 박두환은 이 Bildsprache를 '형상 언어'란 말로 표현하면서 자신의 신학을 정리한다. 이 말들이 다 가능하지만 필자의 생각에는 독일말 Bildsprache를 '그림

징 언어를 사용하여 요한계시록 저자는 자신이 경험한 세계에서의 경험과 자신이 처한 위치에서 자신의 눈으로 이해한 구원론적인 시각으로 생명 사상을 해석한다. 요한계시록 저자는 이러한 상징 언어를 사용할 때 구약성경이 묘사하는 여러 가지 재료를 그대로 이용하기도 하고 때로는 저자 자신의 눈으로 보고, 귀로 들은 것을 자신의 인식 속에서 이해하여 다시 적용하여 나타내기도 한다.[100] 이러한 이해 속에서 상징 언어를 사용하여 ἀρνίον(참조. 계 5:6, 7–8, 12–13; 6:1, 16; 7:9–10, 14, 17; 12:11; 13:8; 14:1, 4, 10; 15:3; 17:14; 19:7, 9; 21:9, 14, 22–23, 27; 22:1, 3)과 λέων(사자, 참조. 계 4:7; 5:5; 9:8, 17; 10:3; 13:2)[101] 등으로 묘사되는 그리스도는

언어' 또는 '형상 언어'란 말로 표기하기보다는 '상징 언어'란 말로 표기하는 것이 더 포괄적으로 명확하게 그 의미가 드러나며, 그것이 요한의 신학을 더 잘 드러낸다고 생각하여 '상징 언어'란 말로 표현하고자 한다.

100) 요한계시록 저자가 구약성경이나 초기 유대교 문헌을 인용하고 받아들인 것을 M. D. Dulk, "Measuring the Temple of God: Revelation 11.1–2 and the Destruction of Jerusalem," *NTS* 54/3(2008), 436–449.에서 둘크(M. D. Dulk)는 요한계시록 11:1–2를 해석하면서 이 구절을 제4 에스라서와 바룩 2서와 비슷한 경향으로 본다(448). 그리고 그는 11:1–2에서 에스겔 2:8–3:8과의 연관성을 주장한다(440). 또한 그는 보캄(Richard Bauckham)의 주장을 따라 11:2의 καὶ τὴν αὐλὴν τὴν ἔξωθεν τοῦ ναοῦ ἔκβαλε ἔξωθεν을 다니엘 8:11의 וְהֻשְׁלַךְ מְכוֹן מִקְדָּשׁוֹ의 번역으로 본다. 이것에 대해서는 Richard Bauckham, *The climax of prophecy: studies on the Book of Revelation*(Edinburgh: T & T Clark, 1993), 270과 둘크(M. D. Dulk)의 M. D. Dulk, "Measuring the Temple of God," 443쪽을 보라. 초기 유대교에서의 생명 사상에 대해서는 배재욱, "초기 유대교 문헌에 나타난 생명 사상과 그 특징", 「신약논단」 통권 15권 1호(2008년 봄호), 1–35를 참조하라.

101) Richard Bauckham, *The Climax of prophecy: studies on the book of Revelation*, 리차드 보쿰/최흥진 역, 『예언의 절정 1. 요한계시록 연구』(서울: 한들, 2002), 223–226에 보면 보쿰(Richard Bauckham)은 다음과 같이 ἀρνίον과 사자의 대조에 대하여 말한다. ἀρνίον을 사자와 대조시킨 것은 "그 상징들에 관심을 기울이는 한 저자의 편에서는 의도성이 있다. 그리고 그의 의미는 일반적으로 의지할 바 없는 ἀρνίον이 배고픈 사자의 먹이가 됨으로(삼상 17:34–35; 렘 49:19–20; 50:17, 44–45; 암 3:12) 야기되는 자연적인 적대감을 기억함으로 강화된다. 그러나 이 의미가 이 구절들에 있는 … [다윗의 뿌리를] 소홀히 할 만큼 강조되어서는 안된다.

십자가 죽음을 통하여 하나님의 종말적인 '구속 사업을 실현시키는 분'으로 나타난다.(참조. 계 5:9-10)

3. ἀρνίον과 생명

요한계시록에서 그리스도가 상징적인 언어로 표현되고 있다는 것에 대해서 알아보았다. 이제 이러한 이해 속에서 요한계시록에 나타나는 ἀρνίον이란 상징 언어 속에 나타난 생명 사상을 이해할 수 있다. 요한계시록에서 ἀρνίον은 그리스도론적으로 사용되면서 신약성경의 다른 책들과는 다르게 아주 특이한 모습으로 전개된다.[102]

1) 요한계시록 7장 17절

요한계시록 7장 17a절과 7장 17b절에서 ἀρνίον과 하나님에 대한 묘사가 평행으로 나타난다. 생명 구원 사역의 주체가 7장 17a절에서는 ἀρνίον이, 7장 17b절에서는 하나님이다. 이렇게 17a절에서 ἀρνίον이 생명 사역의

[…] 다윗의 사자라는 표현은 창세기 49:9에서 유래한 것이다. 다윗의 뿌리는 이사야 11:1, 10에서 유래한 것이다. 두 구약의 본문은 요한의 시대에 유대의 메시야적인 희망들의 표준구(*loci classici*)였다. […] 사자는 강력한 대적자의 표상이거나 (예를 들면 시 7:2; 10:9; 17:12; 22:13, 21; 35:17; 57:4; 58:6; 사 5:29; 렘 4:7; 5:6; 50:17) 대적자들에게 승리한 이스라엘의 표상이거나 (예를 들면 민 23:24; 신 33:20; 미 5:8; II 마카비 11:11) 혹은 하나님의 파괴적인 진노의 표상이다.(예를 들면 민 38:13; 신 25:38; 애 3:10-11; 호 5:14; 13:7-8) […] '사자는 짐승 중 가장 강하여 어떤 짐승 앞에서도 물러서지 아니한다.'(잠 3:30) […] 요한은 보다 친숙한 명칭인 다윗의 뿌리가 지닌 파괴적인 힘에 함축된 의미를 재강화한 것이다. 그리고 사자와 ἀρνίον을 분명히 대조했다."

102) J. L. Resseguie는 19:11-21에 나타나는 말 탄 자와 함께 '인자와 같은 이'(1:12-20, 14:14) 그리고 ἀρνίον(5:6-14)을 대표적인 그리스도에 대한 상으로 제시한다. 그것에 대해서는 J. L. Resseguie, *Revelation Unsealed. A Narrative Critical Approach to John's Apocalypse* (Leiden · Boston · Köln: Brill, 1998), 111을 보라.

주체로 나타나는 표현에서,[103] 그리스도론적인 진술과 연결하여 그리스도의 신성(神性)을 유추(類推)할 수 있다.

17aα 보좌 가운데에 계신 어린 양이
17aβ 그들의 목자가 되실 것이고
17aγ 생명수 샘으로 인도하실 것이다

17bα 하나님께서
17bβ 그들의 눈에서
17bγ 모든 눈물을 씻어 주실 것이기 때문이다.(계 7:17)

요한계시록 7장 17절에서 ἀρνίον과 하나님은 기능적인 차이를 가지고 있다. 요한계시록 7장 17a절에서 하나님과 함께 본질적인 보좌 공동체를 이루는 ἀρνίον이 3인칭 복수로 나타나는 αὐτούς('그들')을 살리는 주체이다. 이 구절에서 ἐπὶ ζωῆς πηγὰς ὑδάτων('생명수 샘으로')란 표현이 이러한 판단을 위한 중요한 근거를 제공하는데, ἀρνίον이 ἐπὶ ζωῆς πηγὰς ὑδάτων의 동인(動因)에 주체적으로 영향력을 미치는 것에서 찾을 수 있다. 이 구절에서 ἀρνίον은 '생명수 샘'으로 인도하는 동인으로 '생명수 샘'과 구별된다. 17a절에서 '생명수 샘'이란 표현이 나타나는 데, 반하여 17b절에서 제공되는 '생명수 샘'이란 표현이 나올 법한 자리에 '하나님'이란 표현이 나타난다. 이러한 사실을 통해 유추해볼 때 17절에서 '생명수 샘'은 '하나님'을 표현하는 상징 언어로 사용된 듯하다. 그러므로 17절에서 ἀρνίον은 생명수 샘으로 인도하는 기능을, '생명수 샘'이신 하나님은 ἀρνίον이 인도한 자들의 눈에서 모든 δάκρυον('눈물')을 씻어 주시는 역할을 감당한다. 이러한 그

103) 요한계시록 1:13-20 인자 사상을 통하여 표현되는 생명 사상에서처럼 ἀρνίον 이미지 속에 생명 사상이 내포되어 있다.

림을 통하여 하나님과 ἀρνίον이 생명 구원 활동에서 가지는 기능적인 차이가 나타나면서 동시에 양자 사이의 긴밀한 관계가 묘사된다.

ὕδωρ ζωῆς('생명수')는 '생명을 주는 물' 또는 새로운 생명을 가능케 하는 '생명의 물'이란 의미로 이해된다. 이 물은 요한복음 4장 14절에서 예수가 사마리아 여자에게 τὸ ὕδωρ ὃ δώσω αὐτῷ γενήσεται ἐν αὐτῷ πηγὴ ὕδατος ἁλλομένου εἰς ζωὴν αἰώνιον("그 속에서 영생하도록 솟아나는 샘물이 되리라")이라고 말한 그 πηγὴ ὕδατος ἁλλομένου εἰς ζωὴν αἰώνιον("영생하도록 솟아나는 샘물")이며,[104] 요한복음 7장 38절에서 ποταμοὶ ἐκ τῆς κοιλίας αὐτοῦ ῥεύσουσιν ὕδατος ζῶντος("그 배에서 생수의 강이 흘러나오리라")라고 한 그 ποταμός ὕδατος ζῶντος('생수의 강')[105]와 같은 맥락에서 이해된다.[106] 이렇게 예수가 예고한 '생명의 물'에 대한 종말론적인 실현이 마지막 때에 어떻게 이루어질 것인지를 요한계시록 7장 17a절이 보여준다. 그런 관점에서 본다면 요한복음 7장 38절에서 성령을 상징하는 '생수의 강'은 요한계시록 7장 16절의 "다시는 주리지도 아니하며 목마르지도 아니하고 해나 아무 뜨거운 기운에 상하지도 아니하리라"고 한 진술의 종말론적인 성취에 대한 근거를 이룬다.[107] 7장 17절에서 '생명수 샘'으로 인도하시는 αἰώνιον은 '생명 사역의 전달자'의 역할을 하는 모습으로 나타난다.

하나님은 위로자로서 눈에서 눈물을 닦아 주심으로 생명 구원을 이루

104) 배재욱, 『초기 유대교와 신약성경의 중생』(서울: 대한기독교서회, 2008), 206, 208, 214, 217, 223-225.

105) 요한에게서 이런 기사(記事)는 출애굽에서의 하나님의 구원 행위로 나타나는데 이것에 대해서는 Ulrich Wilckens, *Das Evangelium nach Johannes* (Göttingen: Vandenhoeck und Ruprecht, [17]1998), 133을 참조하라.

106) Rudolf Schnackenburg, *Das Johannesevangelium. Einleitung und Kommentar zu Kap. 5-12. HThK. NTI IV/2* (Freiburg · Basel · Wien: Herder, Herders, 1971), 214; 배재욱, 『초기 유대교와 신약성경의 중생』(2008), 205-208을 참조하라.

107) Canon Leon Morris, *The Revelation of St. John* (2002), 133을 참조하라.

신다. 인간이 심히 낙심할 때 이웃의 따뜻한 말 한 마디는 그의 심령에 새로운 용기와 힘이 된다. 인간의 위로가 그토록 힘이 있다면 하나님의 위로는 그것과 비교할 수 없다. 요한계시록 7장에서 하나님이 슬픔당한 자의 위로자로 등장한다. 7장 17b절은 하나님께서 그들의 눈에서 모든 δάκρυον을 씻어 주실 것이라는 예고를 통해 하나님이 생명 구원 사역의 주체임을 나타낸다. 하나님이 '모든 눈물'을 씻어 주는 분이란 표현에서 요한계시록 공동체가 당면한 많은 고난과 어려움을 전제할 수 있다. 이 구절에서 어려움에 직면한 '모든 슬픔 당한 자들의 위로자'로, '눈물을 씻어 주는 분'으로 묘사되는 하나님은 '생명의 구원자'의 모습을 띠고 있다. 여기서 δάκρυον이 의미하는 바는 '인간의 곤고함'과 '슬픔'과 '비애'를 나타낸다. 하나님은 모든 곤고함으로부터 δάκρυον을 씻어 주심으로 고통에 짓눌려 신음하는 모든 이들의 위로자로 나타난다. 17b절에서 "하나님께서 그들의 눈에서 모든 δάκρυον을 씻어 주실 것"이라고 하는 표현은 '하나님의 위로'를 극대화 하고 있다. δάκρυον을 씻어 주시는 하나님에 대한 이러한 묘사를 통하여 하나님은 슬픔 당한 모든 자들의 위로자로 제시된다.[108] 이러한 이해는 마태가 예수의 팔복 선언에서 "애통하는 자는 복이 있나니 그들이 위로를 받을 것임이요"[109](마 5:4)라고 한 애통하는 자에 대한 복과 비교된다.[110] 마태의 '애통의 복'과는 다르게 요한계시록에서는 슬픔 당한 자의 눈에서 흐르는 δάκρυον을 씻어 주시는 '구원자'로 드러나는 하나님의 모습을 통해 '애통의 복'이 명백히 신적인 구원과 관련되어 나타난다. 슬픔 당한 자에게 세상적

108) 배재욱, 『초기 유대교와 신약성경의 중생』(2008), 206을 참조하라.

109) Joachim Gnilka, *Das Matthäusevangelium. Kommenta zu Kap. 1,1-13,58.* HThK.NTI IV/2 (Freiburg · Basel · Wien: Herder, Sonderausgabe, 1993), 122-123을 보라. 슬픔과 눈물은 마태복음 5:4 이외에 마가복음 16:10과 누가복음 6:25 등에서 연결되어 있다. 그리고 애통과 위로가 연결됨은 예레미야 14:2와 고린도후서 7:7 등에서 관찰된다.

110) 여기서 예수의 애통의 복과 하나님이 씻어 주는 눈물과 연관성은 그것이 세상적인 어떤 보상이 아니라, 하나님이 위로자로서 나타나는 데 있다.

인 것이 아니라, 하나님의 위로가 있을 때 그에게 진정한 위로가 된다. 하나님이 주시는 위로를 통하여 인간은 생명의 길을 찾을 수 있다.

그러면 이제는 요한계시록 22장 1-5절에 나타나는 하나님과 ἀρνίον의 보좌 공동체를 통해 무엇을 말하고자 하는지를 살펴보고자 한다.

2) 요한계시록 22장 1-5절

그런데 22장 1절에서는 하나님과 ἀρνίον이 보좌를 공유하는 모습으로 나타난다. 요한계시록 22장 1절에서 ἀρνίον이 하나님과 함께 하나님의 보좌에 앉음으로써 "하나님의 주권"을 함께 공유한다는 데서 ἀρνίον의 본질이 극대화된다.[111] 이러한 모습을 통하여 그리스도의 신성이 묘사되고 있다. 여기서 ἀρνίον이 보좌에 함께 앉아 있는 모습 속에 담고 있는 신성에 대한 표출이 생명 이미지로 집중되어 그 의미가 극대화된다.[112] 하나님과 ἀρνίον의 보좌로부터 발원한 생명수의 강은 생명을 살리는 원천이 되어 이 물이 흘러가는 곳에 생명을 살리는 역사가 일어난다.(22:1-2; 참조. 겔 47:1-12) 8장 10-11절에 나타나는 "셋째 천사가 나팔"을 불었을 때 "횃불 같이 타는 큰 별이 하늘에서 떨어져 강들의 삼분의 일과 여러 물샘에 떨어지니 […] 그 물이 쓴 물이 되므로 많은 사람이 죽었다."(계 8:10-11)는 구절에서 "횃불 같이 타는 큰 별이 하늘에서 떨어져" 강과 물샘이 쓴물이 되어 사람을 죽이는 물이 된다. 이 구절에서 주된 피해는 사람들이 받는다.[113] 22장 1-2절에 나타나는 ποταμὸς ὕδατος ζωῆς('생명수의 강')는 생명을 살리는 강으로 "하나님과 및 어린 양의 보좌로부터" 흘러나온다. 여기서 ὕδωρ ζωῆς('생명수')는 8장 10-11절의 사람을 죽이는 '쓴 물'과 대조된다.[114] 8장

---

111) David E. Aune, *Revelation 17-22*, 데이비드 E. 아우내/김철 역, 『요한계시록 하: 17-22』, *WBC* 52하(서울: 솔로몬, 2005), 518.

112) 배재욱, "신약성경의 생명 사상에 대한 고찰"(2008), 64를 참조하라.

113) Canon Leon Morris, *The Revelation of St. John*(2002), 151.

114) 이병학, "죽음의 현실과 새 예루살렘의 대항현실", 「신약논단」 17/4(2010년 겨울호),

11절에서 "그 물이 쓴 물이 되므로 많은 사람이 죽었다."는 언급을 통해 볼 때 그 ἐκ τῶν ὑδάτων ὅτι ἐπικράνθησαν('쓴 물로부터')이란 표현이 죽음의 기운이 발원한다는 것을 나타낸다. 22장 2절에서는 ποταμὸς ὕδατος ζωῆς로부터 생명의 역사가 일어난다. ποταμὸς ὕδατος ζωῆς로부터 생수를 공급받은 ξύλον ζωῆς('생명 나무')는 열두 가지에서 달마다 열매를 맺는데 그 ξύλον ζωῆς에 달린 잎사귀는 "만국을 치료하는 약재"가 된다.(계 22:2) 요한계시록에 ξύλον ζωῆς가 다섯 번 나오는데(2:7; 22:2[2x], 14, 19), 이 ξύλον ζωῆς는 신자에 대한 은유로 제시된다.[115] 22장 2절에 나오는 ξύλον ζωῆς는 창세기 2장 9절(참조. 3:22)과 에스겔 47장 12절에 나타나는 ξύλον ζωῆς와 동일한 표상을 가진다.[116] 솔로몬의 시편에서 ξύλον ζωῆς는 신자를 나타내는 비유로 사용된다.(PsSal 14:3; 참조. 1QH 6:14-19; 10:25-26; OdSal 11:16) 시편 92편 12-13절[117]과 이사야 61장 3절[118]에서도 나무란 표상을 통해 '신자'를 나타낸다.(참조. äthHen 93:2; OdSal 1:2; 11:1)[119]

1075를 참조하라.

115) 이것에 대해서는 David E. Aune, *Revelation 17-22* (2005), 519를 보라.

116) 아울러 제4에스라 8:52를 참조하라. 이필찬, 『요한계시록. 내가 속히 오리라』, 이필찬 교수의 주해와 설교시리즈 03 (서울: 이레서원, 2006), 919에서 이필찬도 요한계시록의 ξύλον ζωῆς를 통해 에덴의 정황을 보고 있다.

117) 시편 92:12-13에서 의인을 "종려나무"와 "레바논의 백향목"같이 비유하고 있는데 이런 이해를 마카비상 13:51과 집회서 24:13-14, 40에서도 볼 수 있다. 이것에 대해서는 Marvin E. Tate, *Psalms 51-100,* 마빈 E. 테이트/손석태 역, 『시편 중』, *WBC* 성경주석 20 (서울: 솔로몬, 2002), 764-765를 참조하라. Jon Douglas Levenson, *Sinai and Zion: an entry into the Jewish Bible* (SanFrancisco: Harper & Row, 1985), 128-137을 보라.

118) 이사야 61:3에 "의의 나무를 하나님의 구원과 관련하여 말하는 묘사가 나오는데 이것에 대해서는 C Westermann, *Der Prophet Jesaja*, C. 베스터만/한국신학연구소번역실 역, 『이사야(3)』, 국제성서주석 (서울: 한국신학연구소, 1982), 418을 보라.

119) ξύλον ζωῆς에 대해서는 임태수, "생명나무와 선악을 알게 하는 나무의 현대적 의미", 「신학사상」 제138집(2007년 가을호), 89-116을 보고, 임번삼, 『잃어버린 생명나무를 찾아서』(서울: 두란노, 2002)와 이철호, "서평: 임번삼, 『잃어버린 생명나무를 찾아서』(서울: 두란노, 2002)", 「생물산업」 15/3(2002), 48을 참조하라. 이 글에서

호세아서에도 나무 표상이 자주 등장한다.[120] 호세아는 나무 은유[121]를 통하여 때로는 "[여호와] 앞에서 무지하고 변심하여 결국 변절하고 타락함으로 처참하게 심판을 맞이하는 이스라엘을 가리키며, 여호와는 이스라엘의 왕으로서 그의 백성 이스라엘에게 피난처가 되시고 그들을 보호하심을 말한다.[122] 이러한 언급을 통하여 호세아는 여호와가 종말론적인 왕으로서 에덴동산을 회복할 것에 대하여 예고한다. 에덴의 종말론적인 회복에 대한 이러한 묘사는 미래에 이루어질 종말론적인 회복에 대한 희망을 보여주는데, 이러한 언급은 회복에 대한 묘사에서 하나님과 이스라엘이 연인의 관계로 나타난다.[123](참조. 호 2:14-23) 호세아는 여호와를 "과거의 에덴동산을 다시 회복시켜 주시는 종말론적인 왕"으로 그리며 "에덴동산의 종말론적인 회복을 통해 하나님이 이루게 될 미래의 회복과 구원"에 대한 묘사를

이철호는 임번삼의 저서에 나타난 진화론의 허구를 지적하며, 성경적 창조론이 보다 과학적인 논거를 제시하고 있음을 밝힌다.

120) 코넬리우스가 이해하는 호세아에 나타난 나무 은유에 대해서는 I. Cornelius, "Paradise Motifs in the 'Eschatology' of the Minor Prophets and the Iconography of the Ancient Near East: The Concepts of Fertility, Water, Trees and 'Tierfrieden' and Gen 2-3," *JNWSL* 14(1988), 62-63; N. Wyatt, "Interpreting the Creationand Fall Story in Genesis 2-3," *ZAW* 93(1981), 17을 참조하라.

121) 호세아서에 나타난 나무 은유의 의미에 대해서는 서진교, "호세아 4-14장의 나무 은유 연구"(대구: 계명대학교 박사학위논문, 2006), 136-140을 참조하라. 코넬리우스(I. Cornelius)는 호세아에 나타난 나무 은유를 아세라와 ξύλον ζωῆς와 관련을 지어 호세아 당시에 아세라로 상징되는 생명을 지니고 있는 신성한 나무에 관한 사상이 "호세아에 나타난 나무 은유를 반영하고 있다."고 생각한다. 코넬리우스가 이해하는 호세아에 나타난 나무 은유에 대해서는 I. Cornelius, "Paradise Motifs" (1988), 62-63; N. Wyatt, "Interpreting the Creationand Fall Story in Genesis 2-3," *ZAW* 93(1981), (10-21), 17을 참조하라.

122) 서진교, "호세아 4-14장의 나무 은유 연구" (2006), 146.

123) 하나님과 이스라엘이 연인의 관계로 묘사되는 것에 대해서는 호세아서에서 볼 수 있다. 혼인에 대해서는 배재욱, "신약성경이 말하는 혼인", 「장신논단」 19 (2003), 423-446를 참조하라.

하고 있다.[124)]

요한계시록에 나타나는 에덴동산의 회복에 대한 종말론적인 기대가 22장 2절에서 ξύλον ζωῆς의 표상으로 나타난다. ξύλον ζωῆς는 달마다 열매를 맺기 때문에 새 예루살렘에는 굶주림이 없다. 이러한 '나무 표상'은 '원창조의 회복'이란 관점에서 이해된다. 그 회복은 "그 나무 잎사귀들은 만국을 치료하기 위하여 있더라"는 구절에 나타나는 τῶν ἐθνῶν('만국의')이란 명사의 소유격을 통해 '우주적인 범위'로까지 확대된다. 보좌 공동체를 통해 표출되는 ἀρνίον의 생명 사역이 εἰς θεραπείαν τῶν ἐθνῶν('만국[萬國]을 치료하기 위하여')이란 말에서 나타나는 것처럼 그 영향이 '만국[萬國]'으로 뻗친다. 헬라어 εἰς θεραπείαν τῶν ἐθνῶν은 요한계시록 22장 2절에 나타나는 에덴동산의 회복에 대한 종말론적인 기대를 지시한다. 호세아 4-14장과 솔로몬시편에 나타난 나무 은유를 통하여(PsSal 14:3) 묘사된 종말론적인 구원이 요한계시록 22장 2절에서는 하나님과 ἀρνίον의 보좌 공동체와 관련되어 생명에 대한 계시를 생명수란 상징언어로 드러난다. ἀρνίον은 보좌 공동체에 포함되어 종말론적인 구원자로 묘사된다. 이러한 묘사를 통해 볼 때 하나님과 ἀρνίον의 보좌로부터 발원하는 ποταμὸς ὕδατος ζωῆς('생명수의 강')란 상징 언어를 통하여 ἀρνίον이 생명의 주로서 생명을 제공하는 원천으로 그리스도론적인 생명 이해의 틀을 제공함으로써 그리스도를 통하여 이루어지는 구원과 회복의 역사가 가지는 생명 사상의 틀을 제시한다.

나아가 요한계시록 22장 1-2절에 나타나는 ξύλον ζωῆς는 에스겔 47장 12절에 나타나는 ξύλον ζωῆς보다 더욱 기적적인 생산력을 가지고 있다. 요한계시록에 나오는 ξύλον ζωῆς의 기적적인 생산력은 종말과 결부되어 있다.[125)] 종말에 이루어질 생명 회복이 보좌로부터 발원하는 '생명수의 강'이

124) P. A. Kruger, "Yahweh's Generous Love: Eschatological Expectations in Hosea 14:2-9," *Old testament Essays* 1(1988), 41.

125) 참조. äthHen 10:19; 2 ApocBar 29:5; Irennaeus Adv hear 5,33,3.

란 은유를 통하여 그려지며, 그 '생명수의 강'으로부터 생명을 공급받은 '생명 나무'는 만국을 살리는 생명 사역의 도구가 된다. 이런 점에서 요한계시록은 구약성경의 바탕 위에서 신학을 전개하지만 구약성경의 틀에 얽매이지 않고 구약성경을 새롭게 그리스도론적으로 이해하여 구약성경을 재해석함으로써 그리스도론의 발전된 형태의 최고 정점을 만들고 있다.

4. 요약 및 소결론

요한계시록 7장 17b절에서 하나님이 생명의 주체로 표현되는 것과 대조되게 7장 17a절에서는 그리스도가 '생명 구원의 주체'로 묘사된다. 그리스도를 생명의 주체로 묘사하는 7장 17a절에서 생명 사상이 그리스도론적으로 전환되고 있음을 알 수 있다. 이러한 초기 교회의 그리스도 인식에 기초한 생명 사상은 예수 그리스도를 '생명의 창조자'로, '생명의 보호자'와 '생명의 구원자'로 이해하여 초기 교회에서 그리스도론의 정점(頂點)을 형성한다.[126] 요한계시록에 나타난 이러한 사실이 시사하는 바는 초기 교회가 그리스도를 '생명의 주'로 인식했다는 것을 의미한다. 요한계시록 저자는 죽임당한 ἀρνίον이 목자가 되셔서 "생명수 샘으로 인도"(7:17a)하심으로 생명 구원이 완전하게 이루어졌다는 밑그림을 그리고 있다. 이때 "하나님께서 그들의 눈에서 모든 눈물을 씻어 주실 것임이라"(계 7:17b)는 예고는 '생명 구원'에 대한 성취를 묘사한다.

14장 1-5절에서 ἀρνίον은 모든 악한 세력들을 평정하는 승리자이다. 이제 22장 1-2절에서는 ἀρνίον이 하나님과 보좌를 함께 공유하는 것으로 묘사되는 데 이 묘사를 통하여 ἀρνίον의 신성이 표출된다. 그 보좌로부터

126) 구약성경에서 구원이 하나님의 계약과 어떤 관계에서 이루어지는지에 대해서는 H. Gese, "Der Davidsbund und die Zionserwählung"(1964)," in: ders. *Vom Sinai zum Zion. Alttestamentliche Beiträge zur biblischen Theologie, BEvTh* 64(München: Kaiser, 1990), 113-129를 참조하라.

흘러나온 물은 '생명수'로 모든 죽은 것을 살리는 생명 역사를 이루는 원천이다. 이곳에서 생명 회복의 완성에 대한 묘사가 하나님과 ἀρνίον이 함께 보좌를 공유하는 모습을 통하여 드러난다.(22:1) 그 보좌로부터 발원한 '생명수의 강'은 모든 죽은 자를 살리는 '생명의 근원'이다.

요한계시록에서 그리스도는 '생명의 주관자'와 '생명의 근원'으로 나타나고 이러한 생명 이해는 그리스도의 고양된 신적인 위치를 분명하게 지시한다.(참조. 계 1:18) 요한계시록 7장 17절과 22장 1절에서 생명의 주체는 하나님으로 국한되지 않고 하나님과 함께 그리스도에게까지 확대되는 발전된 그리스도론의 형태를 보여준다. 요한계시록 7장 17a절에서는 ἀρνίον이 하나님과 함께 본질적인 '보좌 공동체'를 이룬다. 요한계시록 21장 5절은 "보좌에 앉으신 이가 이르시되 보라 내가 만물을 새롭게 하노라"는 언급을 통하여 하나님이 이루실 새 창조에 대한 예고를 나타낸다. 21장 6절은 "이루었도다 나는 알파와 오메가요 처음과 나중이라"는 표현을 통하여 하나님의 구원 사역의 완성을 말한다. 요한계시록 22장 1절에서는 하나님의 보좌에 함께 앉아 있는 ἀρνίον의 모습을 통하여 그리스도의 신성이 표출된다.[127] '하나님과 ἀρνίον의 보좌'로부터 발원하여 흘러가는 물이 생명을 살린다는 이미지를 통해 종말론적인 하나님의 구원 역사가 완성을 향해 있다. 이러한 이해에서 볼 때 생명 창조와 보존과 구원 역사가 ποταμός ὕδατος ζωῆς('생명수')라는 이미지와 연결되어 있다.[128]

요한계시록에서 ἀρνίον은 생명 구원 역사를 주관하는 주체이자 생명의 원천으로 나타난다.[129] 그리스도에 대한 이러한 새로운 인식은 초기 교

127) David E. Aune, *Revelation 17-22*(2005), 518; 배재욱, "신약성경의 생명 사상에 대한 고찰"(2008), 64를 참조하라.

128) 생명수의 샘에 대하여는 쿰란의 찬송시편도 아울러 참조하라.(1QH 8:16) 이 쿰란의 찬송시편에서 '생수의 근원'이 의의 교사와 택함을 받은 자들을 나타내는 은유로 사용된다.

129) ἀρνίον 상징 언어에 나타난 그리스도의 신성에 대해서는 안병철, 『요한묵시록 1』(2001), 286; "요한계시록에 나타난 상징 언어"(2004), 171-196; 배재욱, "신약성

회가 생명을 이해하는 데서 그리스도를 '생명의 주체'요 '생명의 기원'으로 인식하는 획기적인 발상의 전환을 이루었다고 본다.

구약성경에서 하나님이 생명의 주관자이고 생명의 기원임을 가르쳐 주는 생명 사상을 요한계시록은 그대로 이어받았지만, 아울러 그리스도를 생명의 기원으로 제시하면서 그와 동시에 그리스도론적인 발전을 이루고 있다.

이러한 사실에서 볼 때 요한계시록의 생명 이해는 구약성경에서의 생명에 대한 진술의 바탕 위에서 이루어진 것으로 이해된다.[130](참조. 시 36:9; 렘 2:13; 17:13) 그러나 요한계시록의 생명 이해는 구약성경의 틀에 얽매이지 않고 그 범위를 벗어나 그리스도론적인 도식을 통하여 생명 사상을 표현한다. 즉 요한계시록에서 생명 사상의 중심축에는 하나님 중심적인 구약의 생명 사상과 함께 그리스도론적인 생명 진술이 아울러 나타난다. 그리스도론적인 발전은 초기 교회의 생명 사상에 어떤 중요한 영향을 끼쳤다고 본다.

요한계시록 저작 당시에 획기적인 그리스도론적인 발전이 이루어졌을 것이라고 예측할 수 있다. 그리스도론적인 발전을 통하여 초기 교회는 이미 그리스도가 하나님과 함께 생명 사역을 이루는 주체이고, 생명 구원을 성취하는 것으로 인식했다. 요한계시록에 생명 사상은 그리스도론적인 진술로 발전된 모습을 담고 있다. 요한계시록은 그리스도를 "나의 주님이시요 나의 하나님이시니이다."(요 20:28)란 도마의 고백과 같은 그리스도에 대한 인식을 알고 있는 상황에서 기록되었다. 이러한 인식으로 요한계시록은 그리스도에게 하나님께 사용하는 κύριος κυρίων('만주의 주')과 βασιλεὺς

경의 생명 사상에 대한 고찰"(2008), 64를 참조하라.

130) 이러한 이해를 위하여 R. K. MacKenzie, "The Author of the Apocalypse. A Review of the Prevailing Hypothesis of Jewish Christian Authorship," *Mellen Biblical Press Series* 51(1997), 44를 참조하라.

βασιλέων('만왕의 왕')이란 칭호를 사용한다.(참조. 계 17:14; 19:11-16)[131] 요한계시록은 존엄한 그리스도론(Hoheitschristologie) 칭호를 사용하여 선재 그리스도론(der Praexistenz-Christologie)을 묘사하는데 ἀρνίον은 속죄 제사(贖罪祭祀)를 위한 어린 양(Opferlamm)과 연결되어 있다.[132] '죽임을 당한 어린 양'은 "구원을 이루기 위해 인간의 세상에 깊이 관계를 하고 있음"[133]을 나타내고, ἀρνίον의 구원 사역은 하나님의 구원 사역의 정점에 있다. 요한계시록은 이러한 초기 교회의 그리스도 인식에 기초하여 그리스도를 생명 사상의 정점(頂點)에서 이해하고 진술하고 있음을 드러낸다. 요한계시록에서 생명 사역의 주체는 하나님이면서 동시에 그리스도이다. 그래서 요한계시록에서 생명 사상은 그리스도론적인 진술이 중요한 축을 이루어 그리스도론적으로 해석되고, 그리스도론으로 귀결된다고 볼 수 있다. 요한계시록이 기록될 당시에 이미 초기 교회는 그리스도를 생명 사역의 주체로 이해했다고 본다. 이러한 발전된 그리스도론적인 묘사를 통하여 제시되는 '그리스도의 신성'에 대한 표현은 하나님과 더불어 ἀρνίον이 생명의 주체가 됨을 드러낸다.

IV. 요한계시록에서 인자 그리스도론 속에 내포된 생명

요한계시록에서 그리스도론은 신약성경 중에서 가장 두드러지고 가장 발전된 형태로 나타난다. 이러한 요한계시록의 그리스도론을 이해하는 데

131) '만주의 주 만왕의 왕'이란 칭호에 대해서는 배재욱, "신약성경의 생명 사상에 대한 고찰"(2008), 185-187과 아울러 Lohmeyer, Ernst, *Die Offenbarung des Johannes. HNT* 16 (Tübingen: Mohr, 31970), 144; Siegbert Uhlig, *Das Äthiopische Henochbuch. Apokalypsen. JSHRZ* V/6 (Gütersloh: Gütersloher Verl.-Haus, Mohn, 1984), 524를 참조하라.

132) 배재욱, "요한계시록에 나타난 상징 언어", 184-185를 참조하라.

133) 배재욱, "요한계시록에 나타난 상징 언어", 192를 참조하라.

'인자' 표상으로 나타나는 그리스도 이해는 구약성경과 초기 유대교 문헌에 나타나는 인자 사상과 어떤 관련성을 가지고 있는가에 대한 질문이 대두된다. 초기 유대교는 구약성경의 인자 사상을 메시야적인 이해 아래 진술하는데 요한계시록 저자는 이러한 초기 유대교의 인자 사상을 자신의 신학적인 이해 아래 새로운 인자 사상을 전해 준다. 요한계시록에 나타나는 '인자'를 새롭게 이해하고 진술하기 위해 요한계시록 1장 13-20절과 14장 14-16절 두 부분을 주석하고 이 두 부분 속에 나타나는 인자 이해를 바탕으로 요한계시록의 인자 표상 속에서 표출되는 생명 사상을 연구하고자 한다.

요한계시록에서 상징어를 통하여 나타내는 그리스도론적인 표현들은 생명 사상을 담고 있다. 그런데 이 '인자' 상징어가 담고 있는 그리스도론적인 표현이 생명 사상을 어떻게 나타내는가? 그리고 다니엘 7장 13절에 나타나는 "인자"가 요한계시록의 근거가 되는가? 그렇다면 어떤 근거에서 이 본문에 나타난 인자 사상이 요한계시록의 생명 사상의 중요한 근거가 되는가? 만약 그렇다면 요한은 구약성경에 나타난 인자 사상과 예수 그리스도를 어떻게 연결하고 있는가?

1. 요한계시록의 인자 서술

1) 1:13-20

요한계시록 1장 13-18절에서 ὅμοιος υἱὸς ἀνθρώπου('인자 같은 이')의 모습에 대한 진술이 나타나는데 이 인자 진술을 통하여 나타나는 생명 사상이 가지는 그리스도론적인 의미가 그리스도와 관련 속에서 말하고자 하는 생명 사상일 것이다. 그래서 인자 표상을 통하여 드러나는 그리스도론적인 진술이 가지는 생명 사상을 먼저 알아보고자 한다.

(1) 인자의 위치(13a절)

13a절에 보면 '인자 같은 이'(ὅμοιος υἱὸς ἀνθρώπου)가 '촛대 사이'에

있다. 요한계시록 저자는 ὅμοιος υἱὸς ἀνθρώπου('인자 같은 이')가 촛대 사이에 앉아 계신 것을 통하여 무엇을 말하고자 하는가? 이 질문의 답은 촛대가 무엇을 상징하는가에 대한 것을 해결하면 길이 보일 것이다. 이 구절에서 '촛대'는 교회를 상징한다. 촛대 사이에 계시다는 말을 통하여 ὅμοιος υἱὸς ἀνθρώπου('인자 같은 이')가 교회의 주님이심을 강조한다. 촛대의 역할은 어둠을 밝히는 초를 세우는 것이다. 그 촛대가 교회라는 것을 통해 교회의 역할을 다시 한 번 상기시키며 ὅμοιος υἱὸς ἀνθρώπου('인자 같은 이')가 그 촛대 사이에 있다는 것을 통해 2장 1절부터 3장 22절까지에 나타나는 일곱 교회에 보내는 그리스도의 말씀을 준비한다.

(2) 인자의 치장 및 장식(13bc절)

13b 발에 끌리는 옷을 입고
13c 가슴에 금띠를 띠고

13절은 인자가 입고 있는 옷과 같은 치장에 대한 묘사이다. 인자는 발에 끌리는 옷을 입고 있다. 발에 끌리는 옷을 통해 저자는 인자의 모자람이 없는 넘치는 충만함을 묘사한다. 그의 가슴은 금띠를 띠고 있다. 통상 사람들은 허리에 띠를 두르는데, 저자는 인자가 가슴에 띠를 띤다는 말을 통하여 교회를 향한 변치 않는 사랑과 관심을 나타낸다.

(3) 인자의 외형(14-16절)

14a 그러나 그의 머리, 즉 그 흰 머리털은 흰 양털과 눈 같고
14b 그의 눈은 불꽃 같고
15a 그의 발은 풀무불에 단련한 빛난 주석 같고
15b 그의 음성은 많은 물 소리와 같으며

16a 그의 오른손에 일곱 별이 있고

16b 그의 입에서 좌우에 날선 검이 나오고

16c 그 얼굴은 해가 힘있게 비치는 것 같더라

14-16절은 인자의 겉으로 드러난 모습을 말한다. 이 14-16절로 분류된 단락은 일곱 개의 작은 문단으로 이루어져 있다. 이 단락에 묘사되는 외형은 사람의 사지와 신체 부분을 통해 인자의 외형을 묘사한다. 그 신체 부분은 머리와 털이고, 눈, 발, 음성, 오른손, 입과 얼굴이다. 그런데 다른 것과 차이가 있게 음성이 이 단락에 들어간 것은 특이하다. 아마도 소리를 내는 발성기관에 대한 설명을 하고자 한 것 같다.

14a절은 "그의 머리와 털의 희기가 흰 양털 같고 눈 같다."고 했다. 머리털이 희다는 것은 통상적인 의미에서 관찰할 수 있겠지만 머리가 희다는 말은 노인에 대한 고대인들의 판단이 들어 갔다. "고대 근동의 노인들에 대한 태도와 일치하는 이 은유는 존경, 영예, 지혜, 높은 사회적 신분과 같은 개념들을 전달한다."[134] 14a절에 나타나는 ἡ δὲ κεφαλὴ αὐτοῦ καὶ αἱ τρίχες('헤 데 케파레 아우투카이 트릭헤스')는 문자적으로 번역하면 '그러나 그의 머리 그리고 그 머리털'이지만 이 문장에 나타나는 접속사 καί를 병열적인 의미로 해석하면 그 의미가 모호해진다. 그러므로 καί를 병렬적인 접속사로 보기보다는 ἡ κεφαλή를 설명하는 접속사로 보는 것이 좋다. 그러면 ἡ δὲ κεφαλὴ αὐτοῦ καὶ αἱ τρίχες λευκαὶ ὡς ἔριον λευκόν ὡς χιών은 '그러나 그의 머리, 즉 그 흰 머리털은 흰 양털과 눈 같았다'[135]로 번역된다.

14b절은 "그의 눈은 불꽃 같고"라고 했다. '눈이 불꽃 같다'는 말은 다

134) David E. Aune, *Revelation 1-5*, *WBC* 52A (Dallas, Texas: World Books Publisher, 1997), 데이비드 E. 아우내/김철 역, 『요한계시록』 1권 (서울: 솔로몬, 2003), 461.

135) 이 번역은 필자의 사역이다.

니엘 10장 6c절, "그의 눈은 횃불 같다."는 말을 배경에 두고 있다. 헬라 전설에서 "신들의 눈은 대개 밝고 빛난다."[136]고 묘사함으로 그 신들의 특별함을 강조한다. 에녹 1서 106장 5-6절에 보면 라멕의 아들은 햇빛과 같은 눈을 가지고 있다고 하며 『요셉과 아스낫』은 야곱의 눈이 번개의 섬광을 가지고 있다는 것을 묘사한다.(참조. JosAs 22:7) 이전의 이런 문헌들과 비교해 볼 때 요한계시록에 나타나는 인자의 눈이 횃불 같다는 표현은 인자의 신성을 나타내고자 하는 저자의 문학적인 표현이다.

15a절은 "그의 발은 풀무불에 단련한 빛난 주석 같고"라고 했다. 이 문장은 다니엘 10장 6d절의 "그의 팔과 발은 빛난 놋과 같고 그의 말소리는 무리의 소리와 같더라"는 말에서 그 배경을 찾을 수 있다. 아우내(David E. Aune)는 "이스라엘의 제사장들이 성막이나 성전에서 직무를 행할 때 분명히 발에 특별한 장구를 착용하지 않았다는 사실을 주목할 가치가 있다."[137]고 한다. 그런데 15a절에서 저자는 "그의 발은 풀무불에 단련한 빛난 주석 같다."는 표현을 통하여 인자의 발이 맨발인 것을 보고 그것을 묘사하고 있다. 그레꼬-로마 문헌에서 "맨발은 일반적으로 묘사되는 인물이 신의 영역에 있는 것으로 해석"[138]된다는 사실과 비교할 때 요한계시록 저자는 "그의 발은 풀무불에 단련한 빛난 주석 같다."라는 문장을 통해 인자의 신성을 드러내고 있다.

15b절은 "그의 음성은 많은 물 소리와 같으며"라고 했다. 에스겔은 "하나님의 음성이 많은 물 소리 같다."(겔 43:2)고 했고 다니엘은 "그의 말소리는 무리의 소리와 같다."(단 10:6)고 했다. 아우내는 에스겔 43장 2절과 다니엘 10장 6절에 나타난 소리와 관련된 언급이 요한계시록 1장 15b절에서 결합되었다고 본다.[139] 시편 29편 4절에 "여호와의 소리가 힘 있음이여 여

136) David E. Aune, *Revelation 1-5*, 461.
137) David E. Aune, *Revelation 1-5*, 462.
138) David E. Aune, *Revelation 1-5*, 462.
139) 아우내의 주장에 대해서는 David E. Aune, *Revelation 1-5*, 464를 보라.

호와의 소리가 위엄차도다."라고 했고, 시편 29편 3절은 "여호와의 소리가 물 위에 있도다 영광의 하나님이 우렛소리를 내시니 여호와는 많은 물 위에 계시도다."란 말로 소리와 물을 연결시킨다. 구약에서 하나님의 소리를 물과 관련시킨다. 이런 관련을 통해 볼 때 요한계시록 저자는 '인자'의 소리가 물 소리와 같다는 묘사를 통해 '인자'를 하나님과 같은 신적인 위치에서 묘사한다는 것을 알 수 있다.

그런데 16절은 아래와 같은 세 문장으로 분류된다.

16a 그의 오른손에 일곱 별이 있고
16b 그의 입에서 좌우에 날선 검이 나오고
16c 그 얼굴은 해가 힘있게 비치는 것 같더라

요한계시록 저자는 위의 세 문장을 통하여 인자의 위엄을 묘사한다. 일곱 별이란 말과 함께 "그의 입에서 좌우에 날선 검이 나오고"란 말로 인자를 묘사하는데 이런 비유적인 표현은 성경의 다른 어느 곳에도 나타나지 않는다. 입에서 검이 나온다는 표현은 요한계시록 1장 16절뿐만 아니라, 2장 16절, 19장 15절과 21절에도 나온다. 인자의 입에서 나오는 검은 말씀을 은유적으로 표현한 것으로, '날카로운 검'은 말씀이 가지는 "효력 또는 권능"[140]을 나타낸다. 쿰란-에세네 공동체에서는 빛의 아들들이 검으로 종말론적인 전쟁을 수행한다.(1QM 5:11-14) 그러므로 요한계시록 1장 16절에 나오는 검은 말씀을 은유적으로 표현한 말이기도 하고 종말론적인 심판에 대한 인자의 권세를 나타내는 말이기도 하다. 16c절은 인자의 "얼굴은 해가 힘있게 비치는 것 같더라"란 말로 묘사된다. 이러한 묘사는 다니엘 10장 6절에 나오는 "그 얼굴"이란 표현을 그 배경에 두고 있다. 얼굴은 "종종 신의 현현 또는 천사의 현현에서 존엄, 신성 또는 초월성을 나타내는 은유로 더 자

140) David E. Aune, *Revelation 1-5*, 467.

주 사용된다."[141](참조. 마 17:2; 계 10:1) 그리고 저자는 '힘있게'란 형용사를 사용하여 구름이나 다른 어떤 방해거리에 의해서도 가려지지 않는 밝은 햇빛을 나타내는 것을 묘사함으로써 인자의 존엄함을 비유적으로 강조한다.

(4) 인자를 목도한 자의 모습(17절)

17a 내가 볼 때에 그의 발 앞에 엎드러져 죽은 자 같이 되매
17b 그가 오른손을 내게 얹고
17c 이르시되 두려워하지 말라

17절은 인자를 목도한 자의 모습을 묘사한다. 17a절은 "내가 볼 때에 그의 발 앞에 엎드러져 죽은 자 같이 되매"라는 표현을 통해 인자의 권능을 나타낸다. 이 구절은 하나님의 모습을 목도한 이사야의 모습을 그 배경에 두고 있다. "그 때에 내가 말하되 화로다 나여 망하게 되었도다 나는 입술이 부정한 사람이요 나는 입술이 부정한 백성 중에 거주하면서 만군의 여호와이신 왕을 뵈었음이로다 하였더라."(사 6:5) 하나님의 권능 아래서는 모든 피조물이 두려워하고 그 발 앞에 엎드릴 수밖에 없다. 이런 표현을 통해 요한계시록 저자는 그리스도의 신성을 표현하고 있다. 17b절은 "그가 오른손을 내게 얹고"라는 언급을 통해 '위로와 보장'을 하며 그에게 일을 맡기는 행동을 나타낸다.[142] 17c절은 "두려워하지 말라"는 언급을 통하여 신적인 권능 아래서 슬퍼하고 비탄에 빠진 자를 위로하시는 인자의 모습을 통해 높아지신 그리스도를 표현한다.

141) David E. Aune, *Revelation 1-5*, 468.
142) David E. Aune, *Revelation 1-5*, 470.

(5) 인자의 자기 계시(17c-18절)

17c 나는 처음이요 마지막이니
18a 곧 살아 있는 자라
18b 내가 전에 죽었었노라
18c 볼지어다 이제 세세토록 살아 있어 사망과 음부의 열쇠를 가졌노니

17-18절은 인자의 자기 계시를 나타내는 말이다. 17c절은 "나는 처음이요 마지막이니"란 언급을 통하여 높아지신 그리스도의 계시를 나타낸다. 요한계시록에서 서술적인 ἐγώ εἰμι 문구가 다섯 번(1:8, 17; 2:23; 21:6; 22:16) 나타난다. 신약성경에서 48번 나타나는 ἐγώ εἰμι 문구는 거의 하나님과 그리스도의 자기 계시와 관련하여 사용되고 있는데 특별히 이 문구가 요한 문서에서는 중요성을 가진다. 요한계시록에서는 늘 ἐγώ εἰμι 문구가 하나님(1:8; 21:6) 그리고 그리스도(1:17; 2:23; 22:16)를 위해 사용된다. "나는 처음이요 마지막이다."란 신성을 표현하는(참조 사 41:4; 44:6) 문구를 요한계시록 1장 17절에서 사용함을 통해 저자는 그리스도의 신성을 나타낸다.

18절은 17c절과 연결되면서 그리스도의 죽음과 영원히 살아 계심과 그리스도의 심판권을 나타낸다.

(6) 계시 선포에 대한 명령(19절)

19a 그러므로 네가 본 것과
19b 지금 있는 일과
19c 장차 될 일을
19d 기록하라

17b절에서 '오른손을 내게 얹고'란 말로 일에 대한 위임이 암시되었는데 19절에서 직접적인 계시자의 위탁의 말이 주어진다. 우선 계시자는 '네가 본 것'(19a절), '지금 있는 일'(19b절) 그리고 '장차 될 일'(19c절)을 '기록하라'(19d절)는 말로 그에게 일을 위탁하신다.

(7) 계시에 대한 설명(20절)

20a 네가 본 것은
20b 내 오른손의 일곱 별의 비밀과
20c 또 일곱 금 촛대라
20d 일곱 별은 일곱 교회의 사자요
20e 일곱 촛대는 일곱 교회니라

20절은 목도한 계시에 대한 설명적인 부분이다. 계시자는 계시된 것을 두 가지로 말한 후 그것이 무엇인지를 밝힌다. 먼저 계시자는 "내 오른손의 일곱 별의 비밀"(20b), "일곱 금 촛대"(20c)란 것을 밝힌 후 "일곱 별은 일곱 교회의 사자"(20d)라고 말한 후 "일곱 촛대는 일곱 교회"(20e)라고 했다. 촛대와 교회의 동일시를 통하여 계시자는 그 계시를 목도한 자에게 이 계시의 전체적인 중요성을 교회와 관련시킨다.

그리스도가 구원 사역의 중심적인 위치에 있는데 그 구원 사역을 나타내는 상징어 중에 ἀρνίον은 효과적으로 그리스도가 어떤 분인가를 묘사하는 중심되는 표현이다.

요한계시록 1장 17-18절에서 그리스도는 생명의 주관자, 심판을 담당하는 권세자로 이해된다. 요한계시록에서 인자 그리스도론을 유대적인 배경 속에서 이해하는 쪽에서는 요한계시록 당시에는 대체로 무시되고 있었던 임박한 재림을 기다리던 초기 유대 그리스도인에게 요한이 인자 그리스도론을 통하여 신앙에 대한 강조를 새롭게 했다고 생각한다. 이런 성경 진술을 통하여 요한계시록이 기록될 당시에 초기 교회는 이미 발전된 그리스도론을 가지고 있었고, 당시 교회는 그리스도를 '주와 하나님'으로 고백하고 있었음을 알 수 있다.

1장 13-16절에서 인자의 모습이 나타난다. 이곳에서 인자의 모습은 '촛대 사이에서 인자 같은 이'가 발에 끌리는 옷을 입고 가슴에 금띠를 띠고 있다는 묘사를 통해 나타난다. 이러한 묘사를 통하여 저자는 인자를 통상적인 사고를 통하여 비범함을 말하고자 한다.

2) 14장 14-16절

(1) 인자의 위치

요한계시록에서 1장 13-20절에서 처럼 14장 14-16절에서도 인자 서술이 나타난다. 이 두 단락에서 인자는 '인자와 같은 이'란 말로 나타나는데, 이 말의 의미는 다니엘 7장 13절에서 그 배경을 볼 수 있다. 그것은 요한계시록에서의 ὁ υἱὸς του ἀνθρώπου는 다니엘 7장 13절에 나타나는 '묵시적인 인자'의 모습과 흡사하게 '심판의 주'와 같은 형상으로 나타나기 때문이다. 1장 18c절에서 요한은 ὁ υἱὸς του ἀνθρώπου 표상을 통하여 그리스도를 '생명의 주관자'와 '생명의 근원'으로 제시함을 통하여 구원 사상의 중심으로 묘사한다.

요한계시록 14장 14-16절에 나타나는 "흰 구름이 있고 구름 위에 인자와 같은 이"(14절)로 표현되는 인자 상을 그리스도의 상징어로 보아야 된다고 생각하는 이도 있고 그렇지 않고 그리스도의 심판의 대행자 천사로 보는 이도 있다. ὅμοιον υἱὸν ἀνθρώπου('호모이온 휘온 안드로푸', '인자와 같은 이')를 그리스도론적으로 이해할 때 ὅμοιον υἱὸν ἀνθρώπου가 담당하는 종말론적인 심판이 정당화된다. 이 인자 상은 요한계시록에 나타나는 두 번의 인자 진술 중에서 심판과 관련됨으로 그 중요성을 가진다.

2. 인자 형상(形象)에서 보는 그리스도론

그리스도론을 표현하는 중요한 개념인 υἱὸς ἀνθρώπου와 ἀρνίον 상징어 속에서 암시되는 생명 사상에 대하여 집중하고자 한다. υἱὸς ἀνθρώπου와 ἀρνίον 상징어는 어떤 의미를 가지는가? 그리고 다니엘 7장 13절에 나타나는 υἱὸς ἀνθρώπου가 어떤 근거에서 요한계시록의 생명 사상의 중요한 근거가 되는가? 만약 그렇다면 요한은 구약성경에 나타난 인자 사상과 예수 그리스도를 어떻게 연결하고 있는가?

요한계시록에 나타나는 그리스도론적인 진술 중에서 υἱὸς ἀνθρώπου에 대한 묘사가 요한계시록 1장 13절과 14장 14절 두 곳에서 ὅμοιος υἱός ἀνθρώπου('인자 같은 이')란 표현으로 나타난다.[143] 요한계시록에서 υἱὸς ἀνθρώπου 상은 복음서에 나타나는 수난, 속죄 죽음과 부활 등 인자의 지상 사역과 관련된 표현은 나타나지 않는다.[144] 요한계시록에서의 υἱὸς ἀνθρώπου는 다니엘 7장 13절에 나타나는 묵시적인 υἱὸς ἀνθρώπου 개념으로 표현되는 들림받은 '심판의 주'로 이해된다. υἱὸς ἀνθρώπου가 요한계시록 1장 13절에서는 "촛대 사이에 인자 같은 이"란 말로 서술되고, 14장 14절에서는 "구름 위에 인자와 같은 이"가 앉으신 것으로 서술된다.[145] 요한계시록 1장

---

143) 배재욱, "신약성경의 생명 사상에 대한 고찰", 「선교와 신학」 22(2008), 64를 참조하라.

144) 에두아르트 로제/박두환 · 이영선 공역, 『요한계시록』(1997), 91을 보라.

145) 요한계시록 14:14에 나타나는 "구름 위에 인자와 같은 이"가 누구인가에 대한 논쟁은 지금도 진행형인 것 같다. 그것을 "구름 위에 인자와 같은 이"를 "심판 주"로 보는 경향과 14:15, 17, 18에 나타나는 "다른 천사"와 같은 범주 안에서 하나님의 사자인 "천사"로 보는 두 가지 경향이다. 이 문제에 대한 토론은 Heinrich Kraft, *Offenbarung des Johannes*(1992), 304를 참조하라. 크라프트는 "여기서 나타나는 천상적 존재는 사람과 같은 모습을 취하고 있다. 그런 점에서 천상적 존재는 다니엘이 말하는 마지막 때의 왕과 같다. 그러나 외모가 같다는 것 외에는 이 본문이 더 이상 말하지 않는다. 천상적 존재는 심판 때에 즉 그 심판의 실행 때에 그것을 함께 담당할 네 천사들 가운데 하나이다."라고 말하면서 이 "구름 위에 인자와 같

13–16절이 말하는 υἱὸς ἀνθρώπου의 상은 다니엘 7장 13–14절에서 표현하는 υἱὸς ἀνθρώπου 상과 마찬가지로 신비하게 그리고 여러 가지 상징적인 표현들을 통해 나타난다. 18절에서는 "세세토록 살아 있어 사망과 음부의 열쇠를 가졌다."는 언급에서 볼 수 있듯이 υἱὸς ἀνθρώπου 사상이 생명 사상과 직접적인 연결을 보여준다. 여기에서 υἱὸς ἀνθρώπου는 살아 계신 분으로 생명의 주관자의 모습으로 나타난다.[146)]

구약성경에서 하나님이 생명의 주관자이자 생명의 근원(참조. 시 36:9; 렘 2:13; 17:13)으로 나타나는 것과는 대조적으로 요한계시록 1장 18절에서는 υἱὸς ἀνθρώπου의 모습에 대입된 그리스도론적인 모습으로 생명 사상이 나타나므로 요한계시록 생명 이해의 중요한 터전을 이루고 있다. 그리스도를 ὁ ζῶν('살아 있는 자', 1:18a)으로 이해하는 요한계시록의 그리스도 이해는 그리스도가 ζῶν εἰμι εἰς τοὺς αἰῶνας τῶν αἰώνων("세세토록 살아 있다", 1:18b)이라는 표현을 통해 생명에 대한 그리스도론적인 이해가 구약성경에 나타나는 '살아 계신 하나님'에 대한 표현과 대조를 이루면서 초기 교회의 그리스도론적인 생명 사상에 대한 중요한 진술을 이룬다. 이러한 그리스도론적인 표현은 초기 교회가 구약성경에 나타나는 '영원히 살아 계신 하나님'의 모습 속에서 그리스도를 이해하고 있음을 보여준다. 그리스도에 대한 이러한 신적인 표현들은 하나님이 구약성경에서 생명의 주관자와 생명의 근원이 되듯이 신약성경에서 예수 그리스도가 생명의 주관자와

은 이"를 그리스도와는 관련을 피하고 있다. 이광진은 이 "구름 위에 인자와 같은 이"를 "분명히 그리스도를 지칭한다."고 하면서 "그리스도가 구름 위에 앉아 있다는 것은 그의 심판자 직을 가리킨다."고 진술하지만 그 이유에 대해서는 납득할 만하게 다루지 않고 있다. "구름 위에 인자와 같은 이"를 그리스도로 보는 견해에 대해서는 Eduard Lohse, *Offenbarung des Johannes* (1997), 167; 이광진, 『설교자를 위한 요한계시록 주석』(서울: 크리스천헤럴드, 2005), 430; 이필찬, 『요한계시록. 내가 속히 오리라. 이필찬 교수의 주해와 설교시리즈 3』(서울: 이레서원, 2006), 632–633을 보라.

146) 배재욱, "신약성경의 생명"(2008), 64를 참조하라.

생명의 근원으로 이해되고 있음을 나타낸다. 이렇게 요한계시록에서 그리스도는 영원히 살아 있는 자로서 죽음을 이긴 생명의 주관자이고 생명 그 자체이다. 그러므로 그는 죽은 자를 생명으로 부를 수 있고(참조. 계 2:7; 7:17; 21:6; 요 11:43-44) 그리스도를 따르는 자가 생명의 낙을 누리며 살도록 생명을 더 풍성히 얻게 할 수 있다.(참조. 계 22:2, 14, 17; 요 10:10)

요한계시록 1장 17-18절은 "나는 처음이요 마지막이니 곧 살아 있는 자라 내가 전에 죽었었노라 볼지어다 이제 세세토록 살아 있어 사망과 음부의 열쇠를 가졌노니"(참조. 1:13f.; 4:9f.)라고 하면서 그리스도가 영원한 생명을 소유하고 생명의 결정권을 행사하는 것으로 묘사한다. 이 구절에서 그리스도는 생명의 주관자로, 심판을 담당하는 권세자로 나타난다. 그리스도에 대한 이러한 묘사를 통하여 요한계시록 저자는 구약성경에 나타난 하나님의 권위를 예수 그리스도께 대입하면서 그리스도의 권위를 생명의 주관자란 관점을 통하여 나타낸다. 이렇게 구약성경에 나타난 신적인 생명사상을 요한계시록 1장 17-18절은 그리스도와 관련하여 사용함으로써 그리스도를 생명의 담지자(擔持者, 요 6:35, 53; 8:12; 골 3:4)로, 생명의 주인(요 11:25; 14:6; 20:31; 롬 5:17; 8:2; 고후 4:10-11)으로 그리고 생명의 원천(요 7:38; 계 22:1; 참조. 시 36:9; 1QH 8:16; 계 7:17)[147]으로 묘사한다.

그리스도가 요한계시록 1장 13절, 14장 4절 등에서는 '인자'의 모습으로 나타난다. 요한계시록 19장 15-18절에서 υἱὸς ἀνθρώπου의 상이 "만국을 치며, 철장으로 다스리며, 땅의 임금들과 그의 군대들을 살육"(참조. 계 19:15-18)할 심판자의 모습으로 나타난다.[148] 이 υἱὸς ἀνθρώπου의 상이

147) Jens-Wilhelm Taeger, *Johannesapokalypse und johanneischer Kreis: Versuch einer traditionsgeschichtlichen Ortsbestimmung am Paradigma der Lebenswasser-Thematik* (Berlin: de Gruyter, 1989), 29-66을 참조하라. 배재욱, "신약성경의 생명"(2008), 64를 아울러 참조하라.

148) 박수암, "요한계시록에서의 묵시와 묵시주의", 「敎會와 神學」 33(1998), (158-182),

1장 13절과 14장 14절에서는 ὅμοιος υἱός ἀνθρώπου('인자와 같은 이')란 말로 나타나는데, 요한은 이 말을 통해 "인간 형상의 그리스도", 혹은 "변형된 영광스런 그리스도의 인간형상"을 가리킨다.[149] 이 인자에 대한 표현인 ὅμοιος υἱός ἀνθρώπου('인자와 같은 이')를 박수암은 "'사람 같은'(like a son of man) 존재(the Being), 즉 '사람 같은' 어떤 인격적인 존재를 뜻한다."고 보면서 '인자'를 심판자와 구원자로 자리매김한다.[150]

요한계시록에서 '어린 양'은 29회 나타나는데 28회는 십자가의 수난과 높임 받으신 그리스도를 지시한다.[151] 이렇게 자주 등장하는 어린 양과는 다르게 요한계시록에서 인자라는 칭호를 사용하여 자신의 신학적인 진술을 표현한 곳은 1장 13절과 14장 14절 두 곳뿐이다.

3. 인자 상징어를 통해 표출되는 생명 사상

이런 구원 사상의 기초 위에서 보면 요한계시록 1장 18절에 나타나는 구원 이해는 ὁ υἱὸς τοῦ ἀνθρώπου의 모습에 대입되어 그리스도론적인 구원 이해에서 중요한 터전을 이루고 있다.[152] 요한계시록 1장 13-20절과 14

176을 보라.

149) 박수암, "요한계시록에서의 묵시와 묵시주의", 176을 보고 저자가 인용한 "인간 형상의 그리스도"에 대해서는 H. Lietzmann, *Der Menschensohn* (Freiburg, 1896), 56과 "변형된 영광스런 그리스도의 인간형상"에 대해서는 H. B. Swete, *The Apocalypse of John* (London: Macmillan and Co., 1909), 15를 참조하라.

150) 박수암, "요한계시록에서의 묵시와 묵시주의"(1998), 176.

151) 나머지 한 번은 13:11에서 어린 양의 대적자로 적그리스도를 지칭하는 데 사용된다. 이것에 대해서는 J. Jeremias, Art. ἀμνός, ἀρήν, ἀρνίον, *ThWNT* I(1953), 342-345를 참조하라.

152) 스말리(S. S. Smalley)는 요한계시록에 나타난 ζωή에서 구원론적(soteriological) 의미를 본다(참조. 계 2:7, 10; 3:5; 11:11; 21:6; 22:1, 14). S. S. Smalley, *Thunder and Love: John's Revelation and John's Community* (Milton Keynes: Nelson Word, 1994), 147-148을 참조하라.

장 14절에 그리스도론이 ὁ υἱὸς τοῦ ἀνθρώπου 형상(形象)을 통해 나타나는데 이때 ὁ υἱὸς τοῦ ἀνθρώπου 형상은 구원 사상과는 어떤 관련 속에 있는가? 이러한 질문을 위하여 먼저 1장 13-20절에서 인자 그리스도론에 대하여 살펴보고자 한다. 그 후에 이 인자 그리스도론과 요한계시록의 구원 사상을 정리하고자 한다. 요한계시록 1장 17-18절에서 ὅμοιος υἱὸς ἀνθρώπου ('호모이오스 휘오스 안드로푸', '인자 같은 이')에 대한 진술이 나타나는데 이 ὁ υἱὸς τοῦ ἀνθρώπου 진술을 통하여 나타나는 구원 사상이 가지는 그리스도론적인 의미가 그리스도와 관련 속에서 말하고자 하는 구원 사상일 것이다.

복음서에서 ὁ υἱὸς τοῦ ἀνθρώπου는 예수의 신성을 나타내는 대표적인 칭호이다.[153] 김경진은 신약성경에 나타나는 인자 칭호를 1) "지상(地上) 사역을 이행하는 인자(人子)", 2) "종말론적인 인자(영광의 인자)", 3) "고난과 죽임 당하는 인자", 이 세 가지 인자 상으로 제시한다.[154] 김경진의 이러한 주장은 타당성이 있어 보인다. 이 ὁ υἱὸς τοῦ ἀνθρώπου 칭호는 복음서에서 '하나님의 아들', '다윗의 자손', '주', '그리스도' 그리고 '구세주' 등의 칭호를 통해 나타나는 메시야적 의미를 내포한다. 복음서에서 ὁ υἱὸς τοῦ ἀνθρώπου 칭호는 예수가 자신을 지칭하는 칭호로서 "천상의 위엄과 그 자신의 선재성"을 내포한다.[155] 예수의 메시야 사역을 드러내는 여러 칭호들 중에서도 이 ὁ υἱὸς τοῦ ἀνθρώπου 칭호는 어떤 다른 칭호보다 그의 전 사역을 폭넓게 포함하는 "포괄적 칭호"이므로, 예수의 메시야 사역에 "가장 적합한 칭호"라고 말할 수 있을 것이다.[156] 김세윤은 신약의 ὁ υἱὸς τοῦ ἀνθρώπου

153) 김경진, "메시야 칭호로서의 '인자' 연구", 『하나님 나라와 윤리』, 신약신학 논문집 (101-118), 101을 보라. 인자에 대한 더 깊은 연구를 위하여 Thomas B. Slater, *Christ and community: a socio-historical study of Christology of Revelation. JSNT* SS 178 (Sheffield: Sheffield Academic Press, 1999)를 참조하라.

154) 김경진, "메시야 칭호로서의 '인자'", 103-116을 보라.

155) 김경진, "메시야 칭호로서의 '인자'", 118.

156) 김경진, "메시야 칭호로서의 '인자'", 118.

사상의 배경으로 "세 가지 유대 문학서, 곧 다니엘 7장, 제1 에녹서 37-71장, 제4 에스라 13장에 나온다."고 하면서 "제1 에녹서 37-71장과 제4 에스라 13장은 분명히 다니엘 7장의 영향을 받았음을 보여준다."고 말한다.[157] 김세윤의 이 말은 신약성경의 ὁ υἱὸς τοῦ ἀνθρώπου의 사상적인 배경을 구약성경과 초기 유대교 문헌에서 찾는 현재 신약성서학 연구의 일반적인 경향과 다르지 않다.

요한계시록에 나타나는 ὅμοιος υἱὸς ἀνθρώπου에 대하여 크라프트(Heinrich Kraft)는 다니엘 7장 13절의 ὡς υἱὸς ἀνθρώπου('호스 휘오스 안드로푸', '사람의 아들과 같이')에 "연관된다"[158]고 말한다. 아우내(David E. Aune)는 다니엘 7장 13절에 나오는 כבר אנש('케바르 에나쉬', '인자 같은 이')를 언급하는 것으로 보고 있다.[159] 그리스도론적인 진술 중에서 ὁ υἱὸς τοῦ ἀνθρώπου에 대한 묘사가 요한계시록 1장 13절과 14장 14절 두 곳에서 ὅμοιος υἱὸς ἀνθρώπου란 표현으로 나타난다.[160] 요한계시록에서 ὁ υἱὸς τοῦ ἀνθρώπου 상은 복음서에 나타나는 수난, 속죄 죽음과 부활 등 ὁ υἱὸς τοῦ ἀνθρώπου의 지상 사역과 관련된 표현은 나타나지 않는다.[161] 요한계시록에서의 ὁ υἱὸς τοῦ ἀνθρώπου는 다니엘 7장 13절에 나타나는 묵시적인 ὁ υἱὸς τοῦ ἀνθρώπου 개념으로 표현되는 올림받은 '심판의 주'로 이해된다. 다니엘서에 ὁ υἱὸς τοῦ ἀνθρώπου란 표현이 다섯 번(2:38; 5:21; 7:13;

---

157) Seyoon Kim, *The Son of Man as the Son of God*, 김세윤, 『그 '사람의 아들'(人子) - 하나님의 아들』(서울: 엠마오, 1992), 33.

158) Heinrich Kraft, *Die Offenbarung des Johannes*, 하인리히 크라프트/박재순 · 최미영 공역, 『요한 묵시록』, 國際聖書註釋 47(서울: 韓國神學研究所, 2006), 75.

159) David E. Aune, *Revelation 6-16*, 데이비드 E. 아우내/김철 역, 『요한계시록 중: 6-16』, *WBC* 52중(서울: 솔로몬, 2004), 454.

160) 배재욱, "신약성경의 생명 사상에 대한 고찰", 「선교와 신학」 22(2008), 64를 참조하라.

161) Eduard Lohse, *Die Offenbarung des Johannes*, 에두아르트 로제/박두환 · 이영선 공역, 『요한계시록』(서울: 한국신학연구소, 1997), 91을 보라.

8:17; 10:16) 나오는데, 7장 13절에 나타나는 ὅμοιος υἱὸς ἀνθρώπου라는 표현은 다른 곳에 나타나는 ὁ υἱὸς τοῦ ἀνθρώπου와는 다른 특별한 의미에서의 ὁ υἱὸς τοῦ ἀνθρώπου이다. 다니엘 7장 13ff.절에는 "하나님의 어전 회의 환상(a Vision of the divine counsel, סוד/רז)의 관점에서 해석하는 것이 충분히 가능했다는 사실을 의미하며, 이 같은 해석은 다니엘의 의도와도 일치한다."[162] 박해의 상황을 내포하는 다니엘 7장 하나님의 심판, 구원 행동이 어떻게 이루어지는지 밝히는데 이것은 구원 시대의 도래에 대한 선포를 담고 있다.[163] 7장 13절에 나타나는 ὅμοιος υἱὸς ἀνθρώπου는 하늘 구름을 타고 신비한 방법으로 등장하는 모습을 통해 다니엘은 7장 13절에 나타나는 ὅμοιος υἱὸς ἀνθρώπου의 신적인 기원을 표현하는데 이때 "옛적부터 항상 계신 이"가 ὅμοιος υἱὸς ἀνθρώπου에게 "권세와 영광과 나라"(7:14)를 준다. 이러한 표현을 통해 다니엘은 ὅμοιος υἱὸς ἀνθρώπου에게 주어진 종말적인 나라에 대한 영원한 통치권을 묘사한다. 다니엘은 이 ὅμοιος υἱὸς ἀνθρώπου 환상을 통하여 "새로운 구원 시대를 가져오며, 종말적 나라를 상속받는 이"를 말한다.[164] 다니엘서는 역사의 발생이나 역사의 순환에 대한 관심보다는 현재 이스라엘이 처한 형편에서 하나님의 종말적 구원을 이룰 대리자로 ὅμοιος υἱὸς ἀνθρώπου를 제시한다. 그는 하나님의 구원을 베풀고 하나님의 통치를 이 땅에서 베풀 메시야이다. 이런 점에서 본다면 다니엘서 7장 13ff.절에 나타나는 ὅμοιος υἱὸς ἀνθρώπου는 박해받는 이스라엘을 위한 하나님의 희망으로 구원의 빛으로 이해된다. 그런데 다니엘서의 맛소라본에는 כבר אנש가 '옛적부터 항상 계신 이'에게 나아오는 모습으로

162) Seyoon Kim, *The Son of Man as the Son of God*, 61.

163) G. W. E. Nickelsburg, *Jewish Literature Between the Bible and Mishnah: A Historical and Literary Introduction*(Philadelphia: Fortress Press, 1981), 83을 보라.

164) 권의구, 『묵시문학과 예수. 인자 기독론의 기원』, Uni 총서 004 (서울: 한들출판사, 2004), 72.

묘사되지만 요한계시록 1장 13–16절에 나타나는 ὅμοιος υἱὸς ἀνθρώπου는 마치 다니엘서 7장 13절에 나타나는 '옛적부터 항상 계신 이'와 동일한 인물처럼 묘사된다. 이와 같은 차이는 이미 칠십인역 헬라어 성경 사본 967에서부터 기인된다. 사본 967은 ἤρχετο ὡς υἱὸς ἀνθρώπου καὶ ὡς παλαιὸς ἡμερῶ(ν) παρῆν καὶ παρεστηκότες προσήγαγον αὐτῷ("그는 인자같이 왔고, 옛적부터 항상 계신 이같이 나아왔고, 가까이 있는 자들이 그에게 다가 갔다.")[165]라는 말로 ὁ υἱὸς τοῦ ἀνθρώπου에 대한 묘사를 한다. 사본 88에도 이와 유사한 표현이 나타난다. ὡς υἱὸς ἀνθρώπου ἤρχετο, καὶ ὡς παλαιὸς ἡμερῶ παρῆν, παρεστηκότες προσῆσαν αὐτῷ.("그는 인자같이 왔고, 옛적부터 항상 계신 이같이 나아왔고, 가까이 있는 자들이 그와 함께 인도되었다.")[166] 이것에 대해 아우내(David E. Aune)는 이 사본과 요한계시록의 비슷한 표현이 다니엘서 사본가의 의도적인 쓰기에서 비롯된 것인지 또는 실수인지 불분명하고 생성 시기가 기독교 이전의 것인지 아니면 기독교 주석을 반영한 것인지가 불분명하다고 본다.[167] 아우내는 요한계시록에 나타나는 ὁ υἱὸς τοῦ ἀνθρώπου 전승이 그리스도교 전승에 근거한 것이기보다는 다니엘 7장 13절에 의거하여 근거를 찾고 있다.[168]

요한계시록에 나타나는 ὁ υἱὸς τοῦ ἀνθρώπου는 하나님의 심판에서 신적인 거룩함이 드러난다. 4장에서 요한은 "궁극적인 실체의 영역이라고 할 수 있는 하늘에 올라가 하나님의 절대적인 거룩함과 의로움과 주권"을 눈

165) A. Geissen, *Der Septuaginta-Text des Buches Daniel nach dem Kölner Teil des Papzrus 967: Kap V XII.* (Bonn: Habelt, 1968), 108. 이것에 대한 인용과 번역은 David E. Aune, *Revelation 1-5, WBC* 52a, 데이비드 E. 아우내/김철 역, 『요한계시록 상: 1-5』, *WBC* 52상 (서울: 솔로몬, 2003), 455에서 재인용하다.

166) A. Geissen, *Der Septuaginta-Text des Buches Daniel*, 39-40. 이것에 대한 인용과 번역은 David E. Aune, *Revelation 1-5*, 455에서 재인용하다.

167) David E. Aune, *Revelation 1-5, WBC* 52a, 455.

168) David E. Aune, *Revelation 1-5*, 458.

으로 본다.[169)] 요한은 하늘에서의 환상을 통해 하나님의 심판은 천적인 기원이 있음을 말하면서 이 심판의 주권을 그리스도론적인 표현 속에서 묘사한다. 이러한 묘사가 4-5장에 걸쳐 나타나면서 그리스도론의 핵심을 진술한다. 요한계시록에 나타나는 심판에 대한 묘사는 "일곱 인을 떼는 것(6:1-17; 8:1, 3-5), 일곱 나팔들(8:2, 6-21; 11:14-19), 그리고 일곱 대접들(15:1, 5-21)"[170)]에 나타난다.

요한계시록 1장 13-20절에 나타나는 ὁ υἱὸς τοῦ ἀνθρώπου 사상은 구약성경에 근거한 ὁ υἱὸς τοῦ ἀνθρώπου 상을 보여주는 것(참조. 겔 7:13-14)으로 이 ὁ υἱὸς τοῦ ἀνθρώπου 사상은 구원 사상과 연결된다. 요한계시록 1장 9-20절에서 ὁ υἱὸς τοῦ ἀνθρώπου는 요한이 본 환상에서 '살아 있는 자'(ὁ ζῶν, 계 1:18a)란 표현으로 나타난다. 1장 18c절에서 "세세토록 살아 있어 사망과 음부의 열쇠를 가졌다."는 표현을 통하여 볼 때 ὁ υἱὸς τοῦ ἀνθρώπου는 '생명의 주관자'이고 '생명의 근원'으로 이해된다. 맥켄지(R. K. MacKenzie)는 그리스도의 임박한 재림에 대한 신앙을 새롭게 강조하기 위하여 인자(人子) 그리스도론을 요한계시록에서 제시한다는 뮐러(Ulrich Müller)의 주장을 따르면서 이 ὁ υἱὸς τοῦ ἀνθρώπου라는 칭호에서 요한의 신학 중점을 찾고 있다.[171)] 이 ὁ υἱὸς τοῦ ἀνθρώπου 칭호를 통해 표현되는 그리스도 이해는 요한계시록에서 그리스도론을 이해하는 중요한 터전이 된다.

그리스도를 '살아 있는 자'(ὁ ζῶν, 1:18a)로 이해하는 요한계시록의 묘사에서 구원론의 한 단면을 볼 수 있다. 그리스도가 ζῶν εἰμι εἰς τοὺς αἰῶνας τῶν αἰώνων('세세토록 살아 있다', 1:18b)이라는 표현을 통해 요한계시록

---

169) Richard Bauckham, *The Theology of the Book of Revelation*, 68.

170) Richard Bauckham, *The Theology of the Book of Revelation*, 68-69.

171) 맥켄지(R. K. MacKenzie)의 주장에 대해서는 R. K. MacKenzie, "The Author of the Apocalypse. A Review of the Prevailing Hypothesis of Jewish Christian Authorship," *Mellen Biblical Press Series* 51(1997), 44를 보라.

의 구원 사상은 그리스도의 영원히 살아 계심과 연결됨을 나타낸다. 구원관에 대한 이러한 그리스도론적인 이해는 구약성경에 나타나는 '살아 계신 하나님'에 대한 표현과 대조를 이루면서 초기 교회의 그리스도론적인 구원 사상에 대한 중요한 진술을 나타낸다. 이러한 그리스도론적인 표현을 통하여 구약성경에 나타나는 '영원히 살아 계신 하나님'의 모습 속에서 초기 교회가 그리스도를 발견하고 그런 관련 속에서 그리스도를 이해했다고 생각된다. 그리스도에 대한 이러한 신적인 표현들을 통하여 구약성경에서 하나님을 '생명의 주관자'라고 표현한 것처럼 신약성경이 그리스도를 '구원의 주체'로, 그리고 '인간의 구원을 성취하는 자'로 이해했음을 나타낸다. 이처럼 신약성경에서도 구약성경에서처럼 인간 구원이 신적인 사건으로 묘사되는데, 이러한 묘사에서 예수 그리스도가 생명 구원의 출처로서 이해되고 있다. 이러한 구원론적인 관점에서 볼 때 요한계시록에서 그리스도는 죽음을 이긴 영원히 살아 있는 자로서 '생명의 주관자'이고 생명 그 자체라는 것이 드러나고 이 사실을 통하여 '그리스도를 통한 구원 사상'이 묘사된다. 그리스도는 풍성한 생명의 자리로 인도할 구원자(참조. 7:17; 21:6)로서 구원의 기쁨을 누리도록 이끌고 있다.(참조. 계 22:2, 14, 17; 요 10:10)

4. 요약 및 소결론

요한계시록에 나타나는 υἱός ἀνθρώπου에 대한 묘사(계 1:13; 14:14)는 복음서에 나타나는 υἱός ἀνθρώπου의 형상과는 다르다. 요한계시록에서의 '인자'는 다니엘 7장 13절에 나타나는 '묵시적인 인자'의 모습과 흡사하게 '심판의 주'와 같은 형상으로 나타난다. 1장 18c절에서 요한은 '인자' 표상을 통하여 그리스도를 '생명의 주관자'와 '생명의 근원'으로 제시한다. 이러한 요한의 생명 이해는 구약성경에서 하나님을 생명의 주관자와 생명의 근원으로 묘사하는 표현과 상응한다.(참조. 시 36:9; 렘 2:13; 17:13)

요한계시록에서 ζῶν εἰμι εἰς τοὺς αἰῶνας τῶν αἰώνων("세세토록 살

아 있다", 1:18b)이라는 표상을 통해 그리스도를 '살아 있는 자'(ὁ ζῶν, 1:18a)로 이해하는 요한계시록 저자의 그리스도 이해는 초기 교회의 그리스도론적인 발전된 모습을 나타낸다. 그가 그리스도를 위하여 사용한 이러한 신적인 칭호를 통하여 그리스도는 '영원히 살아 계신 하나님'의 모습으로 이해된다. 이러한 그리스도 이해는 신약성경에서 가장 고양된 그리스도론적인 표현을 이룬다.

요한계시록 1장 17-18절에서 그리스도는 생명의 주관자, 심판을 담당하는 권세자로 이해된다. 요한계시록에서 인자 그리스도론을 유대적인 배경 속에서 이해하는 쪽에서는 요한계시록 당시에는 대체로 무시되고 있었던 임박한 재림을 기다리던 초기 유대 그리스도인에게 요한계시록 저자는 인자 그리스도론을 통하여 신앙에 대한 강조를 새롭게 했다고 생각한다.[172]

요한계시록의 생명 진술을 위하여 υἱὸς ἀνθρώπου[173]('인자, 계 1:13; 14:14) 사상이 차지하는 비중이 작지 않다고 생각한다. 그러나 이 장에서는 요한계시록에 나타나는 생명에 대한 모든 사상을 다루지 못하고 요한계시록에서 그리스도론을 표현하는 중요한 개념인 υἱὸς ἀνθρώπου 상징어 속에서 암시되는 생명 사상에 대하여 집중하고자 한다. 요한계시록에서 υἱὸς ἀνθρώπου 상징어는 생명 진술을 위하여 어떤 의미를 가지는가? 그리고 다니엘 7장 13절에 나타나는 υἱὸς ἀνθρώπου가 어떤 근거에서 요한계시록의 생명 사상의 중요한 근거가 되는가? 만약 그렇다면 구약성경에 나타난 υἱὸς ἀνθρώπου 사상과 요한계시록에서의 υἱὸς ἀνθρώπου 사상이 어떻게 연결되고 있는가?

'보좌에 앉으신 이와 어린 양'이란 표현은 요한계시록 5장 13절, 6장 16

---

172) R. K. MacKenzie, "The Author of the Apocalypse"(1997), 44를 참조하라.

173) 인자에 대해서는 Canon Leon Morris, *The Revelation of St. John*(2002), 58; Eduard Lohse, *Offenbarung des Johannes*, 에두아르트 로제/박두환·이영선 공역, 『요한계시록』(서울: 한국신학연구소, 1997), 46; 배재욱, 『생명. 신약성경에서 생명을 묻다』(서울: 대한기독교서회, 2010), 64를 참조하라.

절과 7장 10절에 나타난다. '보좌에 앉으신 이와 어린 양'이라는 이런 표현은 '인자'(人子)에 대한 진술이 나타나는 다니엘 7장 9-14절로부터 영향 받은 것 같다.[174] 다니엘 7장 9절에 하나님의 보좌가 언급되고 있고 '옛적부터 항상 계신 이'가 그 위에 앉아 있다. 다니엘 7장 14절에 보면 '옛적부터 항상 계신 이'가 '인자'(人子)에게 권세와 영광과 나라를 넘겨준다. '인자'(人子)의 권세는 영원한 권세이다. 이러한 배경 위에서 어린 양의 능력과 부와 지혜와 힘과 존귀와 영광과 찬송이 이해되고 있다.(참조. 계 5:12) 요한계시록 5장은 그리스도를 구원 역사의 중심으로 표현한다. ἀρνίον은 그리스도의 속죄 죽음을 나타내는 상징어로 요한계시록에서 가장 효과적으로 그리스도를 표현한다. 종말적인 심판과 구원을 담당할 '심판자'와 '구원자'의 상을 가지는 ἀρνίον은 그리스도론적인 표현 중에서 중심적인 용어이다. 이 표현을 통하여 그리스도의 속죄 죽음에 기초한 결정적인 승리가 나타난다.

요한계시록에 그리스도를 통한 구원 사상이 그리스도론적으로 강하게 묘사된다. 요한계시록에서 ζῶν ϵἰμι ϵἰς τοὺς αἰῶνας τῶν αἰώνων('세세토록 살아 있다', 1:18b)이라는 표상을 통해 그리스도를 ὁ ζῶν('살아 있는 자', 1:18a)으로 이해하는 초기 교회의 발전된 그리스도론을 통해 그리스도는 생명의 근원이심과 그리스도 안에서 얻게 되는 생명 사상을 말하고자 한다.

V. 구원과 생명

요한계시록에서 부활하신 그리스도는 "영광스러운 천상적인 존재"[175]

---

174) 이것에 대해서 D. Bauer, *Das Buch Daniel*, *NSK.AT* 22 (Stuttgart [u.a.]: Kohlhammer, 1996), 241, 여기서 바우어(D. Bauer)는 요한계시록은 아마도 거의 대부분의 암시를 다니엘서로부터 넘겨받은 것 같다고 생각한다.

175) Richard Bauckham, *The Theology of the Book of Revelation*, 리챠드 보컴/이필찬

(계 1:12-16)로 등장하여 자신이 어떤 존재인지를 밝힌다. "나는 처음이요 마지막이니 곧 살아 있는 자라 내가 전에 죽었었노라 볼지어다 이제 세세토록 살아 있어 사망과 음부의 열쇠를 가졌노라."(계 1:17-18)란 진술 속에 요한계시록이 말하는 구원 사상의 핵심이 그리스도론적인 진술로 나타난다. 만약 그렇다면, 이 그리스도론적인 발전이 초기 교회의 어떤 환경 속에서 이루어졌는지에 대한 질문이 나타난다. 이러한 물음을 통해 요한계시록 저작 당시에 획기적으로 그리스도론적인 발전이 이루어졌을 것이라고 예측하게 한다. 요한계시록에서 중요하게 대두되는 구원 사상에 대한 진술이 그리스도론으로 표현되고, 이 그리스도론적인 구원 사상은 요한계시록의 생명 사상의 중요한 중심축을 이루고 있다.

요한계시록의 구원을 나타내는 단어로는 명사 σωτηρία('소테리아', '구원')가 세 번 나타나므로(7:10; 12:10; 19:1), 요한계시록에서 σωτηρία에 대한 이해는 그 자체로서 이미 중요하다. σωτηρία란 용어가 직접적으로 나타나지 않는 구절이지만 여러 가지 다양한 용어들이나 환경 속에서 구원 사상은 중심적인 위치에 있다.[176)]

이 글에서는 요한계시록에 나타나는 구원에 대한 모든 사상을 다 다루지 못하고 요한계시록에서 그리스도론을 표현하는 중요한 개념인 ὁ υἱὸς τοῦ ἀνθρώπου와 ἀρνίον 상징 언어 속에서 암시되는 구원 사상에 집중하고자 한다.[177)] 이러한 이유로 이 글에서는 그리스도론과 관련하여 구원 사상

역, 『요한계시록 신학』, 캠브리지대학 신약신학 시리즈(서울: 한들출판사, 2000), 87.

176) 동사 λύω('뤼오', '해방하다', 1:5)와 ἀγοράζω('아고라조', '사다', 5:9; 14:3-4) 등도 구원과 관련하여 연구할 수 있을 것이다. λύω와 관련해서는 F. Büchsel, Art. λύω, *ThWNT* IV(1942), 337-338을 참조하고 ἀγοράζω와 관련해서는 R. Surridge, "Redemption in the Structure of Revelation," *Expository Times* 101 (1990), 233; H. R. van de Kamp, *Openbaring: Profetie vanaf Patmos* (CNT, Derde Serie; Kampen: Kok, 2000), 186-187; F. Büchsel, Art. ἀγοράζω, *ThWNT* I(1933), 125-126을 참조하라.

177) 그 이유는 요한계시록에서 ὁ υἱὸς τοῦ ἀνθρώπου와 ἀρνίον이 가장 효과적으로 그

을 주제로 삼아 요한계시록에 나타나는 '인자' 그리스도론과 ἀρνίον 그리스도론에 중심을 두고 살펴보고자 한다.

요한계시록에 나타나는 구원론적인 진술 중에서 그리스도론과 연결된 '인자' 그리스도론과 '어린 양' 그리스도론에 나타나는 구원 사상은 중요한 사상적인 위치에 있다. 요한계시록에서 ἀρνίον이라는 칭호는 요한계시록에 29회 나타나는데 28회는 십자가의 수난과 높임 받으신 그리스도를 지시[178] 하는 것과 대조되게 ὁ υἱὸς τοῦ ἀνθρώπου라는 칭호를 사용하여 요한이 자신의 신학적인 진술을 표현한 곳은 1장 13절과 14장 14절 두 곳뿐이다. 그런데 요한계시록에서 구원 사상은 그리스도론과 어떤 관련 속에서 나타나는가에 대한 질문이 대두된다. 이 질문을 위해서 ὁ υἱὸς τοῦ ἀνθρώπου와 ἀρνίον 상징 언어는 구원론과 관련하여 어떤 의미를 가지는가?란 문제가 해결되어야 하리라고 본다. 그런데 이 ὁ υἱὸς τοῦ ἀνθρώπου 사상의 근거를 어디서 찾을 수 있는가? 다니엘 7장 13절에 나타나는 ὁ υἱὸς τοῦ ἀνθρώπου가 요한계시록의 구원 사상의 중요한 근거가 되는가? 만약 된다면 어떤 점에서 그런가? 요한은 구약성경에 나타난 ὁ υἱὸς τοῦ ἀνθρώπου 사상과 예수 그리스도를 어떻게 연결하고 있는가? 이러한 문제들과 함께 이 논문에서는 ὁ υἱὸς τοῦ ἀνθρώπου 표상을 통하여 드러나는 그리스도론적인 진술이 가지는 구원 사상을 먼저 알아보고 다음에는 ἀρνίον이란 상징적인 표현 속에 나타나는 구원 사상을 살펴보고자 한다.

리스도론적인 구원 사상을 드러낸다고 생각하기 때문이다. 어린 양에 대해서도 요한계시록에 나타난 다양한 어린 양의 진술을 이 소논문에서 모두 다 다루기에는 너무 방대하여 4-5장에 나오는 어린 양이 가지는 구원론적인 의미에 집중하고자 한다.

178) 나머지 한 번은 13:11에서 ἀρνίον의 대적자로 적그리스도를 지칭하는 데 사용된다. 이것에 대해서는 J. Jeremias, Art. ἀμνός, ἀρήν, ἀρνίον, *ThWNT* I(1953), 342-345를 참조하라.

1. ὁ υἱὸς τοῦ ἀνθρώπου 상징(象徵) 언어에 나타나는 구원 사상 (1:13-20; 14:14-16)

박두환은 요한계시록에서 상징은 이원론적으로 "대립적 구조"로 이루어져 있다고 하면서 이것을 "요한계시록의 역사 신학적 전제"로 해석한다.[179] 요한계시록에서 이러한 전제는 구약성경 안에 나타나는 구원론적인 전제와 초기유대교 문헌들과의 대조를 통해 밝혀져야 할 것이다.

시편 저자는 36편 9절에서 하나님을 '생명의 근원'으로 제시하는데(참조. 렘 2:13; 17:13), 이러한 시편 이해는 구약성경에서 하나님을 생명의 주관자로 인식하는 분명한 증거를 나타낸다. 구약성경은 이러한 묘사를 통하여 구원을 하나님에 의하여 이루어지는 신적인 사건으로 제시한다. 이러한 구약성경에서의 생명 사상은 인간 구원에 대한 사상의 근간을 이루고 있다.

요한계시록 1장 17-18절은 "나는 처음이요 마지막이니 곧 살아 있는 자라 내가 전에 죽었었노라 볼지어다 이제 세세토록 살아 있어 사망과 음부의 열쇠를 가졌노라"(참조. 1:13f.; 4:9f.)라는 진술은 ζῶν εἰμι εἰς τοὺς αἰῶνας τῶν αἰώνων이라는 말과 ἔχω τὰς κλεῖς τοῦ θανάτου καὶ τοῦ ᾅδου("사망과 음부의 열쇠를 가졌다.")라는 말을 통하여 구원의 결정권을 그리스도가 행사하는 것으로 묘사한다. 이 구절에서 그리스도는 구원의 주관자로, 심판을 담당하는 주관자로 나타난다. 그리스도에 대한 이러한 묘사를 통하여 요한은 구약성경에 나타난 하나님의 권위를 예수 그리스도께 대입하면서 그리스도를 구원의 주관자로 묘사한다. 요한계시록 1장 17-18절은 구약성경에 나타난 신적인 구원 사상을 그리스도와 관련하여 사용함으로써 그리스도를 생명의 담지자(擔持者, 참조. 시 36:9; 1QH 8:16; 계 7:17)[180]로,

179) 박두환, "요한계시록과 형상 언어", 「목회와 신학」 190(2005), 174-179, 177.

180) Jens-Wilhelm Taeger, *Johannesapokalypse und johanneischer Kreis: Versuch einer traditionsgeschichtlichen Ortsbestimmung am Paradigma der Lebenswasser-*

구원을 주관하는 자로 제시한다.

그리스도가 요한계시록 1장 13절, 14장 4절 등에서는 ὁ υἱὸς τοῦ ἀνθρώπου의 모습으로 나타난다.[181] 요한은 '인자'의 상을 통하여 만국을 치고 친히 그들을 철장으로 다스리며 땅의 임금들과 그의 군대들을 심판하는 '권세자'와 '심판자'의 모습(참조. 계 19:15-18)을 통하여 그리스도론을 중심한 구원론을 표현한다.[182] 구원 사상에서 그리스도론적인 이러한 진술은 생명 사상에서 중요한 토대를 이룬다.

1장 18절에서 ὅμοιος υἱὸς ἀνθρώπου에 대하여 묘사하면서 "세세토록 살아 있어 사망과 음부의 열쇠를 가졌다."고 언급하는데 이 표현은 종말적인 그리스도의 심판권을 묘사한다. 그런데 14장 14-16절에 나타난 ὁ υἱὸς τοῦ ἀνθρώπου의 모습은 1장 18절에 나타난 ὅμοιος υἱὸς ἀνθρώπου의 심판권에 대한 예고가 어떻게 시행되는지에 대한 구체적인 묘사로 볼 수 있다.

Thematik (Berlin: de Gruyter, 1989), 29-66을 참조하라. 배재욱, "신약성경의 생명"(2008), 64를 아울러 참조하라.

181) 14:14에 나타난 ὅμοιος υἱὸς ἀνθρώπου를 그리스도로 해석하느냐 또는 ὅμοιος υἱὸς ἀνθρώπου를 15절에 나타난 천사와 동일하게 보느냐 하는 문제가 14:14-16을 해석하는 데 중요한 문제가 된다. 그러나 이 논문은 그리스도론적인 진술 속에 나타난 요한계시록의 구원 사상이란 주제를 가지고 전개되기 때문에 위의 문제에 매달릴 수 없어 다음 연구로 미룰 수밖에 없다. ὅμοιος υἱὸς ἀνθρώπου를 그리스도로 보는 견해는 Eduard Lohse, *Offenbarung des Johannes* (1997), 167; 이광진, 『설교자를 위한 요한계시록 주석』(서울: 크리스천헤럴드, 2005), 430; 이상근, 『요한계시록주해』(대구: 성등사, 1989), 195-196; 김철손, 『요한계시록』, 대한기독교서회 창립 100주년 기념 성서주석 50 (서울: 대한기독교서회, 1993), 284; D. Charpentier, *Une lecture de l'Apocalypse*, D. 샤르팡티에/안병철 역, 『묵시록』(서울: 가톨릭출판사, 1989), 128-129; 박수암, "요한계시록에서의 묵시와 묵시주의", 「教會와 神學」 33(1998), 176; 이필찬, 『요한계시록. 내가 속히 오리라』, 이필찬 교수의 주해와 설교시리즈 3(서울: 이레서원, 2006), 632-633. ὅμοιος υἱὸς ἀνθρώπου를 그리스도론적인 것으로 보지 않는 견해에 대해서는 Heinrich Kraft, *Offenbarung des Johannes*(1992), 304; David E. Aune, *Revelation 6-16*, *WBC* 52 중, 817을 보라.

182) 박수암, "요한계시록에서의 묵시와 묵시주의"(1998), 176을 보라.

이런 면에서 본다면 14장 14–16절에 나타난 ὅμοιος υἱὸς ἀνθρώπου의 모습은 1장 13–20절에 나타난 ὅμοιος υἱὸς ἀνθρώπου의 모습과 유사하게 그리스도를 묘사하는 구절로 볼 수 있을 것이다.

이 ὁ υἱὸς τοῦ ἀνθρώπου의 상이 1장 13절과 14장 14절에서는 ὅμοιος υἱὸς ἀνθρώπου란 말로 나타나는데, 요한은 이 말을 통해 "인간 형상의 그리스도", 혹은 "변형된 영광스런 그리스도의 인간 형상"을 가리킨다.[183] 이 ὁ υἱὸς τοῦ ἀνθρώπου에 대한 표현인 ὅμοιος υἱὸς ἀνθρώπου를 박수암은 "'사람 같은'(like a son of man) 존재(the Being), 즉 '사람 같은', 어떤 인격적인 존재"를 뜻하는 것으로 ὁ υἱὸς τοῦ ἀνθρώπου를 '심판자'와 '구원자'로 자리매김한다.[184] 박수암이 말하는 ὁ υἱὸς τοῦ ἀνθρώπου 상징 언어는 요한계시록에 나타나는 그리스도론적인 구원 사상을 ἀρνίον과 함께 가장 효과 있게 표현하는 말로 보인다.

그러면 이제 ἀρνίον의 상징(象徵) 언어를 통해 나타나는 구원 사상에 대하여 살펴보고자 한다.

2. ἀρνίον의 상징(象徵) 언어를 통해 나타나는 구원 사상

요한계시록에서 구원 사상이 ὁ υἱὸς τοῦ ἀνθρώπου 사상에서뿐만 아니라, 그리스도를 상징적으로 묘사하는 ἀρνίον(계 5:6, 7–8)과도 밀접하게 연관되어 있다. ὁ υἱὸς τοῦ ἀνθρώπου란 표현은 요한계시록에서는 단 두 번밖에 나타나지 않지만 ἀρνίον은 스물여덟 번이나 그리스도의 속죄죽음과 높

183) 박수암, "요한계시록에서의 묵시와 묵시주의", 176을 보라. "인간 형상의 그리스도"에 대해서는 Hans Lietzmann, *Der Menschensohn: ein Beitrag zur neutestamentlichen Theologie* (Freiburg i. B. · Leipzig: Mohr, 1896), 56과 "변형된 영광스런 그리스도의 인간형상"에 대해서는 H. B. Swete, *The Apocalypse of John* (London: Macmillan and Co., 1909), 15를 참조하라.

184) 박수암, "요한계시록에서의 묵시와 묵시주의", 176.

임 받음을 표현하는 상징 언어로 사용된다. 신약성경 중에서 요한계시록에 나타나는 환상은 그리스도의 현현으로부터 시작한다. 1장 17–18절에 보면 그리스도가 누군지에 대한 선언이 나타난다. "내가 볼 때에 그의 발 앞에 엎드러져 죽은 자 같이 되매 그가 오른손을 내게 얹고 이르시되 두려워하지 말라 나는 처음이요 마지막이니 곧 살아 있는 자라 내가 전에 죽었었노라 볼지어다 이제 세세토록 살아 있어 사망과 음부의 열쇠를 가졌노라".(계 1:17–18) 요한은 1장 8절에서 하나님을 τὸ Ἄλφα καὶ τὸ Ὦ('알파와 오메가')라는 칭호를 사용하여 표현한다. 그리고 21장 6절에서는 τὸ Ἄλφα καὶ τὸ Ὦ란 칭호와 아울러 ἡ ἀρχὴ καὶ τὸ τέλος('헤 아르케 카이 토 텔로스', '처음과 마지막')라는 칭호를 사용한다. 이러한 칭호를 통해 하나님이 "영원하신 분"으로 지칭되면서 "모든 것들을 종말론적인 성취로" 이끄시는 분으로 묘사된다.[185] 이러한 요한계시록의 그리스도론적인 표현이 22장 13절에서는 더욱 확대된 모습으로 나타난다. 22장 13절에서 그리스도에 대한 τὸ ἄλφα καὶ τὸ ὦ, ὁ πρῶτος καὶ ὁ ἔσχατος, ἡ ἀρχὴ καὶ τὸ τέλος('알파와 오메가요 처음과 마지막이요 시작과 마침')라는 진술을 통해 그리스도의 칭호가 하나님의 칭호와 동등선 상에 나타나고 있다. 그리스도에게 적용된 종말론적인 칭호는 하나님의 주되심에 참여하는 그리스도(참조. 2:28; 3:21)의 존엄한 본질을 드러낸다.

그리스도의 칭호에 대한 이러한 묘사는 그리스도에 대한 예배를 통하여 그 의미가 더욱 분명해진다. 요한계시록에서 그리스도 찬송과 종말론적인 묘사(참조. 1:5–6)는 천상적인 예배(5:8–14; 22:3–4)를 드러내고 있다. 이러한 표현은 초기 교회가 이미 그리스도를 높이고 예배했음을 나타낸다. 5장 9–10절에 나타나는 ἀρνίον은[186] 예배와 찬송을 받는 것으로 묘사되는

---

185) Richard Bauckham, *The Theology of the Book of Revelation*, 83.

186) M. Hengel, "Die Throngemeinschaft des Lammes mit Gott in der Johannes-apokalypse," *ThBeitr* 27 (1996), 159–175; Doo-Hwan Park, "Die Christologie der Offenbarung des Johannes. Eine religions und traditionsgeschichtliche

데 이 ἀρνίον이란 상징 언어를 통하여 요한계시록은 그리스도에게 기인되는 구원론적인 의미를 표현한다. 보쿰(Richard Bauckham)은 그리스도에 대한 요한계시록 교회의 예배에 대하여 다음과 같이 말한다. "구원은 매우 밀접하게" 예수와 관련을 가지기 때문에, 그리고 "예수가 준 것은 바로 하나님께로부터 온 구원이기 때문에 […] 예수는 하나님께 드려지는 예배에 포함되어졌다."[187] 보쿰의 이러한 언급을 통하여 볼 때 예수 그리스도로부터 이루어지는 구원에 대한 초기 교회의 인식이 처음부터 예수 그리스도를 예배하는 근거가 되었음을 알 수 있다. 4-5장은 ἀρνίον의 상징(象徵) 언어를 통해 나타나는 구원역사에 대한 도입부로, 하나님의 구원 사역이 어떤 방법으로, 어떻게 전개될지에 대하여 말한다. 4장에는 하나님 찬송이 나타나고(4:8-11) 5장에는 ἀρνίον이라는 상징 언어로 표현되는 그리스도 찬송이 나타난다.(5:9-14) 요한계시록 5장에서 죽임을 당했다고 묘사된 ἀρνίον은 유일하게 하나님의 책을 펼칠 수 있는 권한을 가진다. 5장에서 이러한 묘사를 통하여 요한은 ἀρνίον을 종말적인 구원자로서의 권세와 연결시키고 있다. 이렇게 요한계시록에서 그리스도는 구원 역사의 중심에 있다.[188] 그리스도론적인 구원 사역을 나타내기 위하여 요한은 여러 가지 상징 언어를 사용하였는데 그중에서 가장 효과적으로 나타내는 표현 중에 하나가 ἀρνίον이다. 이 ἀρνίον은 독특한 그리스도론적인 개념을 통하여 효과적으로 그리스도가 어떤 분인가를 묘사한다.

4장에서 하나님 중심으로 이루어지던 구원 사역이 5장에서는 그리스

Untersuchung uber das Lamm(τὸ ἀρνίον) in ApkJoh"(박두환, "요한계시록의 그리스도론 - 아르니온의 종교사와 전승사적 연구"), 「신약연구」 9/2 (2010), 291-307.

187) Richard Bauckham, *The Theology of the Book of Revelation*, 98.

188) 신동욱, "하나님 호칭을 통해 나타난 요한계시록의 종말론의 특징", 「신약논단」 제16권 제1호(2009년 봄), (269-305), 269에서 신동욱은 신약성경 27권 중에서 요한계시록에 가장 신론 중심적인 성격이 강하게 나타난다고 말함에도 불구하고 요한계시록에서 그리스도론은 중심적인 위치에 있다고 본다.

도에게 위임되어 하나님이 베푸시는 구원 역사의 중심에 그리스도가 서 있고, 그가 종말론적인 구원 사역을 이룬다는 구조로 나타난다.[189] 로제(D. E. Lohse)는 ἀρνίον이란 상징 언어를 통하여 그리스도의 속죄 죽음을 나타낸다고 주장한다.[190] 이런 점에서 본다면 ἀρνίον이란 상징 언어는 요한계시록에서 가장 효과적으로 그리스도를 나타내는 표현으로 사용되었다고 볼 수 있다. 요한계시록 6장 이하에 등장하는 하나님의 구원 사역에서 중심적인 위치에 있는 ἀρνίον이란 상징 언어는 아주 특이하게 그리스도론적인 구원 사건에 집중되어 있다.[191] 요한계시록의 전체적인 흐름에서 보면 하나님은 ἀρνίον을 통해 종말론적인 구원 역사를 이끌고 있다.[192]

요한계시록에서 가장 빈번하게 그리스도의 신성을 묘사하기 위하여 사용되는 ἀρνίον[193]이란 상징 언어를 통하여 종말적인 심판과 구원을 담당할 '심판자'와 '구원자'의 상[194]이 마련된다. 보큼은 '묵시적인 구원자'의 상이 ἀρνίον이란 상징 언어를 통해 표현됨을 다음과 같이 서술한다. "이 세상과 관련한 모든 신적인 직임들은 – 구원자, 주, 그리고 심판주로서 – 예수에 의해 행사되었는데 물론 하나님을 대신해서 그렇게 하신 것이다. 하나님으

189) 이런 논지에 대해서는 김종수, "하느님의 어린 양", 「복음과 문화」 4 (2003), 3-45, 특히 4-5를 보라.

190) D. E. Lohse, "Wie christliche ist die Offenbarung des Johannes?," *NTS* 34 (1988), 329.

191) ἀρνίον에 대한 이러한 이해에 대해서는 J. L. Resseguie, *Revelation Unsealed. A Narrative Critical Approach to John's Apocalypse* (Leiden · Boston · Köln: Brill, 1998), 111을 보라.

192) 배재욱, "요한계시록에 나타난 상징 언어 '어린 양'에 대한 선교신학적인 고찰", 「선교와 신학」 13(2004), 171-196, 특히 191을 보라.

193) 요한계시록에서 이 ἀρνίον은 29번이나 자주 나오는 단어로 그리스론적인 칭호 중에서 중심적인 위치에 있다.(참조. 요셉 유언서 19:8-9; 에녹 1서 90:9)

194) 초기 교회의 묵시적인 구원 사상이 ἀρνίον의 상징 언어와 어떻게 관련지어지는지에 대해서는 박두환, "요한계시록의 상징에 관한 연구(동물과 색깔을 중심으로)", 「教授論文集」 6(2002), 67-89를 보라.

로서의 직무를 행하시는 분은 당연히 신적인 예배를 받으신다."[195] ἀρνίον이 예배를 받는다는 설정을 통하여 예수에 대한 초기 교회의 분명한 이해와 아울러 초기 교회의 신앙 고백적인 언어를 볼수 있다. 요한계시록 5장 13절에 나타나는 ἀρνίον에 대한 찬양은 다니엘 7장 14-15절에 나타나는 '인자와 같은 이'에 대한 묘사를 연상케 한다. 그래서 요한계시록에 나타나는 ἀρνίον은 속죄 죽음[196]과 높임 받은 그리스도란 묘사로 드러나는 구원사의 중심으로서의 위치와 심판자로서의 직임을 가진 다니엘 7장의 '인자 같은 이'를 통해 나타나는 종말 사상에 그 뿌리를 두고 있음을 볼 수 있다.

슈나켄부르크(R. Schnackenburg)는 요한계시록에 나타나는 ἀρνίον을 요한복음 1장에 나타나는 ἀμνός와 연결시켜 생각한다. 그는 요한복음의 ἀμνός 개념을 유대 묵시문학적인 전승들과 연결하여 요한계시록의 ἀρνίον을 독특하게 종말적 정복자와 메시야적 통치자 상을 만들었다고 생각한다.[197] 샤르팡티에(D. Charpentier)는 ἀρνίον을 이사야 53장에 나타나는 "자기의 죽음으로 기꺼이 희생 제물이 된 고통받는 종"으로 생각한다.[198] 그의 이 주장은 요한복음에 나타나는 ἀμνός의 해석과 비슷한 맥락에서 나온 듯한 인상을 주고 있다. 그런데 요한복음 1장 29절에 나타나는 ἀμνός가 희생 제물과 관련됨에 대해서는 필자도 인정하지만 샤르팡티에가 이사야 53장을 희생 제물과 연결시키는 것은 어쩐지 어색해 보인다. 요한계시록의 ἀρνίον의 상을 연구하기 위해서는 그리스도의 속죄 죽음과 그에 따라 예배를 받는 ἀρνίον 상을 나타내는 5장에 나타난 ἀρνίον의 상이 가장 먼저 고려되어야 한다고 본다. 요한복음의 ἀμνός와 요한계시록의 ἀρνίον 상이 개

195) Richard Bauckham, *The Theology of the Book of Revelation*, 98-99.

196) D. Charpentier, *Une lecture de l'Apocalypse*, 126-128을 보라.

197) 슈나켄부르크(R. Schnackenburg)의 이러한 주장은 E. S. Fiorenza, *The Book of Revelation. Justice and Judgement* (Philadelphia : Fortress Press, 1989), 96에서 재인용하였다.

198) D. Charpentier, *Une lecture de l'Apocalypse*, 127을 보라.

념상 비슷한 점도 있지만 일치하지 않는 부분이 존재하기 때문이다. 이런 이유로 요한복음에 나타나는 ἀμνός 개념과 연결하고 변용하여 ἀρνίον 상을 요한계시록에 적용했다는 슈나켄부르크의 주장은 올바른 주장이 아니라고 판단된다.

요한계시록에서 ἀρνίον에 대한 표현이 스물여덟 번 나오는데 그중에서 일곱 번 ἀρνίον이 하나님과 함께 짝을 이루어 등장한다. 요한은 일곱이란 숫자를 네 번 곱한 수만큼 ἀρνίον을 묘사하면서 그리스도에 대한 상징성을 나타낸다. 보쿰은 이러한 숫자의 상징성을 통해 ἀρνίον이 이룬 승리를 "그 범위에 있어서 전 세계에 미치고 있음을 가리킨다."[199]고 지적한다. 그의 이러한 지적은 상당히 일리가 있다고 판단된다. 그것은 신약성경 중에서 요한계시록은 그리스도의 신성에 대하여 가장 완벽하게 묘사한다는 점에서 그렇다.

요한계시록에서 그리스도와 하나님이 동일시되면서 동시에 그리스도의 신성이 ἀρνίον이란 상징 언어를 통해 드러난다. 이때 그리스도의 죽음이 가져오는 결정적인 승리에 대한 묘사가 ἀρνίον에 대한 다양한 묘사를 통하여 나타난다. 5장에서 ἀρνίον이 희생적인 죽음을 당했다(5:6)는 보도와 함께 사람들을 모든 나라 가운데서 속량해 낸다(5:9-10)는 설정을 통하여 "그의 희생적 죽음이 곧 악에 대한 승리였다는 사실"[200]이 보도된다. ἀρνίον이란 상징 언어를 통해 하나님의 구원이 그리스도의 속죄 죽음을 기초하여 이루어진 것으로 묘사된다.

그러면 이제 요한계시록에서 그리스도론을 통해 나타나는 구원 사상을 진술하고자 한다.

---

199) Richard Bauckham, *The Theology of the Book of Revelation*, 104.
200) Richard Bauckham, *The Theology of the Book of Revelation*, 115.

3. 그리스도론을 통해 나타나는 구원 사상

이제 서론 첫 머리에서 제기한 요한계시록이 과연 신론 중심적인 책인가?란 질문에 대하여 답해야 할 것이다. 이 문제를 위해서는 초기 그리스도 교회에서 질문한 '예수가 누구인가?'란 질문에서 시작하는 것이 바람직할 것이다. 요한계시록에 나타난 하나님의 사역에서 그리스도론적인 강조가 결코 도외시되지 않는 것으로 보인다.[201] 포이스레스(Vern S. Poythress)는 "요한계시록의 메시지는 다음과 같이 한 문장으로 요약될 수 있는데, 즉 하나님께서 역사를 통치하시고 그리스도 안에서 궁극적으로 완성하실 것이라는 것이다."[202]라는 말로 요한계시록에 나타난 하나님의 구원 완성에서 그리스도가 차지하는 역할에 대하여 언급한다.[203]

---

201) Adrio König, *Jesus Christus die eschatos: die fundering en struktuur van die eskatologie as teleologiese christologie* (Pretoria: N.G. Kerk-Uitgewers, 1970), 535-536을 참조하라.

202) 포이스레스의 주장을 김추성, "요한계시록의 중심 사상. 요한계시록 4-5장을 중심으로", 목회와 신학 편집부 엮음, 『요한계시록 어떻게 설교할 것인가』, 두란노 HOW 주석 50(서울: 두란노아카데미, 2008), 83에서 재인용하다; 김추성, 『요한계시록 4-5장 연구: 구약과 묵시문학에 비추어』, 백석신학연구소 박사학위논문시리즈 2 (서울: 예영커뮤니케이션, 2008)도 아울러 참조하라.

203) 포이스레스가 하나님의 구원 역사를 그리스도와 관련하여 진술하는 것은 하나님의 구원 사역에서 그리스도가 차지하는 위치를 포이스레스가 인식하고 있다는 논증이기도 하다. 그런데 김추성은 포이스레스의 이 말을 인용하면서 요한계시록의 중심 사상을 신론 중심으로 보고 있다. 그는 "요한계시록은 철저하게 하나님 중심적인 책"이라고 하면서 요한계시록의 하나님 상을 구약성경에 나타난 하나님과 동일시하며, 유대적인 하나님 이해에서 그 뿌리를 찾는다. 이것에 대해서는 김추성, "요한계시록의 중심 사상", 102를 보라. 이렇게 요한계시록을 신론 중심적인 책으로 인정하고 신학을 진술하는 것이 과연 올바른 시도인지 생각해 보아야 할 것이다. 그러므로 김추성이 포이스레스의 "하나님께서 역사를 통치하시고 그리스도 안에서 궁극적으로 완성하실 것이라는 것이다."란 말에서 요한계시록의 중심 사상을 신론 중심으로 보고, "요한계시록은 철저하게 하나님 중심적인 책"이라고 정의하는 것은 요한계시록에 나타나는 그리스도론적인 발전된 모습을 통하여 구원론을

그러면 이제 그리스도론적인 발전을 통해 형성된 그리스도의 신성 확립과 구원 사상에 대하여 살펴보고자 한다.

요한계시록은 신약성경의 다른 문서들보다 비교적 후기에 기록된 것으로 많은 면에서 신약성경에 나타나는 그리스도론적인 사상의 결정체를 요한계시록에서 볼 수 있다. 이러한 면에서 보면 요한계시록은 그리스도론적인 발전의 정점(頂点)을 제시하고 그리스도론을 가장 강조하는 책이라고 볼 수 있다.

구약성경에서 하나님을 구원자로 묘사(참조. 삼하 22:3; 시 106:21; 사 43:3; 렘 14:8; 호 13:4)하는 양식을 초기 유대교에서도 그대로 지킨다. 신약성경은 구약성경과 초기 유대교의 바탕 위에서 하나님이 구원자 되심을 묘사한다. 그런데 그 구원이 예수 그리스도의 속죄 죽음을 통해 이루어지는 것으로 나타낸다. 그리스도론과 관련된 사상 중에서 구원 사상은 깊은 관련을 가지고 있다. 요한계시록에 나타나는 구원 사상을 해결하기 위하여 ὁ υἱὸς τοῦ ἀνθρώπου[204](계 1:13; 14:14) 사상과 ἀρνίον[205](계 5:6 등) 사상은 중요한 의미가 있다.[206]

이러한 그리스도론적인 전환은 초기 그리스도교의 가장 큰 관심이었던 '예수가 누구인가?'(참조. 막 15:39; 눅 9:9; 요 9:29)란 질문에 기인한

제시하는 요한계시록 저자의 사상을 곡해하는 것이라고 생각된다. 그의 이 주장에 대해서는 김추성, "요한계시록의 중심 사상", 83을 보라.

204) 인자에 대해서는 Canon Leon Morris, *The Revelation of St. John*, 63, 222-223; Eduard Lohse, *Offenbarung des Johannes*, 에두아르트 로제/박두환·이영선 공역, 『요한계시록』(서울: 한국신학연구소, 1997), 46; 배재욱, "신약성경의 생명"(2008), 64를 참조하라.

205) 어린 양에 대해서는 Richard Bauckham, *The Theology of the Book of Revelation*, 87-102; Eduard Lohse, *Offenbarung des Johannes*(1997), 87-91; Heinrich Kraft, *Die Offenbarung des Johannes*, 168-185를 참조하라.

206) 이 글에서는 구원 사상을 요한계시록에 나타난 '인자'와 '어린 양'과 관련해서만 한계를 정하여 다루기로 한다. '인자'에 대한 구절은 요한계시록 1:13-20에서 그리고 '어린 양'에 대한 구절은 7:17; 12:11; 13:8; 21:27; 22:15에서 볼 수 있다.

다. 초기 교회는 예수를 Μεσσίας('메시아스', '메시아',[207] 참조. 요 1:41; 4:25)로 그리고 ὁ υἱὸς τοῦ θεοῦ('호 휘오스 투 데우', '하나님의 아들',[208] 참조. 막 1:1)로 고백했다. 초기 그리스도 교회는 '예수가 누구인가'란 질문에 기초하여 구원 사상을 전개하여 예수를 그리스도로 고백했고, 그를 구원자로, 세상에 보냄을 받은 자로 인식함으로 그리스도론을 새롭게 세웠다. 그리스도에 대한 초기 교회의 새로운 인식은 초기 교회가 그리스도를 구원의 정점(頂點)으로 인식했다는 증거이기도 하다.[209] 요한계시록에서 그리스도를 구원사의 정점으로[210] 묘사하는 구원론은 초기 교회의 그리스도론의 전승을 받아들이고 그것을 더욱 적극적으로 해석하여 적용한 요한계시록 교회의 이해에 기초한다. 요한계시록에서 이렇게 함으로 초기 교회에서 가장

---

207) 구약성경에 나타난 메시아 사상의 기원에 대해서는 문희석, "구약성서에 나타난 메시아 사상의 기원", 「基督敎思想」 16/3(1972), 112-125; 신약성경에서의 메시아에 대해서는 이종윤, "마가복음에 나타난 소위 '메시아 비밀이론'에 대한 소고", 「성경과신학」 1(1983), 64-82; 성종현, "가난한 자에게 복음을 전파하기 위해 오신 메시아 예수", 「설교자를 위한 성경연구」 2(994), 17-22; 조택현, "생명의 떡을 주시는 메시아(요한복음 61-21)", 「설교자를 위한 성경연구」 38(1997), 34-47을 참조하라.

208) 게르트 타이센/노태성, "역사적 예수와 케리그마적 하나님의 아들-신약 기독론의 이해를 위한 기여로서의 역할"(Historischer Jesus und kerygmatischer Gottessohn-Rollenanalyse als Beitrag zum Verstandnis neutestamentlicher Christologie), 「신약논단」 12/2(2005), 249-279; 안진호, "마태복음의 기독론-아들 기독론을 중심으로", 「신약논단」 9/4(2002), 813-843; 서동수, "바울의 역사적 예수. 롬 1:3-4 '하나님의 아들'과 빌 2:6-11 '하나님의 형상'의 신학적 연관성에 대한 소고", 「신약논단」 122(2005), 461-488; 박익수, "요한복음서의 서언, 본문 전체의 진술 구조, 그리고 결어에 나타난 저자의 기록목적 – 예수, 그분이 그리스도요 하나님의 아들입니다(요 20:31)", 「신학과 세계」 45(2002), 38-73.

209) 구약성경에 나타나는 구원 사상에 대해서는 H. Gese, "Der Davidsbund und die Zionserwählung" (1964), in: ders. *Vom Sinai zum Zion. Alttestamentliche Beiträge zur biblischen Theologie, BEvTh* 64(München: Kaiser, 1990), 113-129를 참조하라.

210) 배재욱, "신약성경의 생명"(2008), 63-64를 참조하라.

중요한 문제 중에 하나였던 그리스도론의 기초가 굳건하게 세워지고 있다.

4. 요약 및 소결론

요한계시록에서는 그리스도를 통한 구원 사상을 지향하는 여러 가지 상징 언어가 많이 나타나지만, 이 논문에서는 그리스도의 신성을 나타내는 상징 언어 중에서 대표적인 ὁ υἱὸς τοῦ ἀνθρώπου와 ἀρνίον이란 상징 언어 두 가지에 집중하여 구원 사상과 관련하여 살펴보았다. 하나님의 구원 사역의 중심적인 위치에 그리스도가 있다. 그 구원 사역을 나타내는 상징 언어 중에 ἀρνίον도 ὁ υἱὸς τοῦ ἀνθρώπου와 ἀρνίον과 함께 효과적으로 그리스도가 어떤 분인가를 묘사하는 중심되는 표현이다.

요한계시록에서 ὁ υἱὸς τοῦ ἀνθρώπου와 ἀρνίον은 구원 사상을 묘사하는 데 있어서 중요한 위치에 있다. 다니엘 7장 13절에 나타나는 ὁ υἱὸς τοῦ ἀνθρώπου가 어떤 근거에서 요한계시록의 구원 사상을 위한 중요한 근거가 되는가에 대하여 살펴보았다. 요한계시록에 나타나는 ὁ υἱὸς τοῦ ἀνθρώπου에 대한 묘사(계 1:13; 14:14)가 복음서에서 나타나는 ὁ υἱὸς τοῦ ἀνθρώπου의 형상과는 다르다. 공관복음서에 나타나는 ὁ υἱὸς τοῦ ἀνθρώπου는 여러 가지 모습 중에서도 고난당하는 메시야로서의 모습이 더욱 강조되어 묘사되는 데 비하여 요한계시록에서의 ὁ υἱὸς τοῦ ἀνθρώπου는 다니엘 7장 13절에 나타나는 '묵시적인 인자'의 모습과 흡사하게 '심판의 주'와 같은 형상으로 나타난다.

1장 18c절에서 요한은 ὁ υἱὸς τοῦ ἀνθρώπου 표상을 통하여 그리스도를 '생명의 주관자'와 '생명의 근원'으로 제시함을 통하여 그리스도를 구원 사상의 중심으로 묘사한다. 이러한 요한의 구원에 대한 묘사는 구약성경에서 하나님을 생명의 주관자와 생명의 근원으로 묘사(참조. 시 36:9; 렘 2:13; 17:13)하면서, 구원의 중심으로 이해하는 구약적인 표현과 상응한다.

요한계시록 1장 17-18절에서 그리스도는 생명의 주관자, 심판을 담당하는 권세자로 이해된다. 요한계시록에서 인자 그리스도론을 유대적인 배경 속에서 이해하는 쪽에서는 요한계시록 당시에는 대체로 무시되고 있었던 임박한 재림을 기다리던 초기 유대 그리스도인에게 요한이 인자 그리스도론을 통하여 신앙에 대한 강조를 새롭게 했다고 생각한다.[211)]

5장에서 보면 하나님이 베푸시는 구원 역사의 중심에 그리스도가 서 있다. 이곳에서 그리스도론적인 진술이 ἀρνίον이란 상징 언어를 통해 묘사된다. ἀρνίον은 그리스도의 속죄 죽음을 나타내는 상징 언어로 요한계시록에서 가장 효과적으로 그리스도를 표현한다.[212)] 이 ἀρνίον은 그리스도론적인 표현 중에서 중심적인 용어로 그리스도의 종말적인 심판과 구원을 담당할 '심판자'와 '구원자'의 상을 내포한다. 요한계시록에서 그리스도의 속죄 죽음을 통해 나타나는 결정적인 승리가 ἀρνίον에 대한 여러 가지 묘사를 통하여 나타난다. 요한계시록 5장에 나타나는 ἀρνίον이 희생적인 죽음(5:6)을 당하고 그 죽음은 사람들의 속량(5:9-10)을 이루었다. 이러한 묘사는 그리스도의 희생적 죽음에 근거한 악에 대한 승리를 나타낸다.

요한계시록에서 "세세토록 살아 있다."(ζῶν εἰμι εἰς τοὺς αἰῶνας τῶν αἰώνων, 1:18b)라는 표상을 통해 그리스도를 '살아 있는 자'(ὁ ζῶν, 1:18a)로 이해하는데 이러한 요한의 그리스도 이해는 초기 교회에서 이루어진 발전된 그리스도론의 모습을 나타낸다. 요한이 그리스도의 신성을 드러내기 위하여 사용한 ὁ υἱὸς τοῦ ἀνθρώπου와 ἀρνίον이란 두 가지 신적인 칭호를 통하여 그리스도는 '영원히 살아 계신 하나님'의 모습으로 이해된다. 이러한 그리스도에 대한 칭호는 신약성경에서 가장 고양된 그리스도론적인 표현으로 이해된다. 이렇게 요한계시록은 특별히 그리스도론적인 발전을 묘

211) R. K. MacKenzie, "The Author of the Apocalypse"(1997), 44를 참조하라.

212) 보쿰은 "어린 양의 환상은 그리스도의 승리의 방법을 그리고 있다: 죽음을 통한 승리이다."라는 말로 ἀρνίον의 의미를 말한다. Richard Bauckham, *The Climax of prophecy: studies on the book of Revelation*, 리차드 보쿰/최홍진 역, 『예언의 절정 1. 요한계시록 연구』(서울: 한들, 2002), 228.

사하는 데서 뛰어난 표현력으로 그 가치를 더하고 있다. 이런 진술을 통하여 요한계시록이 기록될 당시에 초기 교회는 이미 발전된 그리스도론을 가지고 있었고, 당시 교회는 그리스도를 '주'와 '하나님'(참조. 요 20:28)으로 고백했다고 판단된다.

VI. 십사만 사천 명에 대한 표현 속에 나타난 생명

요한계시록 14장 1-5절은 십사만 사천이 서 있다는 묘사가 나타난다. 그런데 그들의 이마에는 어린 양과 그 아버지의 이름을 쓴 것이 있다고 한다. 이러한 묘사는 십사만 사천 명과 어린 양이란 상징어를 통해 저자가 유대 묵시문학적인 전통을 이어받아 묵시적인 언어로 자신이 말하고자 하는 바를 진술한다. 그러면 묵시문학이 무엇인지를 먼저 알아보고자 한다.

1. 요한계시록 14장 1-5절의 구조

요한계시록 14장 1-5절의 진술은 7장 4-8절에서 인침을 받은 십사만 사천 명에 대한 언급과 연결된다. 아우내(David E. Aune)는 14장 1-5절을 "세 개의 구조적 단편"이 이어지는 단락으로 규정하면서 다음과 같이 분류한다.[213)]

(1) 땅의 십사만 사천 명에 대한 환상(1절)
(2) 하늘에서 부르는 새 노래의 소리(2-3절)
(3) 세 개의 '후토이'(οὗτοι) 절에서 '십사만 사천 명'의 신원을 상세히 설명

213) David E. Aune, *Revelation 6-16*, 데이비드 E. 아우내/김철 역, 『요한계시록 중: 6-16』, *WBC* 52중 (서울: 솔로몬, 2004), 741.

하는 4-5절의 해석적인 설명

아우내(David E. Aune)는 14장 1-4절을 위에서처럼 분류하면서 이 단락과 연결되는 7장 4-8절이 포함된 7장 1-17절을 14장 1-5절과 유사하게 3부의 구조로 다음과 같이 분류한다.[214]

(1) 땅의 십사만 사천 명에 대한 환상(7:1-8)
(2) 하늘의 보좌 앞에서 하나님을 찬양하는 큰 무리에 대한 환상(7:9-12)
(3) 해석적 설명(7:13-17)

이러한 대조를 통하여 아우내는 7장 1-17절과 14장 1-5절에서 위의 유사점에 더하여 두 단락에서 두 가지 유사한 주제를 찾고 있다.[215]

(1) 십사만 사천 명에 대한 언급(7:4; 14:1)
(2) 하나님의 인(7:2-8; 14:1)

요한계시록 14장 1-5절에 ἀρνίον이란 표현과 함께 '십사만 사천'이란 숫자가 나타난다. '십사만 사천'이란 숫자는 '이스라엘의 열두 지파'를 의미하는 '열둘'이란 숫자를 제곱한 것에 '완전수'를 의미하는 '열의 세제곱 수'를 곱한 수로 '완전수'를 나타낸다. 모리스(Canon Leon Morris)는 '십사만 사천'이란 숫자를 "이스라엘의 완벽한 총체"라고 하면서 ἀρνίον과 함께 '시온 산'에 서 있는 '십사만 사천'을 '교회'로 보고 있다.[216] 그들은 '순결한 자'로, 즉 신실하게 그리스도를 향한 순종으로 충절을 지키는 자들이다. 그들은 "어린 양이 어디로 인도하든지 따라가는 자"(14:4)란 표현으로 묘사되

214) David E. Aune, *Revelation 6-16*(2004), 741.
215) David E. Aune, *Revelation 6-16*(2004), 741.
216) Canon Leon Morris, *The Revelation of St. John* (2002), 139.

고, 이러한 묘사를 통하여 ἀρνίον의 승리가 예고된다.

2. 요한계시록 14장 1-5절에 나타난 그리스도론적인 진술과 생명

어린 양 상징 언어를 통해 요한계시록은 우주적인 그리스도론과 하나님의 구원 계획을 예수를 따르는 자들에게 알리고, 그들을 타협하지 않는 증언신학으로 이끈다. 이런 모습을 14장 12절에서도 볼 수 있는데, '성도들의 인내'가 하나님의 계명과 예수에 대한 믿음을 지키는 것이라고 밝혀지고 있다. 이러한 "증언의 요청은 하나님의 보편적인 구원 의지에 관한 공동체의 확신들로부터, 그리고 일으킴을 받은 그리스도의 사역 때문에 모든 백성들에 대한 공동체의 책임감으로부터 흘러나온다."[217]

요한계시록 저자는 하나님의 구속사업을 철저하게 창조 중심적으로 서술하고 있음에도 불구하고 묵시적인 언어로 '새 하늘과 새 땅'에 대해 말하고 있다.(계 21:1f.) 이러한 언어적인 표현을 통해 '현재 시대'의 철저한 변형(變形)을 말하면서 이러한 그림은 하나님의 구속사업이 하늘에서 이 세상으로 내려오는 것으로 말한다. 이러한 그림언어를 통해 저자는 당시의 세상 권력이 불의함을 말하고 하나님께 대해 불성실한 모습을 강하게 지적하며 이러한 것들은 하나님의 창조 본질에서 어긋난다는 것을 피력한다.[218]

이 싸움은 '하나님의 말씀'(ὁ λόγος τοῦ θεοῦ)이 등장하는 데서 정점(頂點)을 이루고 있다.(계 19:13) 이 말씀은 백마를 타고 그의 하늘 군대와 함께 등장하여 메시야 왕국을 세운다.(계 19:11-21) 여기에 그리스도의 권세가 하나님의 권세와 동일하다. "동일한 것은 심판을 실행함에서 적용된다."[219]

---

217) Donald Senior · Carroll Stuhlmueller Senior, *The Biblical for Mission*, 도날드 시어니 · 캐럴 슈툴뮐러/최성일 역, 『선교의 성서적 기초』(서울: 다산글방, 2003), 529.

218) Donald Senior, *Mission*, 528을 참조하라.

219) M. Hengel, "Die Throngemeinschaft des Lammes mit Gott in der Johannes

1) 땅의 십사만 사천 명에 대한 환상(1절)

'십사만 사천명'에 대한 기사는 '어린 양'과 '십사만 사천 명의 따르는 자들'의 '승리의 노래'이다. 그들은 어린 양을 따르는 자들로 어린 양이 가는 곳은 어디든지 따르며 어린 양의 명령에 순종하게 된다. 그들이 선 곳은 시온 산이다. 시온 산은 구약성경에서 하나님의 통치의 상징이다. 하나님의 통치가 이루어지고, 하나님의 주권이 미치는 곳은 하나님 나라가 이루어지는 곳이다. 요한계시록 저자는 이 시온 산에 어린 양이 그를 따르는 자들과 함께 서 있다는 묘사를 통하여 어린 양이 시온 산에서 '주권자'로 서 있다는 것을 나타낸다.

1절은 εἶδον, καὶ ἰδού("내가 보았으니 보라")라는 관용적인 표현으로 시작되는데 이 표현 뒤에 τὸ ἀρνίον이 나온다. 이 단락에서 ἀρνίον에 대한 중요한 사실을 만날 수 있다. 이 단락은 ἀρνίον과 구원받은 자들에 대한 깊은 관계를 진술한다.[220] 14장 1절에 보면 "그들의 이마에는 ἀρνίον의 이름과 그 아버지의 이름을 쓴 것"이 있었다고 하는데 이 말은 "'살아 계신 하나님의 인'을 받았다는 것"을 의미한다.[221] "우상숭배를 거부하면서 하나님과 예수 그리스도를 믿는 신앙을 사회에서 실천하는 그들의 삶의 양식을 상징한다."[222] 이 단락은 종말에 이루어질 하나님을 위하는 세력과 적대하는 세력으로 분명한 분리 현상을 제시한다. 이 단락의 배경은 요엘 2장 32절에 나타나는 "누구든지 여호와의 이름을 부르는 자는 구원을 얻으리니 이는 나 여호와의 말대로 시온 산과 예루살렘에서 피할 자가 있을 것임이요 남

---

apokalypse," *ThBeitr* 27 (1996), 159-175, 특히 170과 각주 46도 아울러 보라.

220) 요한계시록의 구원 사상에 대해서는 배재욱, "그리스도론적인 진술 속에 나타난 요한계시록의 구원 사상", 김상복 원로목사 기념논문집 편찬위원회(편), 『진리가 너희를 자유케 하리라』, 김상복 목사 고희기념 논문집(서울: CLC, 2011), 429-451을 참조하라.

221) 이병학, "요한계시록의 예전과 예배 - 우상숭배에 대한 저항과 정치적 유토피아", 「신약논단」 13/4(2006), 1036.

222) 이병학, "요한계시록의 예전과 예배"(2006), 1036.

은 자 중에 나 여호와의 부름을 받을 자가 있을 것임이니라"(욜 2:32; 참조. 욜 2:26)란 구절이다. 요엘은 우주적인 파국 가운데서 '시온 산'에서 이루어지는 구원의 길을 묘사한다.

14장 1절에서 보면 십사만 사천 명의 이마에 ἀρνίον의 이름과 그 아버지의 이름이 쓰여져 있었다.(참조. 3:12; 22:4) 이런 묘사를 통하여 ἀρνίον이 하나님의 생명 구원에서 차지하는 위치가 나타난다. 요한복음에 보면 그리스도론적인 진술로 생명 사상이 두드러지게 나타나는데, 이런 생명 사상에 대한 묘사가 요한계시록에서도 강조되어 나타난다. 하나님의 이름이 ἀρνίον의 이름과 함께 나타나면서 하나님의 이름과 ἀρνίον의 이름으로 이루어질 구원이 준비된다. 요엘은 "누구든지 여호와의 이름을 부르는 자는 구원을 얻으리라"(욜 2:32)고 했다. 요한계시록에서의 구원 도식(圖式)에는 요엘과 다르게 ἀρνίον의 이름이 나온다.[223] 이러한 구원 도식에 나타나는 그리스도의 이름은 사도행전 2장 21절과 로마서 10장 13절에서도 볼 수 있다. 이 두 곳 모두 요엘 2장 32절의 שֵׁם יְהוָה('셈 야웨', '여호와의 이름') 대신에 τὸ ὄνομα κυρίου('토 오노마 큐리우', '주의 이름')로 대체된다.[224] 여기에 요엘 2장 32절이 인용되지만 그리스도론적인 배경 속에서 "누구든지 주의 이름을 부르는 자는 구원을 받으리라"(행 2:21; 롬 10:13)라고 묘사됨으로써 κύριος('주')는 '그리스도'를 묘사하는 칭호로 나타난다.[225] 요한계

223) 요한계시록에서 '하나님의 이름'이 구원 도식에서 중심축을 이루지만(참조. 계 1:1, 8; 3:12; 4:11 등), '어린 양'의 이름도 아울러 구원의 중심축을 이룬다.(참조. 계 5:6-8, 12-13; 6:16; 7:9-10 등).

224) 하나님의 이름과 관련하여서 성종현, 『신약성서의 중심주제들』(서울: 장신대출판부, 1998), 19-45를 참조하라.

225) 헨헨(E. Haenchen)은 τὸ ὄνομα κυρίου를 '예수의 이름'으로 이해한다. E. Haenchen, *Die Apostelgeschichte*, E. 헨헨/ 이선희 · 박경미, 『사도행전』. 국제성서주석 33-1(서울: 한국신학연구소, 1987), 288-289: "여기서 우주적인 사건들은 주님의 이름(=예수!)을 부르는 자들만이 구원받게 되는 위협적인 종말을 묘사한다."; James D. G. Dunn, *Romans 9-16*, *WBC* 38, 제임스 던/김철 · 채천석 공역, 『로마서 9-16』, *WBC* 38하(서울: 솔로몬, 2005), 200: "그는 분명히 그 말씀이 '주

시록 14장 4절에서 "하나님과 어린 양에게 속한 자들"이란 묘사를 통하여, 5장 9절에 나오는 ἀρνίον이 자신의 속죄 죽음을 통하여 "각 족속과 방언과 백성과 나라 가운데에서 사람들을 피로 사서 하나님께 드리심"과 연결되면서 십사만 사천 명에 대한 분명한 이해에 이르게 된다. 'ἀρνίον이 어디로 인도하든지 그들이 따라간다'는 표현은 마가복음 8장 34절에서 "누구든지 나를 따라오려거든 자기를 부인하고 자기 십자가를 지고 나를 따를 것이니라."고 예수로부터 제자들이 초청받는 것과 비교된다. 마가복음에서 예수가 제자들을 따라오라고 초청했던 것처럼 십사만 사천 명이 ἀρνίον을 따르는 것은 생명의 근거가 되시는 분에게로 가는 행동이다. 그러므로 십사만 사천 명에 대한 요한계시록의 표현은 ἀρνίον의 생명 사역과 밀접히 연관된다. 이사야 40장 11절에 메시야가 양무리의 목자가 될 것에 대한 예고가 나오는데(참조. 겔 34:23; PsSal 17:40-42), 요한계시록 14장 1-5절에서 '따라가는 자'(14:4)란 표현을 통하여 이사야의 예언의 성취를 보게 되고 따름은 '구원으로 나아가는 표상'으로 이해된다. 이 단락에서 ἀρνίον은 "만왕의 왕이요 만주의 주"로서 그의 입에서 나온 예리한 검[226](비교. 1:16; 2:12; 19:15)으로 전쟁을 수행하는 기사(騎士)의 모습을 갖춘 19장 15, 21절에서처럼 전사(戰士)의 이미지를 가지고 있다.[227]

예수'를 언급하고 있음을 충분히 의도하면서 언급하고 있다. '누구든지 여호와의 이름을 부르는 자는 구원을 얻으리라.' 바울은 요엘서에서 이스라엘의 하나님과 관련하여 제기된 약속을 높아진 그리스도에 대한 것으로 아무런 거리낌 없이 사용하고 있다."

226) '예리한 검'을 찬(Theodor Zahn)은 '하나님의 말씀'으로 본다. 그것에 대해서는 Theodor Zahn, *Offenbarung des Johannes*, *KNT* 18,1, Theodor Zahn(hg). Erste Hälfte Kap. 1-5 (Leipzig · Erlangen: Deichert, 1924), 424, 427; Hubert Ritt, *Offenbarung des Johannes*, *NEB.NT* 21 (Würzburg: Echter-Verlag, 1986), 97을 참조하라.

227) 이런 논제에 대해서는 더 이상 확대하지 않는다. 기사(騎士)의 모습과 관련된 어린 양 형상에 대해서는 배재욱, "요한계시록에 나타난 상징 언어"(2004), 186-187을 참조하라.

어린 양을 따르는 십사만 사천 명은 어린 양에게 충성을 다하는 자들로 어린 양의 통치가 이루어지도록 일해야 하는 자들이다. 그들의 이마에는 어린 양의 이름과 그의 아버지의 이름을 쓴 것이 있었다. 그들의 이마에 쓰여진 어린 양의 이름과 그의 아버지의 이름은 십사만 사천 명이 어디에 속했는지에 대한 언급이다. 그것을 통해 그들의 정체성이 분명해진다. 인간이 살아가는 현장에서 자신의 정체성을 분명히 깨닫는 것은 자신이 어떤 인생을 살아갈 것인가에 대한 것을 결정하는 중요한 요소가 된다. 자신의 정체성을 깨닫는 것은 '무엇을 어떻게'라는 명제보다 더 근본적인 자리에 있기 때문에 어떤 일을 결정하는 가장 기본적인 요소를 형성한다. 이런 점에서 보면 십사만 사천 명이 어린 양과 그의 아버지의 이름을 이마에 가지고 있다는 것은 그들이 무엇을 어떻게 하는가란 현실 문제에 앞서는 요소가 된다. 이 문제는 그들의 본질에 관한 근본적인 문제이기 때문에 그들이 자신의 정체성을 깨닫는 것으로 그들이 '무엇을 위해 살아가야 하는지', '무엇을 어떻게 해야 하는지' 하는 현실적인 문제를 결정짓는 요소이다. 그들은 어린 양의 이름을 이마에 가지고 있을 뿐만 아니라, '그의 아버지의 이름'(τὸ ὄνομα τοῦ πατρὸς αὐτοῦ)도 그들의 이마에 가지고 있다는 설정을 통하여 그들의 소속이 어린 양과 그의 아버지께 소유된 자들임을 나타낸다. 이러한 묘사를 통하여 저자는 어린 양의 정체성을 그의 아버지와 같은 반열에 두고 있다. 그런데 아버지란 명사를 수식하는 '그의'(αὐτοῦ)란 삼인칭 단수 인칭 대명사 소유격의 선행사는 삼인칭 단수이어야 하기 때문에 이 문장에서는 어린 양 이외에 다른 선행사를 찾을 수 없다. 그 때문에 '그의 아버지'는 '어린 양의 아버지'임을 알 수 있다.

이런 도식을 통하여 저자는 이 문장에서 어린 양 그리스도론의 정식을 세우고 있다. 이런 점에서 본다면 어린 양은 그의 아버지와 깊은 관련 속에 있고 이 관련 속에서 어린 양의 역할이 결정된다. 이 구절에서 어린 양이 그의 아버지와 함께 같은 역할을 감당한다는 묘사를 통해서 그의 지위가 결정된다. 십사만 사천 명의 이마에 어린 양의 이름이 있다는 이 묘사는 그들의 소속을 말하면서 동시에 그들이 어린 양과 그의 아버지께 소유된 자들임을 나타낸다. 그들이 어린 양과 그의 아버지께 소유되었다는 이 묘사를 통해 그들이 어린 양과 아버지와 함께 교제하는 사이임을 나타낸다. 이 교제는 친숙을 나타내는 관계이고, 이 교제는 그들이 어린 양의 운명에 동참하고 그와 함께 유업을 이어받을 자들이요, 어린 양이 선물한 생명을 소유한 자들임을 나타낸다. 이 말은 그들이 어린 양의 생명에 동참하는 자들임을 나타낸다. 그래서 그들은 어린 양이 어디를 가든지 그를 따르게 된다.

이 구절에서 십사만 사천 명은 바울이 "이 후로는 누구든지 나를 괴롭게 하지 말라 내가 내 몸에 예수의 흔적을 지니고 있노라"(갈 6:17)고 고백하듯이 그 이마에 어린 양과 그의 아버지의 이름을 가지고 있다. 바울이 자신의 몸에 '예수의 흔적을 가졌노라'고 한 말은 그 이마에 어린 양의 이름을 가졌다는 요한계시록 14장 1절과 같은 맥락에서 관찰할 수 있다. 바울이 소유한 예수의 흔적이 무엇인지에 대해서 바울은 그것에 대해 명시하지 않지만 그가 당한 아픔의 흔적들일 것이다. 그리스도인의 생명은 그 몸에 예수의 흔적을 가진 자들이 그리스도와 함께 죽고 사는 가운데 누리는 생명이다.(롬 6:1-9) 바울이 예수를 위해 애쓰고 힘든 일을 당하고, 예수를 위한 삶에 다른 사람으로부터 매맞고 조롱당했던 모든 것이 그가 가진 예수의 흔적과 연관을 짓는다면 요한계시록 14장 1절에 나오는 자들의 이마에 있는 어린 양의 이름을 바울의 경우와 비교하면 예수를 위해 일하며 고통받고 죽임당한 것이 아닌가 생각된다. 이것이 의미하는 바는 자신의 인생을 자기 혼자 살아가는 것이 아니라, 그리스도와 연합된 삶을 살아가는 것을 의미한다고 볼 수 있다. 그리스도와 연합되었다는 것은 '그리스도의 삶'에 '내'가 들어가는 것이고 '나의 삶'에 '그리스도'가 들어가셔서 함께하시는 것을 의미한다.

바울은 그리스도와 함께 십자가에 못 박힌 자신의 실존을 인식하면서 "이제는 내가 사는 것이 아니요 오직 내 안에 그리스도께서 사시는 것이라"고 했다.(갈 2:20) 요한복음 15장에 나타나는 포도나무 비유에서 보면 포도

나무 가지가 포도나무에 붙어 있는 비유를 말씀하셨는데, 이 비유 속에 나타나는 포도나무와 포도나무 가지의 관계를 십사만 사천 명이 그 이마에 어린 양과 그의 아버지의 이름을 가지고 있다는 사실과 같은 맥락에서 그 의미를 살펴볼 수 있다. 이런 관계를 통해 저자는 그 공동체와 어린 양 사이에서 이루어지는 깊은 신뢰와 연합을 나타낸다. 이러한 관계는 성령으로 하나 된 관계를 의미한다. 바울은 에베소서 4장 3절에서 평안의 매는 줄로 성령이 하나 되게 하신 것을 힘써 지키라고 했다. 하나 되게 함은 성령 안에서 이루어지는 사역이다. 이러한 하나 됨을 통해 공동체에 소속된 신자는 성령 안에서 일치를 경험하게 된다. 이때 그리스도가 내 안에 사시고 내가 그리스도 안에서 살아가는 실존을 경험하게 된다. 이것은 그리스도와의 신비한 일치를 이루고, 그리스도와 함께 살아가는 하나님 나라의 시민의 실존에 대하여 경험케 한다.

십사만 사천이 이루는 공동체는 그리스도의 군병으로서 그리스도와 함께 먹고 그리스도와 함께 일하고 그리스도와 함께 사는 것이다. 이런 사람은 그리스도의 운명에 동참하고 살아가는 사람이기 때문에 그리스도의 생명을 살아가는 것이고 그리스도와 연합된 자로서, 그리스도께서 선물하신 생명을 가진 자로서 생명이 주는 감격과 기쁨을 누리게 된다.

2) 하늘에서 부르는 새 노래(2-3절)

요한계시록 14장 3절에서 "그들이 보좌 앞과 네 생물과 장로들 앞에서 새 노래를 부르니 땅에서 속량함을 받은 십사만 사천밖에는 능히 이 노래를 배울 자가 없더라"고 했다. 이 구절에서 그들은 노래를 부르는 자로 나타난다. 이 노래는 그리스도의 찬송이기도 하고 하나님 찬송이기도 하다. 사람의 운명은 그가 어떤 노래를 부르는가와 연관된다. 그리스도를 향한 찬송을 부르고 하나님을 향해 찬송을 부른다는 것은 그리스도의 운명에 동참하고 하나님의 영역 안에서 살아가겠다는 의지의 표현이요, 삶의 방향 전환이다. 이런 삶의 방향 전환이 신약성경에서 '메타노이아'라는 말로 표기된다. 그리스도를 믿고 '메타노이아'를 통해 완전한 삶의 변화를 경험한 사람은 그 안에 있던 불안과 공포 대신 희망과 평화를 소유한 자답게 세상을 이기게 된다.

그들이 부른 노래는 ἡ ᾠδὴ καινή('헤 오데 카이네', '새 노래')이다. 요한계시록 저자는 ἡ ᾠδὴ καινή('새 노래')란 말을 통해 이 말에 담겨있는 예배학적인 의미를 말하고자 한다. 초기 교회 시대에 노래는 예배적인 의미가 있다. 노래는 신을 예배할 때 사용되는데, 요한계시록 14장 3절에 나타나는 노래는 이전에 불렀던 노래가 아닌 새 노래이다. 이 새 노래란 말을 통해 이 말과 대칭되는 옛 노래는 이전에 그리스도를 모를 때 불렀던 노래이다. 그 노래는 어둠의 노래이고 죽음을 향해가는 노래이다. 하지만 이제 그들은 새 노래를 부르는 자들이다. 그 새 노래는 그들의 소속이 바뀐 것을 나타낸다. 그 새 노래는 그리스도 안에 있는 자들이 부르는 노래이고, 그 노래는 죽은 자의 노래가 아니라, 산 자의 노래이다. 죽은 자는 어둠과 절망을 노래하지만, 산 자는 희망을 노래하고 기쁨을 노래한다. 그들은 어둠에 속한 자가 아니라, 이제는 빛의 자녀요 광명한 세상에 소속한 자들이 되었다. 그러므로 그들은 이제 새 노래를 부를 수 있고 이제는 새 노래를 받으시는 하나님께 소유된 자들로서 존귀한 인생을 살 수 있다. 그런데 그 새 노래는 아무나 부르고자 하면 부를 수 있는 노래가 아니라, "땅에서 속량함을 받은 십사만 사천밖에는 능히 이 노래를 배울 자가 없더라"고 했다. 새 노래를 부르기 위해서는 새 노래를 배워야 할텐데, 그 새 노래를 "땅에서 속량함을 받은 십사만 사천밖에는 능히 이 노래를 배울 자가 없더라."고 한 말처럼 '땅에서 속량함을 받은 자'만 이 '새 노래'를 배울 수 있다. '속량함을 받았다'는 말은 그리스도의 십자가 죽음을 통해 이루어진 속죄함을 받았다는 것이다. 요한계시록에서 그리스도의 죽음에 대한 언급이 '속죄'와 관련되어 나타나는 구절 중에 5장 9절에 "일찍이 죽임을 당하사 각 족속과 방언과 백성과 나라 가운데에서 사람들을 피로 사서 하나님께 드리셨다."고 했다. 그리스도께서 죽임을 당하심으로 그들이 생명으로 나갈 수 있게 된 것이다.

이런 관점에서 보면 그들이 '새 노래'를 배운다는 것은 그리스도께 소유된 자로서 누리는 지복(祉福)이다. 이 '새 노래'는 '생명의 노래'로, 노래를 부르는 이들에게 '생명의 기쁨'을 주는 노래이고, 이 노래는 '새로운 희망'이 되어 사람의 영혼을 새롭게 한다.

사람이 무슨 노래를 부르는가는 '그가 어떤 인생을 어떻게 살아가는가'와 관련된다. 죽음의 노래를 부른 사람은 죽음의 길로 간다. 기쁨과 희망의 노래를 부른 사람은 즐겁게 인생을 살게 된다. 이런 의미에서 보면 그리스도교가 하나님을 찬양하고 영혼에 즐거움을 주는 노래를 가르치고, 문화선교에 힘을 쏟아야 될 이유를 찾을 수 있다. 절망을 노래하고 고독을 즐기면서 인생의 허무를 노래하며 자신의 인생을 허물어뜨리는 사람들은 그들이 부른 그 죽음의 노래와 비슷한 인생을 살아가게 된다. 그래서 그 죽음의 노래를 부른 사람과 그 노래를 듣고 즐기는 이들은 은연중에 절망하게 되고 죽음으로 향해 나아간다. 현대 사회에는 얼마나 많은 죽음의 노래가 알게 모르게 사람들 가운데 퍼져 있는지 모른다. 그것과 다르게 '새 노래'는 '영혼의 기갈'을 해갈하고 '막힌 담'을 허물어뜨리며 불안한 영혼에 평안을 가져오고 만족함을 이루게 한다. 영혼의 만족은 인간에게 기쁨을 주고, 인간이 살아가는 데 필요한 동력을 제공한다. 그때 그는 생명력을 가진 존재로서 자신이 왜 이 땅에서 존재해야 하는지를 깨닫게 한다. 이런 점에서 보자면 그 공동체가 부르는 '새 노래'는 각자의 '생명의 노래'이다. 그 '생명의 노래'는 지존하신 하나님을 인정하고 그의 아들이신 그리스도를 인정하고 받아들이고 믿는 자들이 부르는 노래이기 때문에 그 노래는 영감이 있고 그 노래를 듣는 자들은 생명이 소생하는 것 같은 힘을 얻게 되고, 그 노래는 사람을 살리는 노래가 된다.

3) '십사만 사천 명'의 본질(4-5절)

4-5절은 세 개의 '후토이'(οὗτοι) 절에서 '십사만 사천 명'의 신원을 상세히 설명하는 해석적인 설명이 나타난다. 4절에서 이들은 "처음 익은 열매로

하나님과 어린 양에게 속한 자들"로 묘사된다. 이러한 이해를 통하여 볼 때 십사만 사천 명은 '생명수의 강'(계 22:1; 참조. 요 4:14; 7:38)이신 ἀρνίον을 따를 때 생명을 얻게 된다. '어린 양'을 따르는 이들은 하나님을 예배하는 공동체이다. ἀρνίον은 죽음에 짓눌려 있는 세대 속에서 하나님의 권능으로 생명 사역을 이루기 때문에 '어린 양'을 따르는 자에게 '생명의 회복'이 성취된다.

4절에 따르면 이 사람들은 "여자와 더불어 더럽히지 아니하고 순결한 자라 어린 양이 어디로 인도하든지 따라가는 자이며 사람 가운데에서 속량함을 받아 처음 익은 열매로 하나님과 어린 양에게 속한 자들이니"라고 했다. 십사만 사천 명은 어디든지 어린 양이 인도하는 곳에는 함께 가는 자들이다. 어린 양이 어디로 인도하든지 따라가는 이들의 모습은 자신의 미래와 운명을 어린 양에게 맡긴 자로서 살아감을 의미한다. 이 말을 통해 요한계시록 저자는 맡긴 자의 행복을 말한다. 4절에서 말하는 "여자와 더불어 더럽히지 아니하고 순결한 자"란 의미는 도덕적인 의미에서 해석하기보다는 제의적인 순결을 보아야 할 것이고 제의적인 순결을 통해 저자는 이들이 어린 양과 하나님과 함께 가지는 친밀성을 나타낸다. 이러한 친밀성이 있으므로 그들은 어린 양이 어디로 인도하든지 따라가는 자로서 자신의 위치를 지킬 수가 있다. 그들은 "속량함을 받아 처음 익은 열매로 하나님과 어린 양에게 속한 자들"이다. 이들은 '어린 양이 어디로 가든지 따라가는 자'로서 가지고 있는 정체성이 4절에서 다섯 가지로 나온다. 그것을 분류해 보면 이래와 같다.

1. 여자와 더불어 더럽히지 아니한 자
2. 순결한 자
3. 사람 가운데에서 속량함을 받은 자
4. 처음 익은 열매
5. 하나님과 어린 양에게 속한 자

'여자와 더불어 더럽히지 아니한 자'란 구절을 해석함에서 요한계시록에서 '여자'란 말을 통해 지시하는 '부정적인 이미지'를 말하고자 함인지, 혹은 이 구절 속에 '여자와 더불어 더럽히지 아니한 자'란 말이 신앙적인 정절을 지키지 않고 우상에게 절하고 살아가는 행위를 지시함인지에 대해서 답을 찾아야 할 것이다.

그렇다면 순결한 자의 의미는 도덕적인 의미이기보다는 종교적인 정결의 의미로 사용된다는 관점에서 이 구절을 해석하는 것이 옳다. '사람 가운데에서 속량함을 받은 자'란 말을 통해 그들이 가진 정결은 자신의 노력으로 이루어지기보다는 어린 양의 속죄 죽음을 통해 이루어진 것을 나타낸다. '속량함을 받았다'는 말은 '대신 지불한다'는 말의 의미로 볼 때 정결치 못한 모든 것들이 어린 양의 속죄 죽음을 통하여 깨끗하게 씻음 받았음을 나타낸다. 에스겔 36장 25절에서 하나님이 맑은 물을 뿌려 정결케 함의 구원 역사가 이 구절 속에 '속량'이란 말을 통해 나타난다.

'처음 익은 열매'는 하나님과 어린 양에게 속한 자의 정체성을 말해준다. '처음 익은 열매'란 말은 신자에게 내리는 어떤 보상을 떠올리게 한다. 그 보상은 그들이 목숨 바쳐 어린 양을 따르고 어린 양을 위해 충성을 다했음을 의미한다. '하나님과 어린 양에게 속한 자'란 말도 '처음 열매'란 말처럼 14장에 나타나는 십사만 사천 명의 정체성을 나타낸다. 이 말들은 어린 양을 따르는 자로서 가져야 할 본분을 말하는 것으로 볼 수 있다.

5절에 나타나는 "그 입에 거짓말이 없고 흠이 없는 자들이더라"란 말은 그 십사만 사천 명이 가지는 도덕적인 수준을 의미하기보다 이 말을 통해 '제의적인 의미에서의 정절', 즉 우상에게 절하지 않고 '신앙적인 정절'을 지킨다는 것을 의미한다.

요한계시록 저자는 이런 언급을 통하여 그 당시 독자들에게 신앙적인 지조를 지킬 것을 강조하는데, 그 만큼 그 당시의 교회가 어려움을 당하고, 그런 상황에서 자신의 신앙을 지키고 살기가 쉽지 않았다는 것을 나타낸다. 우리는 이러한 언급을 통하여 섬긴다는 의미를 단순히 '종속'(從屬)의 의미에서만 파악할 것이 아니라, 생명이란 관점에서도 보아야 하리라고 본다.

십사만 사천 명은 하나님과 어린 양을 섬기고, 하나님과 어린 양에게 속했고, 하나님과 어린 양을 따르는 자들이다. 이러한 은유적인 표현을 통해 저자는 그들의 절대자를 향한 종속성과 의존성을 표현한다. 그들은 하나님과 어린 양의 대척점(對蹠點)에 있는 존재가 아니라, 하나님과 어린 양에게 소속되고 그분께 소유된 자로서의 위치를 나타냄을 통해 피조물의 한계치를 분명히 표현한다. 피조물이 스스로를 피조물로 인식을 분명히 할 때, 그 한계 안에 선물된 생명의 기쁨을 누리고 인생을 규모 있게 살아가게 된다. 그런 면에서 보자면 이 십사만 사천 명은 그들이 따르는 어린 양과 하나님께 소속된 자들이고, 그들은 그 소속을 통해 회복되고, 자유와 평화를 누리는 자들이다. 그들이 누리는 그 자유는 피조물이란 테두리가 주는 압박이나 억압이 아니라, 그들에게 운명 지어진 자신의 정체성을 깨달은 자로서의 자유이고 환희이다. 피조물이 피조물 된 자신의 정체성을 생각지 않고 피조물의 한계를 벗어나게 될 때 가장 비참함에 이르게 된다. 창세기 3장에 나오는 아담과 하와는 뱀의 꼬임에 빠져 피조물의 한계를 벗어나고자 하는 우를 범함으로 그들에게 선물된 생명을 상실하고 죽음과 파멸로 들어가게 되었다. '섬긴다'는 의미는 '예배한다', '절한다'는 말로 이해할 수 있다. 그렇다면 이 섬김을 통해 요한계시록 저자는 피조물이 창조주 하나님을 향한 자신의 정체성을 분명히 깨닫고 그에 대한 충성을 다함으로 그들이 살아가는 삶의 목적과 인생의 의미를 모두 직시하고 있다고 생각된다. '섬기다'는 말은 '그에게 종속된다', '그가 섬기는 주인이 있다'는 말과도 관련된다. '섬기는 주인이 있다'는 것은 '그와 개인적인 관계를 맺고 있다'는 말이기도 하다. 이 말을 다른 한편에서 관찰하면 섬김의 대상은 섬기는 자와는 깊은 연관성을 나타내는 것으로 볼 수 있다. 구약성경에서 하나님과 이스라엘의 관계는 이스라엘이 하나님을 예배하고 하나님은 이스라엘의 예배를 받으시는 분으로 나타난다. 예배는 최상의 섬김의 모습이다. 이스라엘은 하나님을 예배함으로써 하나님을 섬기도록 부름 받았다. 구약성경에 나타나는 계약은 이스라엘 편에서 볼 때 하나님을 섬기는 자로서의 계약이다. 이스라엘은 하나님을 섬김을 통해 하나님과 깊은 관계를 이루게 되고 하나님이 주시는 평안과 은혜를 누리게 된다.

구약성경에서 하나님과 이스라엘이 아버지와 자식의 관계로 표현되기도 하고 부부의 관계로 표시되기도 한다. 호세아서에서 보면 호세아와 고멜의 관계를 통하여 하나님과 이스라엘의 관계가 남편과 아내의 관계로 표현된다. 이런 관계를 통해 볼 때 호세아서에서 하나님과 이스라엘의 깊은 연관이 은유적으로 이해된다. 호세아서에 나타나는 결혼 은유에 나타나는 하나님과 이스라엘은 피할 수 없는 운명의 관계이다. 호세아서에서 죄를 되풀이하는 고멜을 감싸 주는 남편된 호세아를 통해 하나님은 끝까지 이스라엘을 찾아가시고 싸매어 주시고 회복시키시는 사랑의 하나님이다. 호세아서는 하나님을 범죄한 이스라엘과 깊은 인격적인 관계를 맺는 분으로 표현한다. 이러한 깊은 관계 안에서 이스라엘은 하나님 안에서 자신의 자리를 찾게 된다.

요한계시록에 나타나는 십사만 사천 명은 어린 양과 하나님을 따르고 섬긴다. 이런 섬김의 관점에서 보면 십사만 사천 명이 어린 양과 하나님을 섬기는 은유는 하나님과 이스라엘의 관계를 묘사한다고 볼 수 있다. 이런 면에서 요한계시록 저자는 구약성경에 나타나는 약속이 십사만 사천 명이 어린 양과 그의 아버지를 따름을 통해 성취됨을 묘사한다. 이러한 묘사를 통하여 저자는 창조주와 피조물의 원초적인 관계를 서술한다.

이런 모습은 하나님과 피조물의 관계를 나타낼 뿐만 아니라, 이런 관계 묘사를 통하여 생명 회복의 완전함이 나타난다. 이 구절에는 쿰란의 전쟁 규칙에서처럼 전쟁 상황의 긴박함이나 악의 세력에 대한 묘사가 나타나지 않고 단지 하나님과 어린 양을 따르는 자들의 상황만 묘사되고 있다. 그렇지만 요한계시록 전체 상황을 보면 하나님의 대척점에 악의 무리가 있다는 점에서 요한계시록 14장 1-5절은 악한 세력과의 싸움 앞에서 전투대형을 갖추고 종말의 전쟁을 준비하는 쿰란 공동체의 전쟁 두루마리에 나타나는 전쟁과 유사하다. 요한계시록 14장 1-5절은 쿰란의 전쟁에 대한 규칙에서 보는 것과 같은 긴박감이 은유적으로 함유되어 있다고 볼 수 있다. 그렇지만 요한계시록 저자는 궁극적으로는 하나님과 대척점에서 대비되는 모든 악의 세력이 결국은 다 파멸되고 그 모든 것들이 하나님의 손바닥 안에서 조절되고 지배되고 있다는 것에서는 쿰란의 전쟁 두루마리와는 다르게 묘사한다. 이런 점에서 보면 요한계시록에는 구약성경의 묵시나 중간기 문헌에 나타나는 묵시와는 다르게 하나님의 종말론적인 승리가 악의 세력을 평정하는 것으로 그치는 것이 아니라, 그 악의 모든 지배권과 그것에 대한 심판권을 다 하나님이 행사하심을 통하여 나타난다.

3. 요약 및 소결론

요한계시록 14장 안에서 십사만 사천 명은 하나님과 어린 양을 따르고 섬김으로 자신들의 종속성을 분명히 드러낸다. 이런 모습에 나타나는 생명 사상은 자신의 정체성을 알고 지키는 것과 관련되어 있다. 원초적인 인간은 한없이 모나고 서툴지만 창조주의 손 안에서 길러지고 다듬어질 때 쓸모 있는 존재로 가치를 드러내게 된다. 이런 모습에서 유추해 볼 때 복음서에 나타나는 앎에 대한 여러 가지 진술이 생명 사상을 위하여 요긴하다는 것을 인식하게 된다. 생명은 자신에 대한 바른 정체성을 가지는 데서 그 중요성을 확인하게 된다. 자신이 누군지 모를 때 사람은 시간을 낭비하고 목적 없이 인생을 살아가게 된다. 시간의 의미를 모르는 가운데서는 시간의 창조주이신 하나님을 알 수가 없다. 하나님을 알고 그 대상인 자신에 대해서 인식할 때 비로소 생명의 가치를 알게 되고 생명의 존귀함을 누릴 수 있게 된다. 생명의 가치는 본질의 문제이다. 제한된 영역에서 살아가는 인간은 시간과 공간에 제한을 받지 않는 하나님과는 본질적으로 다른 존재이다. 피조물의 한계 속에 있는 생명은 인간이 스스로 연구하거나 창작한 것이 아니라, 신적인 유래를 통해 인간에게 선물되었다. 이런 점에서 생명의 가치는 인간 존재의 본질과 관련된다. 그것은 14장에 묘사되듯이 하나님과의 관계 속에서 하나님을 따르고 의지하고, 하나님께 소속될 때 그 안에서 이루어지는 소유된 백성으로서 자신의 본질을 인식하고 그 안에 있는 자유와 기쁨을 누리게 된다. 하나님과의 관계 속에서 회복된 생명의 모습은 그리스도의 속죄의 죽음을 통해 완전히 회복된 본질적인 모습이다.

VII. 말 탄 기사(騎士)에 대한 묘사와 생명

요한계시록 19장 11-16절은 말 탄 기사에 대한 단락이다. 이 단락은 요한계시록의 다양한 주제 중에서도 뛰어난 문학적인 긴박감이 넘치는 단락이다. 이런 묘사를 통해 요한계시록 저자는 문학적인 완성을 이루며 동시에 하나님의 구원사의 완성을 묘사한다. 이 말 탄 기사에 대한 묘사는 생명 사상과 어떤 연관 속에 있는지를 살펴보고자 한다.

1. 공의로운 심판(11절)

먼저 11절을 보면 "또 내가 하늘이 열린 것을 보니 보라 백마와 탄 자가 있으니 그 이름은 충신과 진실이라 그가 공의로 심판하며 싸우더라."고 했다. '하늘이 열렸다.'는 보도를 통해 요한계시록 저자는 자신이 받은 계시의 출처를 하늘과 관련지음으로 그 계시의 완전성을 주장한다. '하늘이 열렸다.'는 말을 통하여 하늘로부터 기원된 계시를 나타내면서 그는 자기가 보았다는 말을 통해 완전한 계시자이신 하나님과 불완전한 피조물인 자신 사이에 놓인 거리감을 좁힌다. 피조물은 불완전하여 창조주의 뜻을 완전하게 이해하지 못하지만 하나님이 그것을 나타내실 때 비로소 알게 된다. 그런데 하늘은 하나님이 계시는 곳으로 하나님의 영역이다. '하늘이 열린 것을 보았다.'는 표현을 통하여 저자는 자신이 그 하나님의 영역 안으로 들어

감에 대한 묘사를 한다. 그것은 열린 하늘로 계시된 하나님의 사건을 경험하고 하늘 안에서 일어나는 사건을 인식함으로 그는 그 사건의 증거자로 자신을 자리매김함으로 놀라운 '하늘 사건'의 한 축을 이룬다는 점에서 그렇다. 이제 저자는 열린 하늘을 통해 하늘에서 일어나는 사건을 경험한 자로서 자신의 역할을 담당한다. 그것은 그 사건을 보는 데서 시작한다. 저자가 열린 하늘을 통해 가장 먼저 본 광경은 백마를 탄 자였다. 그 백마를 탄자의 이름은 '충신'과 '진실'이라는 설명이 나온다. '충신'과 '진실'이란 이름을 통해 저자는 백마를 탄 자의 정체성과 그가 누구인지에 대한 기대를 높인다.

'충신'과 '진실'이란 이름을 통해 요한계시록 저자는 어린 양을 묵시적인 심판자의 상으로 묘사한다. 이런 어린 양에 대한 묘사는 요한복음 1장 29절에 나타나는 요한복음의 어린 양과는 다른 모습을 보인다. 비록 다드(C. H. Dodd)가 요한복음에 나타나는 어린 양을 요한계시록 1장 29절에 나타나는 묵시적인 심판자 상을 가진 어린 양의 모습으로 해석하지만 요한복음 1장에 나오는 어린 양의 모습은 세상 죄를 지고 가는 하나님의 어린 양이란 서술어를 통해 이해하는 한에서는 죄의 용서를 위해 속죄, 제물로 바쳐지는 '타미드 제사'의 어린 양을 배제하고서는 이해하기 힘들다고 생각된다. 그렇다면 요한복음의 어린 양에 대한 이해는 요한계시록에 나타나는 묵시적인 심판자의 상을 가진 어린 양과는 많은 점에서 대조를 이룬다.

19장 11절에 '어린 양'이란 명칭이 등장하지 않지만 9절에 어린 양이란 명칭이 나타나면서 하나님의 말씀이 나타난다. 그리고 백마를 탄 자를 묘사하는 11-12절 다음에 나오는 13절은 앞 절을 설명하면서 다시 '하나님의 말씀'이란 이름으로 그리스도론적인 묘사를 나타낸다. 이런 연결어를 통해 볼 때 백마를 탄 묵시적인 심판자의 모습은 바로 앞에 나오는 어린 양에 대한 묘사를 나타낸다고 볼 수 있다. 11절에서 백마를 탄 자는 '묵시적인 심판자'로 그려지는 어린 양이고, 그의 이름은 충신과 진실이다. 그는 충신과 진실이란 그의 이름처럼 공의로 심판하며 싸우시는 분이시다. 그의 심판은 의롭기 때문에 아무도 그의 심판에 대하여 반대하거나 충고를 할 수가 없다. 이것과 비슷하게 바울은 이스라엘의 구원사에 대하여 말하면서 이스라엘이 "넘어짐으로 구원이 이방인에게 이르러 이스라엘로 시기나게 함이니라."(롬 11:11)고 말한다. 바울은 이 구절에서 하나님의 심판 행위를 "모든 사람에게 긍휼을 베풀려 하심이로다."란 말로 해석한다. 그 후 바울은 "깊도다 하나님의 지혜와 지식의 풍성함이여, 그의 판단은 헤아리지 못할 것이며 그의 길은 찾지 못할 것이로다. 누가 주의 마음을 알았느냐 누가 그의 모사가 되었느냐."(롬 11:33)란 말로 하나님의 구원의 섭리를 말하고 있다. 로마서에 나타나는 하나님의 심판과 구원에서 아무도 하나님을 향해 충고할 수 없다는 것이 진술된다. 그런데 요한계시록에 나타나는 어린 양은 심판자의 모습으로 나타나면서 그의 심판이 의롭다는 사실이 묘사되는데, 그 사실은 그의 이름이 충신과 진실이라는 것을 통해서 그것이 암시하는 바를 알 수 있다. 충신과 진실이란 이름을 가졌다는 서술을 통하여 요한계시록 저자는 말 탄 기사가 행하신 심판은 의롭고, 그 때문에 아무도 그의 의를 침범할 수 없다는 것을 나타낸다. 이런 표현은 로마서 11장에서 놀라운 지혜로 심판권을 행사하시고 구원을 베푸시는 하나님의 구원사에 아무도 모사(謀士)가 되어 하나님을 충고할 수 없다는 바울의 진술과 어떤 영적인 연속성을 볼 수 있다. 말 탄 기사의 심판은 공의로운 심판인데 이 심판은 싸움을 통해 이루어진다는 사실을 11절에서 "그가 공의로 심판하며 싸우더라."란 진술을 통해 알 수 있다.

이 11절에서 "그가 공의로 심판하며 싸우더라."란 말은 그분의 공의로운 심판과 아울러 그 공의로운 심판과 관련된 싸움이란 말을 어떤 연결점으로 보아야 할 것이다. 이 싸움은 악의 세력들과의 최후의 전면전을 나타낸다. 그런데 이 싸움은 묵시적인 그림으로 나타나는데 이 묵시적인 전쟁의 모습은 최후의 승리가 어떤 모습으로 그려질지에 대한 기대를 암시한다. 11절에 나타나는 암시는 그 백마를 탄 기사의 이름이 충신과 진실이고 그는 공의로 심판하며 싸우기 때문에 정의로우신 하나님이 개입하신 전쟁은 승리할 수밖에 없다. 그것이 의로우신 하나님의 공식이다. 하나님은 의로우시기 때문에 세상에서 정의가 이기도록 섭리하셨고, 친히 의로 승리하신다. 요한계시록 19장 11-16절에 나타나는 백마를 탄 자로 묘사되는 그리스도가 11절에서 '충신'과 '진실'로 칭해지면서 공의로 심판하신다는 언급을 통하여 그리스도의 종말론적인 승리가 묵시적인 언어로 암시된다. 이 구절을 통해 저자는 생명의 주인이신 그리스도는 의로움으로 통치하시는 분이시므로 그분이 제공하는 생명은 의로움과 진실함에서 풍성하게 된다는 것을 말한다. 그러므로 이 구절에서 생명에 대한 관련성이 의로우신 그리스도 안에 있는 생명 본질과 연결된다. 바울은 빌립보서 4장 8절에서 "끝으로 형제들아 무엇에든지 참되며 무엇에든지 경건하며 무엇에든지 옳으며 무엇에든지 정결하며 무엇에든지 사랑 받을 만하며 무엇에든지 칭찬 받을 만하며 무슨 덕이 있든지 무슨 기림이 있든지 이것들을 생각하라."고 했다. 참되고 의로운 데서 생명의 기쁨이 온전해지고 풍성하게 된다.

2. 자기밖에 아는 이가 없는 이름(12절)

12절에서 "그 눈이 불꽃 같고 그 머리에 많은 면류관이 있고 또 이름 쓴 것이 하나가 있으니 자기밖에 아는 자가 없고"라고 했다고 선언하는데, 이 구절은 세 개의 문장으로 분류된다.

12a 그 눈이 불꽃 같고
12b 그 머리에 많은 면류관이 있고
12c 또 이름 쓴 것이 하나가 있으니 자기밖에 아는 자가 없고

이렇게 세 문장으로 구분되는 이 구절은 백마 탄 자로 상징되는 그리스도의 드러난 모습을 묘사한다. 그런데 그 눈이 불꽃 같다는 말을 통해 저자는 그리스도의 전능하심과 전지하심을 묘사한다. 눈은 보는 역할을 한다. 예수는 '보는 눈이 복이 있도다.'(눅 10:23)라고 했다. 있어도 보지 못하는

눈은 병든 눈이다. 눈이 병들면 보지 못하므로 눈을 치료해야만 한다. 그런데 백마 탄 자의 눈은 '불꽃 같다'고 했다. 저자는 '불꽃 같다'는 말을 통해 백마 탄 자는 자신이 가진 심판권을 행사함에서 분명하고 확실하게 알고 행사한다는 것을 나타낸다. 그 눈이 불꽃 같기 때문에 그는 모든 것을 그 불꽃 같은 눈으로 보므로 모든 것의 깊은 곳까지 다 불꽃 같은 눈으로 보기 때문에 그 눈을 아무도 피할 수는 없다. 그 불꽃 같은 눈으로 보기 때문에 그는 모든 것을 정확하게 파악할 뿐만 아니라, 공평하게 파악한다.

12b절은 "그 머리에 많은 면류관이 있고"라고 했다. 이 12b절을 통해 백마를 탄 자가 가지신 존귀함이 완벽하다는 것을 나타낸다. 면류관은 빌립보서 4장 1절에서 "그러므로 나의 사랑하고 사모하는 형제들, 나의 기쁨이요 면류관인 사랑하는 자들아 이와 같이 주 안에 서라."고 했다. 여기에 나오는 면류관은 바울이 전도하고 말씀으로 가르친 성도를 자신의 면류관이라고 한다. 여기서 나타나는 면류관은 상급의 의미를 가진다. 디모데후서 4장 8절은 "이제 후로는 나를 위하여 의의 면류관이 예비되었으므로 주 곧 의로우신 재판장이 그 날에 내게 주실 것이며 내게만 아니라 주의 나타나심을 사모하는 모든 자에게도니라."라는 말로 면류관에 관한 언급을 한다. 디모데후서 4장 8절에서 면류관은 자신의 인생 여정을 바라보면서 자신이 밟아온 걸음걸음마다 주께서 함께하심을 믿고 하나님의 상급이 준비되어 있을 것을 진술한다. 요한계시록 19장 12절은 5장 9절을 배경으로 가진다. 이 백마 탄 자는 5장과의 연결에서 볼 때 어린 양이 고난받고 죽임당한 것이 19장 12절에서 그의 머리에 면류관을 가진 근거가 된다.

12c절은 "또 이름 쓴 것이 하나가 있으니 자기밖에 아는 자가 없고"라고 했다. 자기밖에 아는 자가 없는 이름은 사도행전 17장 23절에서 "내가 두루 다니며 너희가 위하는 것들을 보다가 알지 못하는 신에게라고 새긴 단도 보았으니 그런즉 너희가 알지 못하고 위하는 그것을 내가 너희에게 알게 하리라."고 한 말씀을 그 배경에 가지고 있다. 그 알지 못하는 신이 어떤 신인지에 대한 설명은 없지만 그 당시 아테네에는 '이름이 있는 신'에게

제사하는 많은 제단이 있었다. 그런데 어떤 사람이 제사를 드리다가 부지중에 소홀하여 어떤 신을 제사에서 빠뜨린다면, 그때 그 신에게 진노를 받을 수 있어, 부지중에 제사드리는 것을 소홀히 하는 것을 예방하기 위해 모든 것을 통틀어 '미지의 신'에게 제사를 드렸다. 그런데 요한계시록 19장 12절에 나타나는 12c절에서 "또 이름 쓴 것이 하나가 있으니 자기밖에 아는 자가 없고"라고 한 이 구절에 나타나는 그 이름은 사도행전의 '알지 못하는 신'과는 관련이 없는 것 같다. 저자는 요한계시록 19장 12절에 나타나는 '자기밖에 아는 자가 없는 그 이름'이란 표현을 통해 그 이름의 신비로움을 나타낸다. 이런 표현을 통하여 저자는 제한된 한계 속에서 살아가는 인간 존재의 한계를 묘사하면서 동시에 한정이 없으시고 무한하신 하나님을 인간의 지식을 통해서는 다 담을 수 없다는 것을 나타낸다. 인간은 하나님이 계시하시는 것만 알 수 있고 접근할 수 있다. 그러나 계시자이신 하나님 앞에는 모든 것이 드러날 수밖에 없다. 하나님은 모든 것을 아시므로 알지 못하는 것이 없지만 인간에게는 숨겨진 것이 너무 많다. 요한계시록 저자는 이 '알지 못하는 이름'을 통해 요한계시록의 묵시성을 더욱 돋보이게 하면서 인간의 한계를 가르쳐 준다. 이 구절에서 인간은 한계 속에서 사는 존재란 사실을 인식하는 것이 자신의 생명의 길을 복되게 하는 것을 알 수 있다. 때때로 펼쳐지는 일들이 이해되지 못할 만큼 힘들고 어려울 수도 있다. 그럴 때 때때로 자신의 이성적인 합리성을 포기하고, 하나님의 순리 속에서 살아가는 것이 생명의 복됨을 지키는 길이 된다.

3. 하나님의 말씀(13절)

13a 또 그가 피 뿌린 옷을 입었는데
13b 그 이름은 하나님의 말씀이라 칭하더라

13절은 접속사 καί('카이')로 시작하기 때문에 대등절이지만 앞의 12절을 보충하는 구절로 볼 수도 있다. 13절은 두개의 문장(13a, 13b절)으로 분리되는데, 이 두 부분 모두 12절을 보충하고 있다. 13a절은 "또 그가 피 뿌린 옷을 입었는데"란 말을 통해 앞 절에 나타난 자기밖에 아는 이가 없는 이름을 보충적으로 설명한다. 즉 그것은 그리스도의 속죄 죽음을 묘사하는 것이다. 13a절은 '피 뿌린 옷'이란 단어를 사용하여 예수의 죽음을 은유적으로 표현한다. 13b절은 "그 이름은 하나님의 말씀이라 칭하더라."란 말로 자기밖에 아는 이가 없는 이름의 실체를 밝힌다.

4. 백마를 타고 따르는 하늘에 있는 군대들(14절)

14a 하늘에 있는 군대들이
14b 희고 깨끗한 세마포를 입고
14c 백마를 타고 그를 따르더라

이런 보충적인 설명을 통해 12절의 "자기밖에 아는 이가 없는 이름"의 실체를 밝힌 저자는 14절에서 하늘 군대에 대한 묘사를 하는데, 그들은 희고 깨끗한 세마포를 입고 백마를 타고 그를 따랐다고 한다. 하늘에 있는 군대들이란 말을 통하여 그들의 소속을 분명히 밝힌 저자는 "그들이 희고 깨끗한 세마포를 입고 백마를 타고 그를 따르더라."란 말로 그들이 하는 일에 대한 표현을 구체적으로 나타낸다.

5. 심판에 대한 진술(15절)

15a 그의 입에서 이한 검이 나오니 그것으로 만국을 치겠고
15b 친히 저희를 철장으로 다스리며
15c 또 친히 하나님 곧 전능하신 이의 맹렬한 진노의 포도주 틀을 밟겠고

15절에서 말탄 기사가 담당할 심판이 묘사된다. 15a절에서 "그의 입에서 이한 검이 나오니"란 표현에서 '이한 검'이란 '날이 선 날카로운 검'이란 것을 나타낸다는 것을 고려해 볼 때 말 탄 기사가 날카로운 검을 가졌다는 표현은 그가 가지고 있는 심판의 엄중함을 나타낸다. 그가 '날카로운 검으로 만국을 친다.'는 표현을 통해 그의 심판이 우주적임을 나타낸다. 그가 "친히 저희를 철장으로 다스리며 또 친히 하나님 곧 전능하신 이의 맹렬한 진노의 포도주 틀을 밟겠고"(15bc절)란 표현은 이 심판이 하나님의 심판임을 나타낸다.

6. 만왕의 왕 만주의 주

16a 그 옷과 그 다리에 이름 쓴 것이 있으니
16b 만왕의 왕이요
16c 만주의 주라 하였더라

16절에서 다시 말 탄 기사의 이름에 대한 묘사가 나온다. 그 이름이 12절에서 아는 이가 없는 이름이라고 했는데, 여기서는 그 이름의 실체가 밝혀진다. 그런데 그 이름은 그 옷과 그의 다리에 쓰여 있다. 그런데 그 옷은 8절과 14절의 '세마포 옷'과 13절의 '피 뿌린 옷'을 지칭한다. '그 옷'과 함께 '다리'란 말이 남성 단수 속격의 인칭대명사의 수식을 받으며 사용되어 '그 옷'과 '그 다리'란 말이 규정된다. 옷과 다리에 쓰여진 이름은 13절의 '만왕의 왕이요 만주의 주'란 이름이다. 하나님을 위해 사용되는 이름이 이 구절에서 그리스도를 위한 이름으로 사용되고 있다.

이러한 이름을 통해 저자는 말 탄 기사에 대한 보도를 하면서 그는 우주적인 통치자로서 하늘과 땅을 지배하는 주권자로서 그가 이루실 심판에 대한 명백한 묘사를 함으로써 그를 따르는 자가 가지게 될 평안과 구원을 나타낸다. 이러한 묘사에 생명의 모습에 대한 기본적인 의미를 보게 된다.

생명은 그리스도를 따르는 데서 찾는 것이다. 그것은 생명의 주인이신 그리스도는 우주적인 주권자로서 심판을 행사하시기 때문에 그분을 따르는 데 생명이 있다.

7. 요약 및 소결론

요한계시록 17장 14절에 보면 어린 양이 하나님의 칭호인 κύριος κυρίων [⋯] καὶ βασιλεὺς βασιλέων('퀴리오스 퀴리온 [⋯] 카이 바실류스 바실레온', '만주의 주 그리고 만왕의 왕')으로 칭해지고 있다. 이 칭호가 유대교에서는 하나님의 칭호로 나오는데 에디오피아 에녹서(äthHen 9:4)에 처음으로 등장하는 칭호이다.[228)]

어린 양의 이 칭호에서 그의 본성이 알려지고 있다. 이 칭호는 어린 양과 열 뿔 가진 짐승 위에 앉은 큰 음녀와의 사이에 있었던 전쟁에 대한 묘사 속에서 발견된다.(17:3) 17장 12절에 따르면 이 짐승의 열 뿔들(비교. 단 7:24)은 열 명의 왕들이다. 그것들과 연결되어서 그 짐승은 어린 양과 전쟁을 수행한다. 그러나 어린 양은 자기를 따르는 자들과 함께 그들을 이기고 승리한다.(17:14a, c) 요한계시록 17장 14b절에서 어린 양의 승리가 '만주의 주' 그리고 '만왕의 왕'이라는 칭호와 함께 자세하게 설명되고 있다.(비교. 19:16)[229)]

228) S. Uhlig, *Das Äthiopische Henochbuch. Apokalypsen, JSHRZ* V/6 (Gütersloh: Mohn, 1984), 524: "그리고 그들은 자기들의 주인인 왕에게 말했다: '당신은 만주의 주요 신 중의 신이요 만왕의 왕입니다.'"; 아울러 E. Lohmeyer, *Die Offenbarung des Johannes. HNT* 16(Tübingen: Mohr, [3]1970), 144와도 비교하라.(비교. 시 136:3; 겔 26:7; 단 2:47; II Makk 13:4); 아울러 요한계시록 19:16도 비교하라.

229) 이것에 대해서는 시편 136:3과 에디오피아 에녹서(äthHen 9:4)와 비교하라. 아울러 E. Lohse, *Offenbarung*, 97을 보라: "그리스도는 만주의 주요 만왕의 왕으로서(비교. 계 19:16)—페르시아 왕들도 이러한 칭호로 자기를 치장했다.—마지막에 승리를 차지한다"(19:11f.).

요한계시록 19장 1-16절에서 적과의 전쟁에 관련되어 '만왕의 왕' 그리고 '만주의 주'란 칭호가 나타난다. 19장 11-16절에서 다섯 개의 다른 이름으로 기사(騎士)가 등장하는데 그 다섯 개의 이름은 '진실', '진리'(11절), '하나님의 말씀'(13절), '만왕의 왕' 그리고 '만주의 주'(16절)이다. 그리고 거기에 또 '그 자신 외에는 아무도 알 수 없는 이름'이 나타난다.(12절)

이사야 9장 5절에 한 신적인 칭호가 나타나는데, 그것은 요한계시록 19장 11-16절에 나타나는 여러 가지 다른 이름과 유사하다. 여기에서 이 이름들은 신학적으로 반영하는 대상물(對象物)로서 명백하게 서 있다. 요한계시록 19장 13절에서 예수는 백마를 탄 기사(騎士, 19:11)로서 등장하고 피에 젖은 옷을 입고 있다. 여기서는 어린 양이 구원자(救援子)로서 서 있는 동안(1:5f.; 7:10; 비교. 요 1:29), 요한계시록 19장 11-16절에서 기사(騎士)는 심판자(審判子)로 특징지어지고 있다. 이 기사(騎士)는 '충신(忠信)과 진실(眞實)'(19:11)이라고 불린다. 그것과 함께 그의 사람들(Eigenschaft)도 역시 묘사되고 있다.

요한계시록 6장 1-2절에는 묵시론적인 기사(騎士)의 형상이 활을 가지고 면류관을 받는 모습으로 등장하는 동안 19장 11-16절에서는 그 기사(騎士)가 '하나님의 말씀'이라는 이름을 가지고 등장하고 있다.(13절) 그리고 이 기사(騎士)는 동시에 묵시론적인 형상을 띠고 있다. 19장 16절에 이 기사(騎士)는 '만왕의 왕이요 만주의 주'란 자기의 세 번째 이름과 함께 등장하는데, 이 이름 속에는 자기의 본질적인 특징이 나타나고 있다.[230] '만왕의 왕이요 만주의 주'인 그 기사(騎士)는 그의 입에서 나온 예리한 검을 가지고 전쟁을 수행한다.(19:15, 21) 이 천상(天上)적인 기사(騎士)인 그리스도는 이 예리한 검으로 만국(萬國)을 친다.(19:15) 여기서 이 검은 '하나님의 말씀'[231]이다.(비교. 1:16; 2:12; 19:15) 요한계시록 저자는 이사야 40장 2절

230) 이것에 대해서는 J. Roloff, *Die Offenbarung des Johannes*, *ZBK. NT* 18 (Zürich: Theologischer Verlag, 1984), 186과 비교하라.

231) 이것에 대해 Th. Zahn, *Die Offenbarung des Johannes*, *KNT* XVIII (Leipzig·

에 나오는 "그가 내 입을 날카로운 칼 같이 만드셨다."(비교. 사 11:4; 제4에스라서 13:5-11)란 말씀에 기대어 여기서 그것을 암시하고 있다. 그리고 이 사상은 에디오피아 에녹서에 비교되고 있다: "그리고 영들의 주인께서 (그를) 자신의 영광의 보좌 위에 앉히셨다. 그리고 공의의 영이 그의 위에 부어졌다. 그리고 그의 입의 말씀은 모든 죄인을 죽였다. 그리고 모든 범죄자가 그의 얼굴에서부터 제거되었다."(äthHen 62:2)[232]

요한계시록 저자는 이러한 묘사를 통하여 그리스도론의 발전을 이루며 그리스도가 '만왕의 왕이요 만주의 주'(비교. 17:14)로서 종말적인 승리를 획득하게 됨을 말하고 있다.[233] 요한계시록 19장 21절에서 '그 나머지 사람들'[234]은 기사(騎士)의 입에서 나오는 검을 통하여 즉시 죽임을 당한다. "바르게 하는 그리스도의 말씀을 통한 하나님의 대적자들의 개종 가능성"이 여기 요한계시록에서는 조망되지 않는다.[235]

요한계시록 19장 11-21절에 나타나는 원수와의 전투에서 메시야의 종

Erlangen: Deichert, 1924; Wuppertal: Brockhaus, 1986, 1924), 424, 427; H. Ritt, *Offenbarung des Johannes, NEB. NT* 21 (Würzburg: Echter-Verlag, 1986), 97을 보라.

232) H. Giesen, *Die Offenbarung des Johannes, RNT.* (Regensburg: Pustet, 1997), 424.

233) U. B. Müller, *Die Offenbarung des Johannes*, ÖTK 19 (Gütersloh · Würzburg: Gütersloher Verlagshaus Mohn [u.a.], 1984), 330. 요한계시록에서 "하나님의 말씀과 예수의 증언"이 주요한 양상(Weise)으로 다루어진다(1:2, 9; 6:9; 20:4; 비교. 12:17). 뮬러(U. B. Müller)는 하나님의 말씀 자체와 그리스도가 동일시(同一視 Identifikation)된다(19:13). 요한계시록 3:14는 "그리스도를 충성되고 참된 하나님을 계시하는 증인으로 그리고 그와 동시에 하나님의 말씀의 증인으로 입증하고 있다."(1:1f.도 비슷하게)고 하면서 1:1f.에서는 "예수의 증언"을 "하나님의 말씀"과 병렬적으로 나열하여 "하나님 말씀 그 자체"와는 구분하고 있다고 본다.

234) 그 나머지 사람들은 하나님의 대적자들로 이해되고 있다. 그들은 그들의 주(主)와 함께 나오는 땅의 임금들 (19:19)과 짐승을 숭배하는 모든 다른 자들이다.(19:18)

235) H. Giesen, *Offenbarung*, 427; 아울러 G. R. Beasley-Murray, *The Book of Revelation, NCeB* (London: Oliphants, 1974); ^{2}1978, 284; H. B. Swete, *Commentary on Revelation* (Grand Rapids: Kregel Publ., 1977)(Reprint of *The Apocalypse of St. John* [London: Macmillan, ^{3}1911]), 259를 비교하라.

말론적인 특별한 과제는 전쟁을 수행하여 승리하는 것이다.[236] "어린 양의 추종자들과 제국의 세력들 사이의, 하나님 나라와 사탄 사이의 우주적 대결의 결과는 의심할 수 없다."[237] 이러한 대결의 구도 속에서 어린 양 상징 언어를 통해 저자는 그리스도의 승리에 대해 회화적으로 묘사하면서 "로마는 패배하고, 사탄은 쫓겨나며, 죄와 불의와 죽음으로부터 자유로운 새로운 세상이 창조된다."[238]고 말한다. 이렇게 요한계시록에서 어린 양에 대한 상징 언어를 통해 나타나는 그리스도에 대한 묘사는 중요한 주제를 이루고 있다. 그리스도는 '만왕의 왕이요 만주의 주'로서 하나님과 동일한 분이시고 어떠한 악과의 싸움에서도 승리한다는 사상이 요한계시록의 묵시 언어를 통해 나타난다. 고난 앞에서 절망한 사람들에게 인내와 용기를 촉구하는 암시가 그리스도론적인 상징 언어를 통해 나타난다.

저자는 여러 가지 묵시적인 상징 언어들을 통해 그리스도가 누구인지, 구원사에서 어떤 위치에 있는지에 대한 진술을 하고 있고 이 그리스도론적인 진술은 요한계시록에서 중요한 줄기를 이루고 있다.

VIII. 새 하늘과 새 땅에 대한 묘사와 생명(계 21:1-8)

요한계시록 21장 1-8절은 새 하늘과 새 땅의 새 창조 기사(騎士)에 관한 부분으로 하나님의 구원이 종말론적으로 어떻게 성취되는지에 대해 말하는 부분(19:1-22:21) 중에서 새 예루살렘이란 상징(象徵) 언어로 말하는 부분(21:1-22:5)이다. 곱펠트(Leonhard Goppelt)는 "요한복음은 신약의 어느 다른 문헌보다도 더 경험적으로 예수의 사역 속에 '에스카톤'이 존재

236) 무저갱으로부터 올라온 짐승과의 싸움에 대해서는 17:8-14를 보라; 아울러 12:9-13; 요한복음 16:11도 아울러 보라.

237) Donald Senior, *Mission*, 528.

238) Donald Senior, *Mission*, 528.

한다."[239]는 것을 강조하였다. 그리고 그는 믿는 자는 누구나 이미 사망에서 생명으로 옮겨졌지만 믿지 않는 자는 누구나 이미 정죄를 받고 있다는 요한계시록 저자의 논지(참조. 요 5:24) 속에서 변증법적인 대비를 보면서 "이 변증법적인 대비는 완전주의적 결단을 목표로 한 것이 아니다. 예수 안에서 하나님의 구원이라고 부르는 모든 것을 발견하는 믿음을 목표로 한 것이었다."[240]고 말한다. 요한계시록 21장 1-8절 앞부분에는 그리스도의 재림(19:11-16), 짐승과 짐승의 군사들을 물리침(19:17-21), 사단의 일시적인 결박(20:1-3), 천년왕국(20:4-6), 사단의 멸망(20:7-10), 죽은 자들에 대한 심판(20:11-15)이 나오고, 21장 1-8절 뒤에는 새 예루살렘의 환상(21:9-22:9)이 이어지고, 22장 10-21절은 요한계시록의 결론부에 해당된다. 이러한 도식은 구원론적인 구도로 이루어지면서 동시에 하나님의 현존에 대한 강조를 나타낸다.

본문 요한계시록 21장 1-8절은 새 창조에 대한 진술(21:1-22:5)의 도입부로서 새 하늘과 새 땅에 대하여 말한다. 그것을 세밀히 나누어 보면 아래와 같이 구성된다.

21:1-2 새 하늘과 새 땅
21:3-4 보좌로부터 들린 큰 음성
21:5-8 보좌에 앉으신 이의 음성
21:5a 하나님의 새롭게 하심
21:5b 신실하고 참된 하나님의 말씀
21:6a 다 이루었다
21:6b 생명수 샘으로부터 해갈
21:7a 이기는 자

239) Leonhard Goppelt, *Theologie des Neuen Testament*, 레온하르트 고펠트/박문재 역, 『신약신학 2』(서울: 크리스챤다이제스트, 1992), 387를 보라.

240) Leonhard Goppelt, *Theologie des Neuen Testament*, 387.

21:7b　하나님의 아들

21:8　범죄한 자들에 대한 심판

1. 새 하늘과 새 땅(21:1-2)

요한계시록의 '새 하늘과 새 땅'은 창세기 1장에 나타나는 '창조된 세상'과 비교된다는 점에서 온전히 '새 창조의 모형'이다. 새 하늘과 새 땅은 구약에서 여러 차례 언급된다.(시 102:25-26; 사 65:17; 66:22; 비교. 1 Enoch 45:4-5) 새 하늘과 새 땅에 관한 주제는 이사야서의 예언들로 거슬러 올라간다.(사 65:17; 66:22) 이것은 또한 초기 유대교의 문서에 자주 언급된다.[241)]

에스겔은 40-42장에서 새로운 성전에 대한 희망을 말할 때 돌로 세워진 성전이 재건될 것에 대해 예고하고 있다. 이사야 65장 17절에 "보라 내가 새 하늘과 새 땅을 창조하나니 이전 것은 기억되거나 마음에 생각나지 아니할 것이라."는 에스겔 40-42장에서 말하는 전망보다는 더 완전한 새 창조에 대한 실재(實在)를 염두에 두고 있지만, 그것도 어디까지나 지상적이고 현세적이다. 이러한 언급은 요한계시록의 새 창조에 대한 그림자이다. 요한계시록의 새 창조 사상은 원 창조의 거듭된 재 창조의 의미가 아니라, 온전히 새로운 종말론적인 새 창조이다. 이 새 창조는 종말에 이루어질 하나님의 구원에 대한 의미에서 관찰해야 할 것이다. 이 요한계시록의 새 창조 사상은 마태복음 19장 28절에서 언급되는 '중생'[242)]보다 더 종말론적인 구원 사상을 내포한다. 마태복음 19장 28절의 '중생'(παλιγγενεσία)은 절대적 '새로움'이라기보다는 이사야 65장 17절과 66장 22절[243)]에 나오는 새 창

241) 안병철, 『요한묵시록 2』(서울: 가톨릭대학출판부, 1996), 225를 참조하라.

242) 마태복음 19:28에서 우리말 번역은 παλιγγενεσία란 말을 '세상이 새롭게 됨'이라고 의역하는데, 이 παλιγγενεσία의 원래 뜻은 '중생'이다.

243) 이사야는 63-66장에서 아브라함을 통한 이스라엘의 선택(63:16)과 남은 자들이

조 언급과 비슷한 의미를 내포한다.[244] 새 창조에 관한 요한계시록의 진술은 이사야나 에스겔의 전망을 뛰어넘는다. 온전히 새로워짐은 예수 그리스도의 부활 안에서 나타난다. "그분의 부활과 더불어 새로운 인간은 우리 눈으로 알아볼 수 없을 정도로 변모된 것이다."[245]

새 하늘과 새 땅이 나타난 이유는 처음 하늘과 처음 땅이 없어졌기 때문이다.(계 20:11)[246] 피조물인 하늘과 땅은 계시가 나타나는 장소이지만 육의 형체를 지녔기 때문에 사라진다.[247] 새 하늘과 새 땅은 그리스도 안에서 창조되었기 때문에 (요 1:3; 고전 8:6) 세상은 그리스도를 통하여 구원받게 된다.[248] 그러므로 세상은 하나님의 피조물로서 하나님의 생성 소멸케 하는 창조활동에 대하여 아무런 권리 주장도 할 수 없다.[249] 새로운 피조물로서 새 하늘과 새 땅은 어린 양이신 그리스도로 인해 밝히 드러나게 된다. 이 새 하늘과 새 땅에서 새로운 피조물인 하나님의 자녀들이 누릴 영광의 자유가 육체의 구원과 더불어 완성될 것이다.(비교. 롬 8:21; 벧전 2:13)[250] 그런데 이 새로운 피조물은 말씀과 성령으로(참조. 약 1:18) 인하여

새 하늘과 새 땅에 거하는 것(65:17-25)과 대조되게 불신자들이 영원한 고통의 처소에 살게 될 것(66:18-24, 특히 18-19, 24를 보라)에 대해 언급한다. 그런데 안병철, 『요한묵시록 2』(서울: 가톨릭대학교출판부, 1996), 226은 이사야 66:22의 언급을 바벨론 포로로부터의 귀환에 관한 언급으로 본다. 이스라엘인들은 바벨론 포로생활로부터 예루살렘으로 돌아와 다시 예루살렘 성을 지었지만 그 성전은 불완전할 수밖에 없었다. 이 성전은 훗날 이루게 될 완전한 성전의 그림이었다. 새롭고 천상적이고 완전한 성전에 대한 희망이 새 하늘과 새 땅에 관한 이사야의 예언 속에 담겨져 있다.

244) 안병철, 『요한묵시록 2』, 227과 비교하라.

245) 안병철, 『요한묵시록 2』, 226.

246) 권성수, 『요한계시록』(서울: 횃불, 1999), 451.

247) Werner Foerster, Art. κτίζω, κτίσις, κτίσμα, κτίστης, *ThWNT* III (1938), 1031.

248) Werner Foerster, Art. κτίζω, κτίσις, κτίσμα, κτίστης, 1032.

249) Werner Foerster, Art. κτίζω, κτίσις, κτίσμα, κτίστης, 1033.

250) Werner Foerster, Art. κτίζω, κτίσις, κτίσμα, κτίστης, *ThWNT* III (1938), 1034.

성령 안에서 새로운 생활을 하게 된다.(롬 6:1ff.)[251]

2. 거룩한 도시 새 예루살렘(21:2)

'새 예루살렘'이란 표현은 '옛 예루살렘'을 전제한다. 요한계시록 저자가 본 새 예루살렘의 핵심은 하나님께서 사람들과 함께하신다는 요한계시록 21장 3절의 빛 속에서 이해되어야 한다. 그런데 이 구절은 구약성경의 성전 신학의 빛 속에서 이해된다. 성전에는 성소와 지성소가 있으며, 하나님이 지성소 안에 있는 언약궤 위, 속죄소에 계심을 상징적으로 언급한다.(참조. 왕상 8:1-11) 구약 시대에는 성막과 성전을 통해 하나님이 그의 백성과 만나시는 것을 상징적으로 보여주고(민 9:15-23; 10:33-36; 11:16-25; 대하 5:1-7:10)[252] 신약 시대에는 하나님의 아들 예수의 성육신을 통해 함께하신다.(참고. 요 1:14)[253] 요한계시록 21장 2절에 나오는 거룩한 도시 새 예루살렘은 21장 9f.절에서 '어린 양의 신부'(新婦)(γυνή τοῦ ἀρνίου)라고 의인화되어 소개된다. 이 새 예루살렘은 종말론적인 구원 영역에 속한다. 새 예루살렘이 하나님께로부터 나와 하늘에서 내려오는 상징을 통해 요한은 종말론적인 대망이 하나님께 귀결되고 있음을 밝히고 있다. 지상적이고 실제적인 예루살렘이 종말시에 갱신된다는 대망을 표명한다.(사 52:1-6) 그리고 이 새 예루살렘을 '양의 신부'라는 말로 표현하는 상징(象徵) 언어는 이스라엘(백성/공동체/교회)을 '하나님의 신부'로 보고 있는 호세아서(참조. 호 2:16, 19)와 관련된다. 이 신부를 공동체(교회)로 언

251) 성령은 하나님의 형상을 잃어버린 인간을 새사람으로 만드는 하나님의 창조 활동이다. 이것에 대해서는 Werner Foerster, Art. κτίζω, κτίσις, κτίσμα, κτίστης, *ThWNT* III (1938), 1033을 참조하라.

252) 하나님이 회막과 성전에 거하심의 의미와 성전 신학에 대해서는 정중호, "회막과 법궤", 한국구약학회 2005년 춘계학술대회 자료집, 86-93과 이경숙, "솔로몬의 성전과 법궤", 한국구약학회 2005년 춘계학술대회 자료집, 94-104를 참조하라.

253) 권성수, 『요한계시록』(서울: 횃불, 1999), 452.

급하는 21장 3-4절("하나님의 장막이 사람들과 함께 있으매 하나님이 저희와 함께 거하시리니 저희는 하나님의 백성이 되고 하나님은 친히 저희와 함께 계셔서")은 그리스도를 따르는 그의 백성된 교회의 구원을 분명히 암시하고 있다. 호세아서에서 '이스라엘을 하나님의 신부로 보는 상징'을 여기서 요한계시록 저자는 '교회를 그리스도(어린 양)의 신부로 보는 상징'으로 대입한다. 이러한 용어 채용은 요한계시록이 처음부터 의도하고 있는 그리스도론적인 발전을 분명하게 보여 준다.[254] 요한계시록에서 "신부가 단장한 것 같다."는 표현은 구약에서 예루살렘을 암시하는 에스겔 16장 11절을 암시한다.

3. 보좌로부터 들린 큰 음성(21:3-4)

요한계시록 21장 3절에 보면 보좌로부터 들려온 큰 음성이 누구의 음성인지 밝혀지지 않은 채 음성이 들린다. 여기서 3절은 (1) "하나님의 장막이 사람들과 함께 있으매", (2) "하나님이 저희와 함께 거하시리니", (3) "저희는 하나님의 백성이 되고", (4) "하나님이 저희와 함께 계셔서", (5) 어떤 사본에는 "저희의 하나님이 되시고"가 덧붙어 5중으로 강조되고 있다.[255] 이 구절과 4-5절은 종말에 이루어질 미래적인 구원을 말하고 있다.

3절은 종말에 하나님 나라에서 이루어질 하나님과의 깊은 연대감을 표명한다.(참조. 출 6:7; 슥 8:8; LXX 렘 38:33) 3절에서 "하나님의 장막이 사람들과 함께 있다."고 한다. 이 하나님의 장막은 하나님의 거처로 이해되

254) 이러한 하나님의 칭호를 그리스도에게 채용을 통해 요한은 그리스도에게 한번도 ὁ θεός('하나님')라는 칭호를 사용하지 않음에도 불구하고 그리스도는 하나님임을 말하고자 하는 요한의 신학적인 의도를 알 수 있다. 이것에 대해서는 배재욱, "요한계시록에 나타난 '어린 양의 본질'에 대한 기독론적인 고찰", 「선교와 신학」 제13집 (2004), 171-196을 보라.

255) 권성수, 『요한계시록』(서울: 횃불, 1999), 453.

지만 이 장막이 "사람들 가운데 있다."는 언급을 통해 이 장막이 하나님 자신을 위한 것이 아님이 표명된다. 이러한 언급을 통해 21장 22절에서 "성안에서 내가 성전을 보지 못하였다."는 진술이 이해된다. 21장 22절은 하나님과 어린 양이 하나님의 성전이라고 말한다. 요한계시록 저자는 이렇게 우주론적인 대망을 통해 하나님의 종말론적이고 우주론적인 구원을 대망하고 있다. 이러한 대망은 하나님과의 깊은 연대감 속에서 가능하다. 하나님과 깊은 연대감을 가질 때 '지금 여기서'의 모든 슬픔과 고난을 이길 수 있다. 4절의 "모든 눈물을 그 눈에서 씻기신다."는 말은 이사야 25장 8절 "주 여호와께서 모든 얼굴에서 눈물을 씻기신다."는 구절을 배경으로 가진다. 그래서 이제는 "사망이 없고 애통하는 것이나 곡하는 것이나 아픈 것이 다시 있지 아니한다."(참조. 사 35:10; 65:19) 왜냐하면 "처음 것들이 다 지나갔기" 때문이다. 고통 속에 있던 모든 첫 창조의 피조물들은 다 사라져 버렸다.

4. 심판(21:5-6)

요한계시록 7장 17절과 21장 5절에 '보좌에 앉으신'이란 표현이 나오는데, 요한계시록에서 '하나님의 보좌'에 관한 보도가 40회 정도 등장한다.[256] 4장 2절과 21장 5-6절은 하나님이 보좌 가운데 앉아 있다는 것을 묘사하지만, 7장 17절은 ἀρνίον이 보좌 가운데 있다고 언급한다. 이러한 차이가 어디에서 기인하는가를 살펴볼 때 요한계시록에 나타난 그리스도론적인 표현과 연관하여 이해할 수 있다.[257] 요한계시록 21장 5-6절에서 '하나님의 생명 사역'에 대한 묘사가 '새 창조'에 대한 언급과 함께 아래와 같이 나타난다.

256) 이것에 대하여 M. Hengel, "Die Throngemeinschaft des Lammes mit Gott in der Johannesapokalypse," *ThBeitr* 27(1996), 160을 보라.

257) 이것에 대해서 배재욱, "요한계시록에 나타난 상징 언어"(2004), 171-196을 참조하라.

5a 보좌에 앉으신 분이 말씀하셨다

5b 보아라, 내가 모든 것을 새롭게 한다

5c 그분이 또 말씀하셨다

5d 기록해라

5e 왜냐하면 이 말씀은 신실하고 참되기 때문이다

6a 그리고 그분이 나에게 말씀하셨다

6b 다 이루었다

6c 나는 알파며 오메가이다, 곧 처음이며 마지막이다

6d 나는 목마른 사람에게 내가 생명수 샘물을 거저 마시게 하겠다[258)]

요한계시록 21장 5절에 "보좌에 앉으신 이가 이르시되 보라 내가 만물을 새롭게 하노라."는 언급은 앞으로 이루어질 하나님의 새 창조에 대한 예고이다. 새 창조에 대한 예고 속에 새롭게 이루어지는 생명 구원에 대한 역사가 나타난다. 요한계시록 21장 5-6절에서 "만물을 새롭게 하노라."(21:5)와 "이루었도다 나는 알파와 오메가요 처음과 마지막이라 내가 생명수 샘물을 목마른 자에게 값없이 주리라."(21:6)는 선언을 통하여 생명에 대한 진지한 통찰이 나타난다. 21장 6절에서 "이루었도다 나는 알파와 오메가요 처음과 나중"이라는 표현을 통하여 하나님이 구원 사역의 완성자인 것을 서술한다. 그리고 생명수 샘물을 목마른 자에게 값없이 준다는 묘사를 통해 하나님이 생명의 주관자임이 드러난다. 그런데 이 진술에서 '생명의 주인'이신 하나님이 구원을 완성한다는 생명에 대한 약속이 묘사되고 있다.[259)] 요한계시록 7장 17절에서 ἀρνίον이 생명수 샘으로 인도하는 묘사를 통하여

258) 이 번역은 필자의 사역이다.

259) 안병철, 『요한묵시록 II: 14장 6절-22장 21절』, 가톨릭 신학총서 32 (서울: 가톨릭대학교출판부, 2001), 224-226을 참조하라.

동작의 주체를 ἀρνίον으로 제시하는 것과는 대조적으로 요한계시록 21장 5-6절에 나타나는 동작의 주체는 ὁ καθήμενος('보좌에 앉으신 이')이다. 7장 17절과 21장 5-6절을 비교해 볼 때 요한계시록에 나타나는 생명 사상은 하나님과 아울러 ἀρνίον에게도 동시에 관련되어 있다. 21장 5절에서 ὁ καθήμενος가 생명과 관련된 어구(語句)에서 주체로 나온다. 그런데 21장 5절에서는 ὁ καθήμενος는 하나님이다.(7:10; 참조. 4:1-10; 5:1, 7, 13; 6:16; 19:4; 21:5) 요한계시록 21장 6d절에서 보좌에 앉으신 하나님이 만물을 새롭게 하고 "생명수 샘물을 목마른 자에게 값없이 주게 될 것이라" 말하고 있다. 그런데 7장 17절에서는 ἀρνίον이 보좌 가운데 앉아 있는 모습으로 나타난다. 7장 17절에서 ἀρνίον이 보좌 가운데 앉아 있는 모습은 5장 2-7절에서 힘 있는 천사가 나타나 큰 음성으로 "누가 그 두루마리를 펴며 그 인을 떼기에 합당하냐"(5:2)고 물었을 때 "하늘 위에나 땅 위에나 땅 아래에 능히 그 두루마리를 펴거나 보거나 할 자"(5:3)가 없었고 오직 "어린 양이 나아와서 보좌에 앉으신 이의 오른손에서 두루마리"(5:7)를 취한다는 묘사를 통하여 ἀρνίον은 최상의 표현으로 나타난다.

5. 요약 및 소결론

시대가 어둡고 암울할수록 새로운 가르침이 요구된다. 지금 우리의 시대는 미래를 전망하고 앞날을 대망할 수 있는 희망이 필요하다. 고통 속에서 울부짖는 이웃들에게 진정 필요한 것은 희망을 보여 주는 것이다.

새 하늘과 새 땅에 대한 선포는 우리에게 필요한 진정한 희망에 관한 선포이다. 그 희망은 인간적인 어떤 것이 아니라 위로부터 오는 것이고 종말론적인 것이다. 이사야와 구약의 예언자들이 고난과 고통 속에 있는 이스라엘에게 새 창조에 대한 대망을 선포한 것이 허망한 것이 아니라, 실재(實在)를 염두에 둔 것이었다. 요한계시록의 새 창조 대망은 온전히 새로운 종말론적인 새 창조를 지시하며 종말에 이루어질 하나님의 구원에 대한 분명한 그림이다.

요한계시록 21장 3절은 새 예루살렘에 대한 보도의 핵심이다. 하나님께서 사람들과 함께한다는 이 진술과 신부를 공동체(교회)로 언급하는 21장 3-4절은 종말에 이루어질 미래적인 구원을 지시한다. 하나님과의 깊은 연대감은 모든 슬픔과 고난을 이기게 한다. 하나님은 "모든 눈물을 그 눈에서 씻기신다."(계 21:4) "하나님의 장막이 사람들 가운데 있고 하나님이 그들과 함께 계신다."(계 21:3) 하나님은 몸을 낮추셔서 우리와 함께하셨다.(요 1:14) 왜? 그것은 하나님의 눈에 사람이 존귀하고 중요하기 때문이다. 그런데 지금의 시대는 사람보다 다른 것을 더 귀하게 생각한다.

그러므로 지나간 일에 마음을 빼앗기지 말고(사 43:18), 하나님이 새 일을 시작할 것을 바라며 담담하게 기다려야 한다. 현실에서 부딪쳐 오는 여러 가지 고난을 진단하고 인내하며 희망을 버리지 않고 가꾸어 가야 한다. 더 나아가 고난당하는 이웃이 희망을 잃지 않고 성실과 진실을 다하여 인내하는 삶을 살 수 있도록 이끌어 주는 데서 진정한 생명의 가치를 찾게 될 것이다. 그럴 때 하나님이 우리 가운데 새 일을 시작하실 것이다.(사 43:19)

IX. 새 창조 묘사에 나타난 생명

요한계시록에서 새 창조에 대한 묘사는 여러 가지 모양으로 나타난다. 그중에서도 21장의 새 예루살렘에 대한 묘사와 22장에 나타나는 하나님과 어린 양의 보좌로부터 흘러나오는 생명수에 대한 묘사에서 더욱 확연하게 드러난다. 하나님과 어린 양이 함께 보좌를 공유한다는 것을 확연하게 보여 주는 22장의 그림은 하나님이 종말에 이루실 새로운 창조의 모습으로 묘사된다는 점에서 새 창조 묘사를 통하여 요한계시록 저자가 의도하는 생명 사상을 이해할 수 있으리라고 생각한다. 이러한 새 창조의 묘사를 통하여 요한계시록의 생명 사상을 탐구하는 문제에서 우선 새 창조가 담고 있는 생명 사상을 어떻게 이해하고 받아들일 것인가에 대한 문제가 제기된다. 그리고 새 창조에서의 생명 이해는 종말론적인 묵시 사상과 연결되어 있으므로 종말 사상에 대한 이해를 전제해야 한다. 그러므로 이 과제를 위해서 필자는 새 창조 사상과 생명 문제를 다루고 다음에 생명 사상이 묵시적인 요소를 띠고 있는지, 있다면 이 묵시적인 요소가 종말론 인식에 어떤 영향을 끼치는지에 대한 이해를 찾아야 할 것이다.

1. 22장 1-5절에 나타난 새 창조 그림에 나타난 생명 사상

요한계시록 22장 1-5절은 보좌 공동체와 연결되면서 그리스도의 신적인 본성이 묘사된다. 그런데 이 보좌로부터 생명수의 강이 흘러나온다는 묘사를 통하여 저자는 예언자 에스겔이 묘사한 새 창조의 그림을 이용하여 새 창조를 나타낸다.

이필찬은 자신의 요한계시록 주석에서 22장 1-5절을 해석하면서 다른 요한계시록 주석가들과 마찬가지로 에스겔 47장 1-12절 말씀을 끌어와 설명을 한다. 이것은 옳은 시도인 것 같다. 그런데 그가 요한계시록 22장 1-5절의 '생명수의 강'을 해석하면서 요한복음 7장 37-39절과 관련하여 '성령'으로 해석한다. 그가 University of Andrews에서 쓴 박사 학위 논문[260]에서는 이 문제에 대해 애매하게 전개했는데, 그의 요한계시록 주석에서는 진일보한 신학적인 발전을 볼 수 있다. 그런데 그는 요한복음 7장과의 관련을 요한계시록 22장 1-5절의 어떤 배경 속에서 가져왔는지를 밝히고 있지 않다. 이 본문을 위해 요한복음을 끌어오기까지의 과정에서 구약성경과 초기 유대교적인 배경과의 관련을 밝히는 것이 반드시 필요한데도 그는 그것에 대해서 말하지 않고 단정적으로 말하는 것으로 그치고 있다.

260) Pilchan Lee, *The new Jerusalem in the Book of Revelation: a study of Revelation 21-22 in the light of its background in Jewish tradition* (Tübingen: Mohr Siebeck, 2001).

22장 1절에서 요한계시록 저자는 생수의 강이 하나님과 어린 양이 함께 공유한 보좌로부터 나온다는 말을 통하여 새 창조의 기원을 하나님과 어린 양과 관련 속에 둔다. 이러한 인식 아래서 볼 때 요한계시록 저자는 이사야 65장 17절의 "내가 새 하늘과 새 땅을 창조하나니 이전 것은 기억되거나 마음에 생각나지 아니할 것이라."란 구절에서 새 창조의 흔적을 찾았고 그리고 에스겔 47장에서 성전 문지방 밑에서부터 흘러나온 물이 흘러가는 곳마다 생명의 새로운 역사가 일어난다는 예언의 성취로 요한계시록 22장 1-2절을 제시한다. 이러한 생명 역사는 물이 흘러가는 곳에서는 죽음이 극복되고 새로운 생명이 시작됨을 말한다. 그 물이 흘러가는 곳에서 바닷물이 되살아나고, 각처에 있는 모든 것이 살아나는 생명 현상(참조. 겔 47:9)은 예언자 이사야의 새 창조에 대한 예고를 더욱 분명한 언어로 구체적인 모습을 사실적으로 그린다.

2. 22장 1-5절에 나타난 생명 회복과 완성

요한계시록 22장 1절에 생명수의 강이 나타나고 2절에서는 그 물이 흘러가는 강 좌우에 서 있는 생명나무 표상을 통하여 생명회복과 완성이 사실적인 모습으로 묘사된다. 이러한 연관성은 2-5절에서 생명 회복과 완성을 아래와 같이 일곱 가지로 구분할 수 있다.[261)]

1) 생명나무와 치료하는 잎 상징어를 통한 생명 회복(2절)

요한계시록 22장에 나타난 새 창조 표상에서 생명나무와 치료하는 잎에 대한 이해는 종말론적-묵시적 생명 사상을 이해하는 데 중요한 터전을 찾을 수 있을 것이다. 이러한 이해를 위하여 '생명나무'와 '치료하는 잎'이

261) 이러한 구분은 요한계시록 22장을 생명 회복과 완성이란 묵시적인 사고 속에서 보고자 하는 필자의 이해에 따른 것으로 이러한 이해 속에서 이루어졌다.

란 표상이 구약성경과 초기 유대교에서 어떻게 이해되고 사용되었는지에 대한 탐구가 요한계시록에 나타난 '생명나무' 사상과 '치료하는 잎'에 대한 사상을 이해하기 위하여 중요하다. 구약성경에서 '생명나무'는 창세기 2장에 나오는 에덴동산에 대한 묘사에 등장한다. 에덴동산은 하나님의 창조의 실체였다는 점에서 '생명나무'는 창조 사상과 떨어질 수 없는 연관 속에 놓인다. 그런데 이 생명나무에 관한 묘사가 요한계시록에서 새 창조에 관한 묘사에서 다시 나타난다는 점에서 원창조의 회복에 관한 것으로 이해할 수 있다. 그런데 아울러 이 '생명나무'는 종말적-묵시적인 언어로 묘사된다는 점에서 원창조와의 불연속성을 지니고 있다. 이런 점에서 생명나무에 대한 묘사는 새로운 이해를 필요로 한다.

생명나무에 대한 이야기는 창세기에서 아담의 범죄 이후 하나님이 두루 도는 화염검으로 에덴동산을 지켜 범죄한 몸으로 아담이 영생하는 것을 막는다는 묘사를 끝으로 구약성경에서는 직접적으로 나타나지 않는다. 에스겔 47장 12절에 보면 성전 문지방 밑에서부터 발원하여 흐르는 강 좌우에 서 있는 각종 과실나무에 열린 열매는 먹을 양식이 되고 그 잎사귀는 약재료로 사용된다. 이 묘사 속에 나타나는 과실나무에서 창세기의 생명나무의 흔적을 볼 수 있다. 초기 유대교의 문헌에는 생명나무에 관한 묘사가 나타난다.

그런데 요한복음 5장 3-4절에 나타나는 베데스다라는 못에서 베푸신 예수의 치유 이적 사건에서 많은 병자가 베데스다 못의 물이 움직이기를 기다리는 것을 말한다. 그들이 기다리는 이유가 "천사가 가끔 못에 내려와 물을 움직이게" 하고 그때 제일 먼저 물에 들어가는 사람은 어떤 병에 걸렸든지 낫게 된다는 소문 때문이었다. 생명나무에 대한 이러한 이해는 성경이 기록될 당시까지 초기 유대교는 '생명나무'에 대한 긴 희망을 포기하지 않고 있었다는 것을 단적으로 나타낸다.

요한계시록 22장 2절은 에스겔 47장 12절을 그 바탕에 두면서 동시에 창세기 2장 '생명나무'란 용어를 사용하여 창세기의 창조 사상과 아울러 에스겔의 묵시적인 예언의 성취를 묵시적인 언어로 나타낸다. 이런 점에서 본다면 요한계시록 22장 2절은 종말적-묵시 언어로 예언의 성취를 나타낸다. 이 구절은 창조 사상을 배경으로 하여 에스겔의 예언을 새롭게 해석하여 묵시적인 언어로 새 창조를 그린다는 점에서 구약성경과 초기 유대교와 초기 그리스도교 문헌을 망라하여 관통하는 요한계시록 저자의 뛰어난 신학적인 식견을 엿볼 수 있다.

창세기에서 생명나무 열매를 먹는다는 묘사를 통해 사람이 영원한 생명을 영위하는 것을 암시하는 것으로 유추할 수 있다.

2) 어린 양의 보좌가 그 가운데 있다는 표상이 내포한 생명 완성의 그림(3b절)

요한계시록 22장 1-5절에 '하나님과 어린 양의 보좌'가 새 예루살렘과 함께 나타난다. 그런데 22장 1절에서 비록 하나님의 보좌가 그 도시 안에 있다는 것이 명백히 보이지는 않지만 22장 3절을 통해 그 사실을 유추(類推)하여 알 수 있다. 22장 2절에서 보면 중앙에 생명나무가 보이는데 22장 3-5절에 따르면 '생명나무' 자리에 '하나님과 어린 양의 보좌'가 치환(置換)되어 있다. 하나님의 보좌는 요한계시록 4장 2절에서 하늘에 있는 보좌로 처음 등장하여 결말에까지 나타나고 있다.(22:3-5) 요한계시록 22장 1-3절에 따르면 생명수의 강이 하나님과 어린 양의 보좌로부터 흘러나온다. 요한계시록 5장 13절, 6장 16절 그리고 7장 9, 10절에 따르면 '보좌에 앉으신 이'와 '어린 양'이 구분되고 있다. 그런데 22장 1-3절에서 생명수의 강이 '하나님과 어린 양의 보좌'로부터 흘러나온다. 요한계시록 1장 4절에서부터 하나님의 보좌로 언급된 그 보좌가 이제 여기에서는 ἐκ τοῦ θρόνου τοῦ θεοῦ καὶ τοῦ ἀρνίου('하나님과 어린 양의 보좌로부터')란 말로 나타난다. 여기에서 22장 3절의 '그의 종들'은 누구의 종이며, 그들은 누구를 위해 헌신하는가? 로마이어(E. Lohmeyer)는 대명사 '아우투'((αὐτοῦ)와 '아우토'(αὐτῷ)를 7장 15절의 하나님 앞에서 하는 섬김과 관련하여 생각하고 있다.[262] 그런데 7장 15절에서는 단지 하나님의 보좌만 언급되는 데 비해 22장 1-3절에서는 그 보좌가 '하나님과 어린 양의 보좌'로 나타난다. 크라프트(H. Kraft)는 '그의 종들'이 누구를 섬기는지는 14장 1절에 따라 결정된다고 생각한다.[263] 그는 요한계시록에서 그리스도가 그의 권세를 하나님께 다시 되돌려 주는 사상(思想)이 나타나지 않는다고 생각한다.(고전 15:28과 비교하라.)[264] 여기서 22장 3절에 나타나는 대명사 '아우투'(αὐτοῦ)와 '아우토'(αὐτῷ)가 어린 양을 통해 구속이 이루어지는 14장 1, 4절과의 연관 속에서 연구되어야 한다고 본다. 여기에서 어린 양에게 속한 자들은 그들의 이마에 어린 양의 이름과 그의 아버지의 이름을 쓴 것을 가지고 있다.(14:1) 이마에 이름을 가진다는 말이 22장 4절에도 언급이 되는데 이 언급은 14장 1절과 평행되고 있다. 그래서 14장 1ff.절에서 그들이 이마에 양의 이름과 그의 아버지의 이름이 있다는 내용의 빛 속에서 이해해야 된다고 본다. 그래서 대명사 '아우투'(αὐτοῦ)와 '아우토'(αὐτῷ)는 하나님과 어린 양이 함께 관련되는 구조 속에 있다고 생각된다.[265]

---

262) 이것에 대하여 E. Lohmeyer, *Die Offenbarung des Johannes, HNT* 16 (Tübingen: J. C. B. Mohr, ³1970), 176을 보라: "하나님의 보좌가 처음에 하늘에 나타나듯이 (4:2), 그렇게 마지막에도 그려지고 있다. 그러나 처음과는 다르게 그 보좌가 마치 땅에 내려와 있는 것처럼 그려지고 있다. 7:15에서 하나님 앞에서 섬기는 모습이 나온다."

263) Heinrich Kraft, *Die Offenbarung des Johannes* (Tübingen: J. C. B. Mohr, 1974), 크라프트 하인리히/박재순·최미영 공역, 『요한 묵시록』, 國際聖書註釋 47(서울: 한국신학연구소, 1983), 275.

264) H. Kraft, *Die Offenbarung*, 275.

265) 이것에 대해서는 Otfried Hofius, "Das Zeugnis der Johannesoffenbarung von der Gottheit Jesu Christi," in: ders. *Neutestamentliche Studien* (Tübingen, Mohr Siebeck, 2000), 223-240, 235를 보라: "이 단어들 가운데 대명사 '아우투'와 '아우토'는 단지 하나님과만 연결되는 것은 아니다. 이 대명사는 어린 양에 대해서도 똑같은 방법으로 연관이 되고 있다. 이것은 14:1, 4의 진술로부터 명백하게 드러난다. 거기에 보면 어린 양에 의해 구속되어진 자들이 그들의 이마에 어린 양의 이름과 그의 아버지의 이름이 씌어진 것을 가지고 있다(τὸ ὄνομα αὐτοῦ καὶ τὸ ὄνομα

시편 17편 15절과 42편 2절에서 보면 하나님의 얼굴을 보는 것이 구약적인 희망(希望)으로 나온다. 요한계시록 22장 4절에서도 이 희망은 신약적인 구원에 대한 기대를 이루고 있다.[266] "그들은 그의 얼굴을 볼 것이다." (ὄψονται τὸ πρόσωπον αὐτοῦ, 비교. 고전 13:12; 고후 3:18 등) 요한계시록 저자는 여기서 그리스도론적인 희망을 보고 있다. 이러한 그리스도론적인 서술이 22장 1-3절의 자리에서는 어린 양이 하나님과 함께 한 보좌에 앉아 있는 그림을 통해 묘사되고 있다.

이사야 61장 4절의 "오래 황폐하였던 곳을 다시 쌓을 것이며 …"라고 예고한 회복의 역사를 보좌로부터 흘러나온 생명수의 강을 무너진 곳을 다시 쌓고 정비하는 동인(動因)의 발로란 것을 은연 중에 나타내고 있다.

τοῦ πατρὸς αὐτοῦ)."

266) H. Kraft, *Die Offenbarung*, 275를 보라.

제4장

생명 사상이 요한계시록에서 가지는 위치

어린 양과 하나님의 보좌 공동체는 21-22장에서 새 예루살렘의 빛나는 환상을 통해 밝게 묘사되고 있다. 하나님의 현존 속에 모든 초월적인 구원 완성이 존재한다.(비교. 고전 2:9) 헹엘(M. Hengel)이 말했듯이 요한계시록 22장 1절에서 어린 양이 하나님과 함께하는 확증적인 보좌 공동체가 나타난다. "보좌 공동체가 역할의 제한이나 분리가 없이 이제 끝 부분에서 그리고 그것과 아울러 하나님과 어린 양의 본질적인 공동체가 확증된다."[1) 이 보좌 공동체는 선재 그리스도론(Präexistenzchristolog)과 깊이 관련되어 있다. 높임 받은 그리스도의 명칭은 하나님에 관한 서술어가 언어적으로 변화된 형태에 관련되어 있다.[2) 요한계시록 22장 13절에서 신적인 칭호 τὸ ἄλφα καὶ τὸ ὦ, ὁ πρῶτος καὶ ὁ ἔσχατος, ἡ ἀρχὴ καὶ τὸ τέλος('토 알

1) 이것에 대해 더 자세한 설명은 M. Hengel, "Die Throngemeinschaft des Lammes mit Gott in der Johannes apokalypse," *ThBeitr* 27 (1996), 170f.를 보라.

2) M. Hengel, "Throngemeinschaft," 175; O. Hofius, "Das Zeugnis der Johannes-offenbarung von der Gottheit Jesu Christi," in: ders., *Neutestamentliche Studien* (Tübingen: Mohr Siebeck, 2000), 227을 보라.

파 카이 토 오메가, 호 프로토스 카이 호 에스카토스, 헤 아르케 카이 토 테로스', '알파와 오메가요 처음과 마지막이요 시작과 마침이라')가 사용되고 있다. 롤로프(J. Roloff)는 이 서술어의 전이(轉移 Übertragung)가 단지 "선재 그리스도론의 배경 위에서만이 가능하다."고 하면서 이 전이는 예수가 사람이 되기 전, 하나님이 행한 창조 이전에 하나님과 함께 살았다는 논증을 전제(前提)하고 있다.(빌 2:6; 요 1:1; 히 1:3)[3]고 진술한다. 이사야 44장 6절에 나오는 하나님의 서술어 '아니 리숀 와아니 아하론'(אֲנִי רִאשׁוֹן וַאֲנִי אַחֲרוֹן, "나는 처음이요 나는 마지막이라.")이 요한계시록 22장 13절에서 그리스도에게 전이되어 예수의 칭호가 '알파와 오메가' 그리고 "처음과 마지막이요 시작과 마침"으로 나타나고 있다. 이러한 칭호의 차용(借用)을 통해 요한계시록 저자는 예수가 하나님과 똑같은 본성(本性)을 가지고 있는 것을 말하고자 한다. 그래서 요한계시록에서 어린 양의 본성은 높임 받은 어린 양의 모습을 통해 명백하게 된다.

요한계시록이 생성된 배경을 이해할 때 그 내용을 바르게 이해할 수 있다. 그것은 그 생성 배경이 그만큼 드라마틱하고 내용이 다양성을 가지고 있음을 통하여 알 수 있다. 요한계시록은 묵시와 예언 그리고 서신문학의 형태를 가진 다양성을 이해할 때 그것을 통해 저자가 말하고자 하는 바를 바르게 이해할 수 있을 것이다.

유대 묵시문학은 그 당시에 발전된 한 문학 장르로서 고대의 위대한 인물의 이름을 빌려 그들이 당하는 현실을 통해 현재 저자가 당하는 현실을 대변하고 여러 가지 상징적인 장치를 통해 현실에 대한 분명한 사실을 전달하고자 한다. 그래서 유대 묵시문학을 해석하기 위해서는 그 시대 역사적 정황, 시대적인 배경, 공동체가 처한 운명과 저자가 처한 사정을 잘 알지 못하면 잘못 이해하고 그것을 잘못 해석하게 된다. 요한계시록은 유대

3) J. Roloff, *Die Offenbarung des Johannes*, *ZBK. NT* 18 (Zürich: Theologischer Verlag, 1984), 44.

묵시적인 요소를 받아들이면서 동시에 예언의 요소와 서신의 요소를 받아들여 세 가지 문학 장르로 구성되어 있다. 요한계시록이 이러한 문학 장르로 구성되었다는 인식으로 접근하면, 요한계시록에 담겨 있는 하나님의 주권과 구원사를 파악할 수 있다.

요한계시록은 묵시적인 언어를 갖추고, 그것을 통해 사상을 담고 있는 묵시문학이다. 요한계시록에서 묵시는 어두운 현실을 어떻게 받아들이고 그것을 어떻게 해석하는가와 직결된 문제이다. 요한계시록에 자주 나타나는 상징 언어들은 이러한 묵시적인 의미를 가지고 있기 때문에 저자가 이러한 언어들 속에 숨겨둔 묵시적인 의도를 바르게 이해할 때 요한계시록을 바르게 이해할 수 있을 뿐만 아니라, 시대적인 아픔을 통해 이루고자 하시는 하나님의 뜻을 찾을 수 있을 것이다. 묵시적인 의미를 가진 상징 언어들은 하나님의 심오한 구원 계획과 예언의 성취를 함유하고 있다. 그런데 이 상징 언어들 속에 숨겨진 묵시적인 의미와 관련하여 생명에 대한 하나님의 의도가 담겨 있으므로 묵시를 바르게 이해할 때 상징 언어들 속에 저자가 말하고자 하는 생명에 대한 의도를 알 수 있을 것이다. 이때 이 묵시를 이해하고자 하는 노력은 상상력을 통해 묵시적인 배경에 대한 탐구로 이어져야 한다.

다음으로 요한계시록의 장르인 예언에 대하여 알아보면, 예언은 구약성경의 예언 문학과 맥을 같이하면서 구약성경에 나타난 예언의 성취라는 취지와 연결하여 요한계시록에 나타난 예언을 이해하고 해석해야 할 것이다. 구약성경은 처음부터 하나님의 구원에 대한 장치를 예언 형식으로 진술하는데, 이러한 구약성경의 예언은 구약성경 안에서 그 성취를 묘사하는 바도 있으나, 대부분은 그 결말이 열린 채 끝난다.

그 시기의 독일 성서학계에서는 "구약성경은 현재 독일 교회에 할 말이 없다."고 말할 정도로 구약성경의 위치가 열악한 지경에 있었다.[4] 그런데 구약성서학자 폰 라트(G. von Rad)는 "구약을 단순히 신약을 위한 준비로 보거나, 실패를 경험한 경고 등으로 해석하는 당시의 구약 경시 풍조에서, 구약에 나타나는 구속사의 사건이 신약에도 계속된 것임을 주장"하였다.[5] 그는 구약성경의 가치를 일깨우고 구약성경과 신약성경의 관계에 대하여 많은 공헌을 하였다.[6] 그는 『구약신학』(*Theologie des Alten Testaments*)이란 걸출한 작품에서 "신약의 구원 사건은 구약이 기록하고 있는 하나님과 이스라엘 간의 관계의 역사의 확대요 결론이다."[7]라고 정리한다. 김정준은 그의 『폰 라트의 구약신학』에서, "폰 라트는 그의 구약신학 연구에서 이스라엘 사람들의 실존적 신앙을 신학적으로 해명해 보려는 노력을 보여주고 있다. 그렇기 때문에 폰 라트가 구약의 의미를 신약과 관련시켜 강조하는 이유도 여기에 있다."[8]고 했다. 폰 라트의 구약성경 이해는 신약성경에서 그 연속성을 본다는 데서 정당성을 가진다. 웬함(G. Wenham)은 성경이 말하는 신앙을 "사실 안에서 일하시는 하나님의 손길을 보는 신앙"[9]이라고 했는데, 그의 이러한 이해도 구속사의 연속성을 나타낸다.

예언의 성취자로 오신 예수 그리스도 안에서 구약성경의 성취를 보게 된다. 예수란 이름 자체가 구원이란 의미를 가지고 있듯이 예수 그리스도는 구약성경의 많은 부분에서 진술하는 하나님의 구원과 구출의 완성으로

---

4) 이것에 대해서는 김지찬, "폰 라드의 구약신학 비평", 「신학지남」 61/4(1994), 127에서 재인용.

5) 김지찬, "폰 라드의 구약신학 비평", 117.

6) Gerhard von Rad, *Old Testament Theology 2: The Theology of Israel's Prophetic Traditions*, Stalker, D. M. G. tr. to Eng. (New York: Harper & Row, Pub., 1965), 319-335, 특히 321을 보라.

7) Gerhard von Rad, *Old Testament Theology 2: The Theology of Israel's Prophetic Traditions*, D. M. G. Stalker, tr. to Eng. (New York: Harper & Row, Pub., 1965), 383.

8) 김정준, 『폰 라드의 구약신학』(서울: 대한기독교서회, 1973), 42-43.

9) G. Wenham, "History and the Old Testament," in: Colin Brown(ed.), *History, criticism & faith : four exploratory studies* (Leicester: Inter-varsity, 1977), 49.

오신 분으로 인간을 모든 억압으로부터, 죄로부터, 사회적인 편견과 자신의 울타리 속에서 살아가는 자들에게 구원의 소식을 전파하시고 그들을 구출하셨다. 그런데 요한계시록은 역사적인 예수 그리스도의 구원에 대한 복음이 어떻게 이해되고 성취되는지를 예언적인 구조 속에서 그리고 예언의 성취라는 문학적인 구조 속에서 진술한다. 이러한 의도로 요한계시록 저자는 1장 3절에서 예언의 말씀을 듣는 자가 복이 있다고 말했다. 그래서 저자가 말하는 이 예언의 말씀은 요한계시록에 나타난 예언이란 의미로 국한하기보다는 이미 예언자들을 통하여 주어진 예언의 의미를 포괄하는 것이라고 본다. 이것은 요한계시록을 구약성경이나, 전 시대에 기록된 다른 신약성경과 별개의 문헌이 아니라, 그 연속선에서 이해하고 해석할 때 바른 이해에 이르게 된다는 것을 의미한다. 이렇게 요한계시록의 예언적인 요소를 이해할 때 요한계시록에 나타나는 많은 구약성경적인 배경과 유대적인 자료를 바르게 이해할 수 있을 것이다. 그것은 요한계시록이 신약성경의 결론이기도 하지만 다른 한편 구약성경과 신약성경 전체의 결론이란 관점에서 이해하고 받아들여야 할 것이다.

요한계시록에서 '아르니온'은 자주 등장하는 그리스도 칭호이다. 그리스도에 대한 '아르니온'이라는 칭호를 통하여 요한계시록 저자는 '아르니온'이 하나님과 직접적으로 가까이 있다는 사실을 묘사한다. '아르니온'이라는 칭호는 '아르니온'이 "죽임을 당한 것 같다."는 서술적인 묘사와 함께 그 성격이 주어지고 있다.(5:6, 9, 12; 13:8) 여기서 그의 피는 구원하는 능력이 있음을 암시하고 있다. '희생 제물로서 예수'를 나타내는 신약성경의 진술은 요한계시록의 아르니온이란 상징어가 나타내는 '중요한 밑그림'이다. 어린 양이란 상징어를 통해 나타나는 나약하고 무기력한 모습은 십자가에 달린 예수의 겸손과 연관된다. 이것을 통해 어린 양의 속죄 제물로서의 죽음이 본질적으로 강조되고 있다.(5:6, 12) 그러나 이 어린 양의 피 흘림을 통해 그리스도의 능력과 지식의 채움이 일곱 나팔과 일곱 눈을 통해 묘사되고 있다.(5:6)

그리스도의 본질은 특히 '하나님과 어린 양이 이루는 보좌 공동체'를 통해 강조되고 있다.(계 22:1-3; 비교. 3:21) 22장 1-3절에는 보좌가 단지 하나님만을 위한 보좌로 나오지 않고 어린 양을 위해서도 존재하는 것이 밝혀지고 있다. 어린 양은 자기의 속죄 죽음을 통해 하나님과 함께하는 '보좌 공동체'의 기초를 놓게 된다.(비교. 1:5; 5:6-12) 그것을 통하여 어린 양이 숭배되고 예배되는 표현이 나타난다.

어린 양이 하나님에게 해당되는 존엄칭호를 가지게 되는 것에서나 어린 양이 하나님과 함께하는 보좌 공동체를 이룬다는 표현을 통해, 그리스도가 하나님과 함께 가지는 '하나님 됨'의 본질을 인식할 수 있다. 여기서 우리 신앙의 주가 되시는 하나님은 초월적인 존재로만 있는 분이 아니라, 죽임을 당한 어린 양으로 구원을 이루기 위해 인간 세상에 깊이 관계를 하고 있음이 밝혀진다.

그리스도를 따르는 이들이 지금 여기서는 악과의 싸움에서 위태로운 무대 위에 서 있지만, 그들은 그리스도와 함께 승리로 부름을 받고 있다. 요한계시록의 상황에서 어린 양의 종들은 악과의 투쟁을 통해 하나님 나라를 위한 일꾼으로 세워지고 최후의 승리를 위해 선교신학적인 중요한 주제를 이루고 있다.

제5장

요한계시록의 생명 사상의 특징

I. 종말적 묵시적인 생명 사상

요한계시록은 생명의 기원을 하나님과 관련하여 이해하는 구약성경[1] (참조. 창 2:7)과 초기 유대교[2]에 나타나는 생명 사상을 전제하고 있다.[3] 이러한 연관성은 요한계시록에 나타나는 여러 가지 구약성경적인 언급을 통해서 알 수 있는데 요한계시록 저자도 구약성경의 터전 위에서 생명을 신적인 기원으로 이해했다는 것을 암시한다. 이러한 생명 이해는 초기 유

---

1) 구약성경의 생명 사상에 대해서는 배재욱, "요한복음이 말하는 영원한 생명에 대한 소고", 「선교와 신학」 제14집 (2004), 201-206을 참조하라.

2) 초기 유대교의 생명 사상에 대해서는 Günter Stemberger, *Der Leib der Auferstehung: Studien zur Anthropologie und Eschatologie des palästinischen Judentums im neutestamentlichen Zeitalter (ca. 170 v. Chr. - 100 n. Chr.)* (Rome: Biblical Inst. Press, 1972); 배재욱, "초기 유대교 문헌에 나타난 생명 사상과 그 특징"(2008), 1-35를 참조하라.

3) 배재욱, "요한계시록의 어린 양 상징어 속에 나타난 생명 사상", 「신약논단」 19/1 (2012년 봄), 303을 참조하라.

대교 문헌이나 신약성경에 나타나는 생명 사상을 이어받았다는 점에서 생명 사상의 전이를 생각할 수 있다. 그렇지만 구약성경의 생명이 현재적인 모습을 갖는 데(참조. 출 20:12; 시 30:3; 116:8; 잠 4:10; 9:11) 반해, 요한계시록 21-22장에 나타나는 요한계시록의 생명 사상은 미래적-종말론적으로 그려진다.(참조. 특히 21:6-7)[4] 이러한 이해의 중심에 어떤 사상이 놓여 있는지를 살펴보면, 요한계시록의 생명의 특징을 바르게 이해할 수 있을 것이다. 요한계시록에서 생명 사상은 구약성경이나 초기 유대교의 생명 사상을 계승하지만 구약성경이나 초기 유대교 테두리 안에 머무르지 않고 예수 그리스도와 관련하여 생명의 상이 제시되고 생명에 대한 언어를 통하여 그리스도의 신성에 대한 강한 암시가 나타난다.[5] 요한계시록 저자의 이러한 생명 이해는 그가 현실적으로 처해 있는 상황과 연결되었다고 생각된다.[6] 요한계시록 저자의 이러한 생명 이해는 예언자적인 배경에 근거하여 현실에서 미래에 대한 희망이 작용하는 데서 이해 가능하다.[7] 현

---

4) 배재욱, "요한계시록의 어린 양 상징어 속에 나타난 생명 사상", 294-301을 참조하라.

5) 그것에 대해서는 요한계시록에 나타나는 예수의 칭호들, 즉 "알파와 오메가"(계 21:6; 22:13; 그러나 1:8에서 "알파와 오메가"는 하나님의 칭호로 나타난다), 요한계시록 22:13에서는 "알파와 오메가요 처음과 마지막이요 시작과 마침"이란 세 가지 칭호가 함께 예수의 칭호로 나타난다. 그런데 21:6에서 "알파와 오메가요 처음과 마지막"란 칭호가 21:7에 언급되는 연결구를 통해 하나님의 칭호임이 드러난다. "어린 양"(5:6, 7-8, 12-13 등), 요한계시록 17:14에서 예수는 "만주의 주시요 만왕의 왕"으로, 19:16에서는 "만왕의 왕이요 만주의 주"로 언급된다. 이러한 칭호들은 예수를 신성의 담지자와 관련시켜 나타낸다. 배재욱, "요한계시록의 어린 양 상징어 속에 나타난 생명 사상", 303-304를 참조하라.

6) 요한계시록의 역사적인 배경에 대해서는 안병철, 『요한묵시록 I: 1장 1절-14장 5절』, 가톨릭 신학총서 31(서울: 가톨릭대학교출판부, 1996), 17-23; 김철손, 『요한계시록신학』(서울: 대한기독교서회, 1989), 3-35를 참조하라.

7) Canon Leon Morris, *The Revelation of St. John: An Introduction and Commentary. Tyndale New Testament Commentary* 20, 레온 모리스/김근수 역, 『요한계시록 주석』, 틴델 신약주석 시리즈(서울: 기독교문서선교회, 2002), 25를 참조하라.

실 세계에서 사회적으로 신앙적으로 당하는 아픔이 그의 미래적-종말론적 생명 사상으로 승화되고 고난의 긴 밤을 통하여 희망을 잉태하는 위대한 신앙자요 신학자인 요한계시록 저자의 모습을 생각지 않을 수 없을 것이다. 유대 묵시문학 배후에는 염세적인 요소가 나타나지만, 요한계시록에는 유대 묵시문학에 나타나는 이러한 염세적인 요소가 보이지 않는다.[8] 요한계시록 저자는 비록 현재는 악이 지배하지만 그것을 절망적인 눈으로 보지 않고 "마지막 때 사단의 활동이 파괴당할 것으로 내다본다. 그는 역사를 하나님께서 구속을 이어가는 과정으로 간주한다. 그리고 악의 세력은 마침내 무너지고 말 것으로 간주하여 근본적인 낙천주의 입장을 취한다."[9] 그의 이러한 역사 이해는 구약성경과 초기 유대교의 묵시 사상을 이어받으면서도 자신의 묵시적인 안목으로 역사를 해석하고 하나님의 구속을 종말적으로 바라는 데서 계시에 대한 강한 열망이 묵시적인 생명 사상이란 결정체를 만들고 있다.

현세적이고 다분히 윤리적인 구약성경의 생명 사상[10]과 달리 요한계시록은 생명의 의미를 종말론적-묵시적(黙示的)으로 나타내고 있다.[11]

---

8) Canon Leon Morris, *Revelation* (2002), 25를 참조하라.

9) Canon Leon Morris, *Revelation* (2002), 25.

10) 유윤종은 구약성경에서 윤리 연구가 아직은 주된 관심사가 아니라고 본다. "윤리란 인간이 인간으로서 해야 할 당위적 행위, 즉 옳고 그름에 대한 가치 판단을 포함한 행위를 가리킨다."고 말하면서 구약성경의 윤리적인 진술에서 생명의 의미를 찾고 있다. "성서는 윤리적인 사항을 포함하고 있지만, 궁극적으로 윤리적 사항을 넘어서고 있다. 왜냐하면 성서는 하나님과 인간 사이의 문제를 다루고 있기 때문이다." 이러한 예단은 하나님과의 관련에서 이해하는 구약성경에서의 생명 사상에 대한 기본적인 이해를 제공한다. 이것에 대해서는 유윤종, "구약성서 생명윤리의 방향과 원칙", 「한국기독교신학논총」 53(2007), 5-27, 6-9를 보라.

11) 박두환, "요한계시록의 선교신학 - 요한계시록 7장을 중심으로", 「신학사상」 제128집(2005년 봄호), 64-86에서 요한계시록의 시대를 묵시적 선교시대라고 정의하고 "요한계시록의 저자와 공동체 구성원은 묵시적 공동체로서 자신들의 실존적 고난과 위기를 회피하거나 도피하지 않고 정면으로 헤쳐 나갈 것을 촉구하고 있다."고 하면서 이러한 요한계시록에 나타난 실존적인 고난 앞에서 절망하지 않고 묵시적인 신앙의

그런데 요한복음에서의 현재적인 종말론[12]과는 다르게 요한계시록에서는 메시야가 종말에 이룰 최후 승리가 묵시적인 언어로 묘사된다. 묵시적인 언어로 묘사되는 이와 같은 요한계시록에서의 종말에 대한 기대는 초기 유대교의 전통과 무관하지 않다. 요한계시록의 생명 사상은 초기 유대교의 전통에 따른 종말적-묵시적인 생명 사상으로 나타나는데, 이러한 생명 사상은 현재적인 생명 사상에 집중(요 3:36; 5:24; 6:47, 54)되는 요한복음의 생명 사상과는 차이가 있다.[13]

II. 그리스도론적인 연관성

신구약 중간기에 나타난 유대 묵시문학 자체는 고난당하는 유대인들에게 "희망의 멧세지가 되고 이방인들이나 타락한 유대인들에게는 회개를 촉구하는 경고의 메시지가 되기를 바라고 있다."[14] 초기 유대교에 나타난 묵시 전승은 "신적 계획에 의해 세계사가 지배된다는 견해"를 가진다.[15] 유대 묵시문학에서는 메시야가 아니라, 하나님이 새로운 시대를 구현한다. 그

희망으로 그리스도에 대한 절대적인 신앙을 지켜 갈 것에 대한 묵시적 선교 시대가 하나님에 의해 지속될 것을 전망한다(84-86).

12) 곱펠트(Leonhard Goppelt)는 요한복음에서의 종말론에 대한 이해를 Leonhard Goppelt, *Theologie des Neuen Testament*, 레온하르트 고펠트/박문재 역, 『신약신학 2』(서울: 크리스챤다이제스트, 1992), 387에서 그리스도의 경험과 관련하여 정리한다.

13) 요한계시록 21:9-22:5에 나타나는 새 예루살렘의 상징어는 "종말론적인 생명의 축복들"을 나타낸다. 이것에 대하여 리챠드 보쿰/이필찬 옮김, 『요한계시록 신학』(2000), 195, 197을 참조하라. 요한계시록의 시간에 대해서는 김철손, 『요한계시록 신학』(1989), 331-345를 참조하라.

14) 안병철, 『요한묵시록 I』(1996), 14.

15) 헬무트 쾨스터/이억부 역, 『신약성서배경연구: 헬라 시대의 역사, 문화, 종교』(서울: 은성, 1996), 428.

러나 요한계시록에서 그리스도는 하나님의 구원 사역을 이루는 주체이다. 그것은 하나님의 비밀인 봉인을 어린 양으로 상징화된 그리스도만이 열 수 있다(참조. 계 5:6-9; 13:8)는 진술 가운데 나타난다. 어린 양이 봉인을 여는 순간 하나님의 구원 계획이 실현되기 시작한다.(참조. 계 5:8-14) 마태복음 1장 21절에서는 Ἰησοῦς('이에수스', '예수')란 이름 자체 속에 나타난 '구원'이란 의미를 통해 예수가 σωτήρ('소테르', '구원자')로서 행할 사역이 예상되지만 요한계시록 21-22장에서는 ἀρνίον('아르니온', '어린 양')을 통해 이루어진 구원 역사가 하나님이 새 창조사역의 그림 속에서 종말적으로 나타난다. 요한계시록 21-22장은 계시문학[16]의 정점에서 종말에 있을 하나님의 구원 역사를 현재적인 시각으로 보도하면서 생명에 대한 내용을 담고 있다. 초기 유대교에 나타난 묵시 사상은 미래 사건들에 대한 환상적인 예고를 담고 있다. 아울러 요한계시록에서 생명 사상의 특징은 1) '종말론적-묵시적인 생명 사상'과 2) '그리스도와 연결된 생명 사상'으로 표현되며, 동

16) 요한계시록은 서신, 계시, 예언 문학의 세 가지 문학 장르를 가지는 복합적인 요소를 가지고 있다. 요한계시록 1:1에서 요한은 자신의 글을 '계시'(ἀποκάλψις)라고 말하며 1:3에서는 '예언'(προφητεία)이라고 한다. 요한계시록에서 "편지"란 명사형은 나타나지 않지만 편지를 의미하는 "써라"는 말의 헬라어 γράψον이라는 명령법 과거형을 사용한다. 이것에 대하여 Heinrich Kraft, *Die Offenbarung des Johannes*, 하인리히 크라프트/박재순·최미영 공역, 『요한묵시록』, 國際聖書註釋 47(서울: 韓國神學硏究所, 1992), 88-89는 요한계시록이 편지 자체에 더 이상 언급을 하지 않으므로 서신 문학이 아니라고 한다. 그러나 요한계시록 2:1, 8, 12, 18과 3:1, 7, 14에 나타나는 γράψον이 서신을 염두에 두고 사용한 단어라고 생각지 않을 수는 없다. 일반적인 서신 형태의 격식을 갖추지 않았다고 해도 2-3장에는 그 글을 받을 수신자에 대한 사정을 담고 있다는 면에서 서신의 성격도 아울러 갖추고 있다고 본다.

그런데 21-22장은 계시 문학 장르에 속하는 구조를 가진다. Canon Leon Morris, *Revelation* (2002), 63-95에서 요한계시록 2-3장을 "교회들에 보내어진 서신들"이란 제목으로 주석한다. Eduard Lohse, *Offenbarung des Johannes* (1997), 35-42, 52-75에서 요한계시록 1:4-8을 "편지의 도입부"로, 2-3장을 "소아시아 일곱 교회에 보내는 일곱 편지"로 분류하여 주석한다. 이 글에서 ἀποκάλψις를 묵시 또는 계시로 번역하고 혼용하여 사용한다.

시에 그리스도론과 연결한다. 요한계시록에서 예수 그리스도는 인간 운명의 결정체(참조. 계 5:1-13)이므로 요한계시록의 생명 사상에 대한 연구는 예수 그리스도와 관련된 생명 이해에 집중되어야 할 것이다. 신약성경에서 종말 성취는 십자가를 통해 이루어진다.(참조. 롬 6:1-14; 고전 1:18) 이러한 십자가 이해는 종말에 이루어질 메시야의 승리가 십자가의 길을 통하여 이미 확증되었다는 사실에서 드러난다.[17)]

III. 요한계시록의 새 창조 사상에 담긴 생명 신학의 함의

1. 새 창조 사상의 구원론적인 이해와 생명

창세기 2장 9-17절에 나타나는 창조의 모습에 기초하여 요한계시록 22장에서 생명나무와 생명수에 대한 묘사를 통해 하나님의 새 창조가 생명과 관련된다. 요한계시록 21-22장에서 '새 창조시'에 이루어질 하나님의 구원역사는 생명 회복에 대한 묘사를 나타내는데, 그 묘사가 사실적이고 구체적으로 나타난다. 여기서 '새 예루살렘'에 대한 환상은 생명 사상을 상징적인 모습으로 제시한다.(계 22:2-14, 19; 참조. 21:6; 22:1, 17) 요한계시록 21-22장에 나타나는 새 창조 사상은 구약성경 이사야 65장 17절과 66장 22절의 '새 창조'에 대한 전망을 넘어서고 요한계시록에서 중심적인 교리[18)]를 형성한다. 요한계시록 21장 1절의 "또 내가 새 하늘과 새 땅을 보니 처음 하늘과 처음 땅이 없어졌고 바다도 다시 있지 않더라."는 진술은 이사

---

17) George B. Caird, *A commentary on the Revelation of St. John the Divine* (London: Black, 1971), 75; Richard Bauckham, *The theology of the book of revelation*, 리차드 보캄/이필찬 옮김, 『요한계시록신학』, 켐브리지대학 신약신학 시리즈(서울: 한들출판사, 2000), 222-223과 비교하라.

18) Heinrich Kraft, *Offenbarung des Johannes* (1992), 402를 보라.

야 65장 17절에 나오는 "보라 내가 새 하늘과 새 땅을 창조하나니 이전 것은 기억되거나 마음에 생각나지 아니할 것이라."는 진술이나 이사야 66장 2절에서의 표현보다 완전한 지상적인 실재(實在)를 염두에 두고 있다. 이사야는 65장 17절에서 '새 창조'에 대한 묘사를 하는데 이러한 묘사는 미래에 있을 하나님 나라 회복에 대한 예고요, 또한 하나님 나라 도래에 대한 기대이다. 이사야 66장 22절에도 새 창조에 대한 기대와 그때 이루어질 새 하늘과 새 땅에 대한 전망과 함께 하나님의 회복과 구속 역사에 대한 진술이 나타난다. 이 두 구절은 다 같이 미래형으로 나타나면서 하나님이 인류 보편사에서 역사의 주관자임을 나타낸다. 이러한 이사야의 하나님 나라 회복에 대한 기대가 요한계시록에 이입(移入)되면서 그 형태가 더욱 구상적(具象的)으로 바뀐다. 요한계시록에서 '새 창조'에 대한 묘사는 그 이전의 '원창조'의 계승이나 새로운 형태로 개조된 어떤 것이 아니다. 완전히 질적으로 새로운 '새 창조'의 모습을 띠고 있다. "처음 하늘과 처음 땅이 없어졌다는 표현은 '원창조'와 '새 창조'의 [질적인] 차이를 나타낸다. 요한의 이러한 묘사는 새 창조시의 불멸성을 담고 있다."[19]는 점에서 요한계시록의 생명 사상은 묵시적인 시각 속에서 하나님의 구원 활동을 묘사한다는 점에서 새로운 시각으로 나타난다.

2. '새 예루살렘' 상징어에 나타나는 생명 이해

요한계시록 21장 1-5절에 나타나는 '새 예루살렘'에 대한 언급은 이사야 65장 17-20절에 나타난 세상의 '새 창조' 사상과 밀접하게 관련된다.[20]

---

19) 크라프트(Heinrich Kraft)에 의하면 요한은 이사야보다도 "세계의 불멸성을 더 믿고 있다."고 하면서 크라프트는 "그가[요한이] 보기에 세계는 구원할 수 없을 정도로 부패해 있다. 인간은 세계를 재건하기 위해 부름받은 것이 아니라, 오히려 하나님과 사탄의 싸움에서 양단간에 결정해야 한다." Heinrich Kraft, *Offenbarung des Johannes* (1992), 402.

'새 예루살렘'이 하늘에서 내려오는데, 하늘에서 내려오는 '새 예루살렘'이란 이러한 도식을 통하여 요한계시록 저자는 "종말론적 구원 영역을 묘사한다."[21] 요한계시록 21장 3절에 나타나는 '장막'은 출애굽 시에 '하나님의 임재'를 암시하는 장소인 동시에(참조. 출 29:42-44; 민 17:7) 이스라엘의 삶의 터전(참조. 창 13:12; 민 27:2)이었던 '회막'을 지시한다. 그들은 그곳에서 하나님의 직접적인 보호와 하나님의 구속 역사를 경험했다.(참조. 민 11:4-30) 그런데 요한계시록 21장 3절에서 하나님의 장막이 사람들과 함께 있는 것으로 묘사된다. 요한은 '하나님의 장막'이란 용어를 통하여 '하나님의 임재'를 나타낸다.(참조. 출 26:11; 겔 37:27) "여기에 나타난 '장막'은 히브리어 '쉐키나'로 연상되는데, 그 의미는 '거처'에 해당한다. 이 용어는 하나님께서 사람 가운데 임재하실 때 그 영광을 묘사하는 것이다."[22] 이 장막은 하나님의 거처이지만 요한계시록 21장 3절에서 장막이 하나님 자신만을 위한 거처가 아니라, 하나님이 그의 백성들과 함께하는 곳으로 묘사된다는 점에서 요한계시록 저자는 이 장막 묘사를 통하여 요한계시록의 생명사상을 하나님과 그의 백성이 함께 어울리는 공동체성을 지시하며 이런 묘사를 통하여 생명의 신적인 본질을 드러낸다.

요한계시록 21장 3절에서 후대 사본인 P 041s 1006 등은 λαός('라오스', '백성')를 사용하지만, 보다 더 고대적이고 중요한 사본인 ℵ A 046 b2030 등은 λαοί('라오이', 백성들')를 사용한다. 본문 사본의 비중으로 보아 λαοί가 원래적인 표현이라고 본다. 요한은 구약성경적인 표현인 단수형 λαός대신 복수형인 λαοί를 사용함으로써 '하나님의 백성'의 범주를 이스라엘 민족에 국한시키지 않고 온 열방을 향해 확장하는 우주론적인 구원에 대한 열망을 암시한다. 하나님의 장막이 그의 λαοί와 함께할 때 하나님과 깊은 연대감

20) David E. Aune, *Revelation 17-22, WBC 52c* (Dallas, Texas: Word Books, 1998), 1120-1121을 참조하라.

21) Heinrich Kraft, *Offenbarung des Johannes* (1992), 402.

22) Canon Leon Morris, *Revelation* (2002), 273.

속에서 모든 애통과 괴로움이 해결된다.(참조. 계 21:4)

요한계시록 21장 1–27절은 새 예루살렘에 대한 상징어를 통해 생명이 새 창조와 깊이 관련됨을 나타낸다. 이 관련성은 하나님의 구원 사역이 구체적이고 사실적으로 묘사되는 데서 확인된다.

요한계시록 21장 3–4절의 "하나님은 친히 그들과 함께 계셔서 모든 눈물을 그 눈에서 닦아 주시니 다시는 사망이 없고 애통하는 것이나 곡하는 것이나 아픈 것이 다시 있지 아니하리니 처음 것들이 다 지나갔음이러라." 라는 진술은 하나님의 구원 사역의 완전함을 사실적으로 묘사한다. 이러한 묘사를 통해 "우주론적인 구원 대망"이 암시된다.[23] 모든 고통이 지나간 것에 대한 사실적인 묘사를 통해 만물이 새롭게 되는 것이 하나님과의 깊은 연대(連帶) 속에서 이루어진다는 사실이 묘사된다. 하나님 나라에서 이루어지는 "인간과 하나님의 내적인 연대감"이 요한계시록 21장 3절에 묘사된다.(참조. 출 6:7; LXX 렘 38:33; 슥 8:8)[24] 요한계시록 21장 3절에 나타나는 '장막'은 하나님의 거처이지만 하나님을 위한 것이라기보다는 하나님의 백성을 위한 것이다. 여기서 하나님의 직접적인 돌보심이 '장막'이라는 상징어를 통해 묘사된다. 이러한 장막 설정을 통하여 하나님이 이루실 '우주적인 구원' 실체가 드러난다. 이러한 '우주적인 구원'에 대한 전망 아래서 요한계시록 21장 1–5절은 하나님과의 "연대감으로부터 모든 슬픔과 괴로움이 사라진다."[25]는 것을 묘사한다.

요한계시록 저자는 '하나님의 장막'이란 용어를 통해 '하나님이 함께 하심에 따라' 우주적이고 종말론적인 구원이 일어나며 그때 새 창조가 이루어짐을 밝힌다.(참조. 계 21:5) 이 창조는 '보좌에 앉으신 이'에 의해 일어난다. 요한계시록 21장 5절에서 "내가 만물을 새롭게 하노라."(πάντα καινὰ ποιῶ)란 선언은 이사야 43장 19절에서 "보라 내가 새 일을 행하리니 이제

23) Canon Leon Morris, *Revelation* (2002), 404.

24) Canon Leon Morris, *Revelation*, 404.

25) Canon Leon Morris, *Revelation*, 404.

나타낼 것이라 너희가 그것을 알지 못하겠느냐 반드시 내가 광야에 길을, 사막에 강을 내리니"(참조. 사 35:1-10; 65:16, 19)라고 약속한 구약성경적인 예고가 이제 이루어질 것에 대한 선언이다. 이러한 우주적인 갱신에 대한 주제는 쿰란의 찬송시편인 호다요트에도 "주께서는 [모든] 옛것들을 [제거하시고] 새것들을 창조하심으로써[ולברוא חדשת] 그들이 보지 못한 일을 그들에게 보이셨나이다."(1QH 13:11-12)란 말로 나타난다. 이사야 43장 19절에 나타난 예언이나 호다요트에 나타나는 예고가 요한계시록에서는 눈앞에 펼쳐지듯이 그려진다. 이사야 43장 18-19절에서 여호와를 1인칭, 즉 주어로 하여 이루어진 약속이 요한계시록에서는 3인칭 단수로 바뀌면서 이사야의 예언이 요한계시록에서는 이제 바로 눈앞에서 성취되듯이 묘사된다.

우주적인 갱신에 대한 묵시적인 언급을 고린도후서 5장 17절에서도 볼 수 있다. 바울은 그리스도 안에 있는 자들을 '새로운 피조물'(καινὴ κτίσις)[26]로 언급한다.(참조. 갈 6:15) 바울에게서 새로운 피조물은 "새로운 방식으로 주변 세계를 알고, 의롭다 인정받음을 통하여 하나님과 새로운 관계를 맺는 것은 곧 새로운 세계에서 사는 것이다. 즉 일련의 새로운 관계들이 수립되는 것이다."[27] 바울은 하나님의 인간 구원을 이러한 도식을 통하여, 피조물의 한계를 극복한 것으로, 묘사한다. 이러한 묘사를 통하여 그는 하나님과 새로운 관계가 예수 그리스도 안에서 이루어짐을 나타내고 있다. 바울에게서 καινὴ κτίσις는 그리스도 안에서 성취된 새로운 창조 사역의 완성이다.

고린도후서 5장 17절과 비교되는 요한계시록 21장 5절에서 '새롭게 된 만물'은 바울이 고린도후서 5장 17절에서 말한 καινὴ κτίσις와 비교되는데,

26) "새로운 피조물"(καινὴ κτίσις)에 대해서는 David E. Aune, "Zwei Modelle der menschlichen Natur bei Paulus," *TQ* 176(1996), 28-39를 보라.

27) C. K. Barrett, *The Second Epistle to the Corinthians*, C. K. 바레트/한국신학연구소번역실 역, 『고린토후서』, 國際聖書註釋 36(서울: 한국신학연구소, 1986), 227.

'새롭게 된 만물'은 하나님의 새로운 창조 속에서 이루어진 것이다. 이러한 구도는 하나님의 새로운 창조 사역의 완성으로 나타난다. 요한계시록 저자의 이러한 새 창조 구도를 통하여 종말론적인 인간 구원의 원형이 구성된다. 이 구원 사건은 미래적이고 종말론적인 사건으로 '이미'와 '아직은 아닌'이란 두 시간 사이에서 긴장 관계를 이루고 있다는 점에서 요한계시록 21장 5절에서 말하는 "내가 만물을 새롭게 하노라"란 선언은 하나님의 구원사에서 중요한 시금석을 이룬다. 요한도 21장 5절에 나타난 "새롭게 하노라."(καινὰ ποιῶ)란 선언은 현재형이지만 그 완성이 미래에 있으므로, 그 완성이 지금은 아직 미완성인 채로 미래를 향하여 열려 있으므로, 미래적-종말론적인 구원 완성을 나타낸다.

3. '생명수의 강'과 생명 이해

요한계시록 21-22장에 나타나는 새 창조 기사는 마태복음 19장 28절에서 "세상이 새롭게 되어"[28]라는 말을 통해 나타나는 새 창조 사상보다 더 진척되고 더 세밀하게 묘사되고 있다.[29] 마태복음 19장 28절과 요한계시록 21-22장에 나타나는 새 창조에 대한 묘사가 모두 미래형의 문장 구조로 종말론적-묵시적인 요소를 띤다. 마태복음에서는 새 창조 시에 심판이 일어날 것에 대한 예고와 함께 제자들도 그 심판 자리에서 예수 그리스도와 함께 심판하는 역할을 맡을 것에 대하여 예고한다. 이와 달리 요한계시록 21-22장에서는 새 창조에 관한 묘사가 하나님의 구원 역사 속에서 아주 다양하게 펼쳐진다. 그 다양함이 한데 어우러져 종말에 이루어질 하나님의 새 창조가 전 우주적인 구원 사건으로 구체적으로 묘사된다. 그런데 이러

28) 마태복음 19장 28절에서 헬라어 원어에 따른 자구적인 번역은 "세상의 중생에서"이다.

29) 안병철, 『요한묵시록 II: 14장 6절-22장 21절』, 가톨릭 신학총서 32(서울: 가톨릭대학교출판부, 2001), 228을 비교하라.

한 묘사는 수태고지(受胎告知)에 나타나는 예수의 이름이 갖는 구원 사상의 의미(참조. 마 1:21)를 묘사한 것과 비교된다.

요한계시록 22장 1-2절에 생명의 풍성함과 완성에 대한 묘사가 나타나는데, 이러한 묘사가 하나님과 어린 양에 연결되어 있다. 요한계시록 22장 1-2절에서 '보좌로부터 흘러나오는 생명수의 강'에 대한 환상 진술은 성전 문지방 밑에서 흘러나오는 물에 대해 언급하는 에스겔 47장 1절과 예루살렘에서 솟아나 흘러나오는 생수에 대해 언급하는 스가랴 14장 8절과 비슷한 모습이다.[30] 요한계시록 22장 1-2절에서 이러한 묘사는 '하나님의 현존'을 묘사한다. 이러한 묘사를 통해 요한계시록 저자는 하나님이 '생명 구원'의 근거가 되심을 제시하고 있다. 하나님의 현존(現存)에 예수 그리스도가 함께 참여함으로써 그리스도의 신적인 권위가 표출되는 데서 그리스도의 신적인 본성이 묘사된다. 이렇게 요한계시록에서 '생명 구원'에 대한 사상은 그리스도론적인 이해의 틀을 통하여 나타나면서 그리스도 이해에 대한 위치가 분명히 자리매김 된다. 새 창조 사건을 통해 하나님이 성취하는 구원 완성이 요한계시록 22장 1-5절에서 예고된다. 그런데 요한계시록 22장 1-5절에서 생명수의 강이 하나님과 어린 양의 보좌로부터 흘러나온다는 표상(表象)을 통하여 생명의 신적 기원이 표현되고 생명에 대한 그리스도론적인 표상이 제공된다. 요한계시록 저자는 생명수의 강에 대한 표상을 통해 생명이 가지는 신적인 관련을 제시한다. 이 신적인 관련 속에서 '생명수'가 흘러가는 곳에 생명의 역사가 일어난다는 사실이 묘사된다.(참조. 계 22:2) 길 가운데로 흘러가는 ποταμός ὕδατος ζωῆς('포타모스 휘다토스 조에스', '생명수의 강') 좌우에 있는 ξύλον ζωῆς('크쉴론 조에스', '생명나무')는 종말에 있을 생명 역사의 풍성함을 묘사한다. 생명 회복이라는 하나님의 구원 역사에 대한 묘사에서 ποταμός ὕδατος ζωῆς(참조. 계 22:1f.)가 중요한 위치에 있다.

30) 안병철, 『요한묵시록 II』, 228을 참조하라.

이 생명수의 강 좌우에 "생명나무가 있어 열두 가지 열매를 맺되 달마다 그 열매를 맺고 그 나무 잎사귀들은 만국을 치료하기 위하여 있더라"(계 22:2)는 언급에서도 드러나듯이 요한계시록 22장 2절은 생명수의 강이 내포하는 '생명의 풍성함'을 은유적으로 나타낸다. 생명나무[31)]가 다달이 열매 맺는다(계 22:2)는 묘사를 통해 에스겔 47장 12절에서처럼 신적인 생명의 풍성함과 생명 구원의 완성을 나타낸다.[32)](참조. 창 2:10; 슥 14:8)

이러한 구원 완성은 요한계시록 22장 2절에서 '치료하는 잎'에 대한 묘사를 통하여 더 구체화된다. 요한계시록에서 '치유' 모티브는 하나님의 구원 활동이 완성된 것을 묘사하고 있다. 이 단락에서 θεραπεία('데라페이아', '치료')란 단어를 '회개'와 '구원'의 의미로 사용한 것은 요한계시록에서 전체적으로 회개를 강조하는 것이 뚜렷하게 나타나지 않는다는 점에서 이채롭다.[33)] 그런데 요한계시록에서 '치유'는 '회개'(참조. 마 13:15; 사 6:10) 및 '구원'(사 53:5)과 거의 동의어로 이해할 수 있다.[34)] 여기서 요한은 치료하는 잎이란 의미를 통하여 창세기에 나타나는 창조 사상을 배경으로 한 에스겔 47장 12절에 나타나는 새 창조를 하나님의 구원의 풍성함 속에서

---

31) '생명나무'(ξύλον ζωῆς)는 요한계시록에 5번 언급된다(2:7; 22:2[2x], 14, 19). PsSal 14장 3절에서 낙원에 있는 '생명나무들'은 신자들을 은유적으로 나타낸다(참조. 1QS 6:14-19; 10:25-26; OdSal 11:16). 어떤 사람은 이 '생명나무'(ξύλον ζωῆς)에 대한 상징을 통해 생명나무에 참여한 그리스도인으로 해석하기도 한다. 시편 92:12-13에 "의인은 종려나무 같이 번성하며 레바논의 백향목 같이 성장하리로다. 이는 여호와의 집에 심겼음이여 우리 하나님의 뜰 안에서 번성하리로다."라고 하면서 '나무'의 은유를 통해 성민(聖民)을 나타내고 있다(참조. 사 61:3; äthHen 93:2; OdSal 1:2; 11:1). 그리고 요한계시록 22장에 나타나는 생명나무에 대한 표현이 에스겔 47장과 에녹 1서(äthHen) 25장에 바탕을 둔다는 주장에 대해서 David E. Aune, *Revelation 17-22* (1998), 1177을 참조하라.

32) 안병철, 『요한묵시록 II』(2001), 1176-1177을 참조하라. 레슬리 C. 알렌/채천석 옮김, 『에스겔 하』, WBC 29(서울: 솔로몬, 2008), 513을 참조하라.

33) 이달, 『요한계시록』(서울: 한국장로교출판사, 2008), 201-202, 287, 366, 370을 참조하라.

34) 안병철, 『요한묵시록 II』(2001), 287을 보라.

묘사한다. 이러한 새 창조의 모습 속에 생명 사상이 표현되어 있다. 하나님의 치유 사역이 회개를 이루고 구원을 가져옴에 따라 사람에게 새로운 생명이 선물된다. 요한은 이러한 그림을 통하여 생명이 보존됨에 대하여 묘사하고 이것을 인간 구원 사상과 연결한다. 요한은 22장 2절에서 하나님의 구원 행동을 '치료하는 잎'에 대한 상징을 통해 나타내며 새 창조의 근거로 제시한다.

'새 창조'에 대한 요한계시록의 묘사는 이사야 65장 17절(참조. 66:22)과 마태복음 3장 16절(참조. 막 1:10)에 나타나는 불완전한 구원의 모습이 아니라 하나님의 구원이 완전하게 이루어진 것을 묘사하고 있다. "귀 있는 자는 성령이 교회들에게 하시는 말씀을 들을지어다. 이기는 그에게는 내가 하나님의 낙원에 있는 생명나무의 열매를 주어 먹게 하리라."는 요한계시록 2장 7절의 성취를 22장 2절에서 볼 수 있다. 요한은 22장 2절에서 생명나무의 열매가 현재 주어져 있다는 것을 암시함으로써 2장 7절에 나타난 예언의 성취를 묘사한다. 이 예언 성취에 대한 암시가 '생명나무'의 상징을 통하여 나타나고 이 상징을 통하여 완전한 하나님의 구원이 묘사된다. 요한계시록 22장 3-5절에서 생명 구원과 그 풍성함이 구원 완성에 대한 전망으로 나타난다. 생명의 풍성함과 그 완성이 요한계시록 22장 3-5절에서 새 예루살렘에 대한 묘사로 더욱 구체적으로 나타난다.

3a. 다시 저주가 없으며
3b. 하나님과 그 어린 양의 보좌가 그 가운데에 있으리니
그의 종들이 그를 섬기며
4a. 그의 얼굴을 볼 터이요
4b. 그의 이름도 그들의 이마에 있으리라
5a. 다시 밤이 없겠고 등불과 햇빛이 쓸 데 없으니
이는 주 하나님이 그들에게 비치심이라
5b. 그들이 세세토록 왕 노릇 하리로다

요한계시록 22장 3a절에서 "다시 저주가 없으며"란 말에서 '저주'(κατάθεμα)가 εἰμι의 미래형 3인칭 단수동사 ἔσται와 함께 사용되면서 종말적인 생명 축복의 형태를 나타낸다. '저주'(κατάθεμα)는 "저주 받는 것"을 의미하는데,[35] 생명수의 강에서 시작된 생명으로 인하여 이제 이 저주가 다시는 없다는 것이다. 아담의 범죄로 인해, 아담 안에서 모든 인간에게 지워진 저주의 굴레가 어린 양이 이루는 생명 역사로 인하여 사라진다. 빛이 어둠에 비치면 어둠은 빛을 이기지 못한다.(참조. 요 1:5)[36] 그러므로 생명의 빛으로 오신 그리스도의 역사 속에서 저주는 물러간다. 하나님의 통치가 이루어지는 곳에는 저주가 없다.[37] 이 구절은 "사람이 그 가운데에 살며 다시는 저주가 있지 아니하리니 예루살렘이 평안히 서리로다."(슥 14:11)라는 구약성경 예언의 성취로 나타난다. "다시 저주가 없으며"(22:3a)란 말의 근거가 22장 3b절에 주어진다. 다른 어떤 이유가 아니라, "하나님과 그 어린 양의 보좌가 그 가운데" 있기 때문에 새 예루살렘에는 다시 저주가 없다. '하나님과 그 어린 양의 보좌'(22:3)는 하나님의 통치권을 나타낸다. 하나님의 통치가 이루어지는 곳인 하나님 나라에서는 모든 어둠과 저주가 물러가고 빛과 생명의 역사가 시작된다.(참조. 욥 3:20; 33:28, 30; 시 27:1; 36:9; 56:13; 잠 6:23; 요 1:4; 8:12) 하나님이 함께 계시는 곳에 하나님의 통치가 이루어지고 그곳에 풍성한 생명이 있다. 하나님의 생명' 사역은 살리는 역사이고 예수를 주님으로 믿는 자가 어둠에 거하지 않게 하기 위한 목적을 가진다.(참조. 요 12:46) 그러므로 생명의 역사가 있는 곳에는 다시 저주가 찾아올 수 없다.(참조. 계 22:3a) 생명이 주는 환희와 기쁨으로 "그의 종들이 그를 섬긴다."(22:3b) 여기서 '섬긴다'는 말의 헬라어 λατρεύσουσιν ('라트류수신')은 예배적인 용어로 '예배한다', 또는 '경배한다'는 의미로 이

---

35) Canon Leon Morris, *Revelation* (2002), 286.

36) "빛이 어둠에 비치되 어둠이 깨닫지 못하더라"(요 1:5)에서 "깨닫다"는 말의 헬라어 καταλαμβάνω는 '이기다'는 의미도 아울러 가진다.

37) Canon Leon Morris, *Revelation* (2002), 286을 참조하라.

해할 수 있다. λατρεύω('라트류오')가 신약성경에서 다른 곳에서 사용되는 의미를 살펴보면 이것이 가지는 예배적인 의미를 알 수 있을 것이다. 구약성경 히브리어 עבד를 칠십인역에서 번역할 때 인간관계와 관련된 문제를 다룰 때는 δουλεύειν으로 번역하고 하나님을 섬기는 봉사와 관련될 때는 λατρεύειν으로 번역한다. 이 λατρεύειν은 종교적인 틀 속에서 이루어지는 제의적(祭儀的)인 의미를 가진다.(참조. 출 3:12; 4:23; 7:16) 이 λατρεύειν이 신약성경에서는 칠십인역의 영향으로 하나님께 바쳐진 것을 나타낸다. 로마서 1장 9절에서 바울은 자신의 선교사역을 λατρεύειν이란 관점에서 표현한다.(참조. 고후 8:18; 10:14) 이것은 λατρεύειν이 종교적인 섬김의 행위임을 드러내는 것임을 알 수 있다.[38)] λατρεύειν의 명사형 λατρεύεια도 희생제사의 의미로 사용된다.(참조. 요 16:2; 롬 9:4; 히 9:1, 6) λατρεύω가 가지는 예배적인 의미를 살펴보았다. 초기 교회에서 그리스도가 예배를 받는 현상은 그리스도론의 발전과 맥을 같이한다. 그리스도론의 발전에 있어 예수 그리스도를 예배하는 현상은 "뜻 깊은 한 현상"으로, 예수 그리스도에 대한 예배가 초기 교회에서는 "종교 행위에 있어서 유일신 신앙의 실제적인 시험대"가 되었다.[39)]

요한계시록 22장 3절에서 λατρεύω는 하나님과 어린 양을 예배하는 상황을 묘사한다. 요한계시록에서 하나님의 종들이 예배(λογικὴν λατρείαν)를 드리는 묘사를 통하여 생명의 주인이신 하나님과 예수 그리스도를 인정하고 하나님의 통치를 경험하게 됨을 나타내면서 신적인 '생명의 가치'와 '생명의 존엄성'을 드러낸다.

---

38) 이것에 대해서는 Hermann Strathmann, Art. λατρεύω, λατρεία. *ThWNT* IV(1942), 64-65를 참조하라.

39) Richard Bauckham, *The Climax of Prophecy Studies on the Book of Revelation*, 리차드 보큄/최홍진 역, 『예언의 절정: 요한계시록 연구 I』(서울: 한들출판사, 2002), 152.

제6장

한국교회의 미래를 위한 생명 신학

I. 세상 속에 오신 그리스도에 대한 바른 인식을 통해 얻는 생명

히리브서 기자는 "그러므로 함께 하늘의 부르심을 받은 거룩한 형제들아 우리가 믿는 도리의 사도이시며 대제사장이신 예수를 깊이 생각하라." (3:1)고 했다. 이 구절은 그리스도를 신앙의 대상으로 막연하게 섬기는 것으로 그치는 것이 아니라, 늘 마음에 품고 살라는 것을 말하고 있다. 깊이 생각하다(κατανοήσατε)란 말은 지각적인 활동, 즉 인지적인 행동을 요구하는 말이다. 개역개정본에 '생각하라'란 말이 14번이나 등장한다. 시편 50편 22절에 "하나님을 잊어버린 너희여 이제 이를 생각하라."고 했다. 시편 50편 22절이나 히브리서 3장 1절에서 '생각하라'란 말은 단순히 생각하는 단계만을 요구하는 것은 결코 아니다. '생각하라'는 요구는 지적 작용으로서의 인식의 범위, 즉 아는 것까지 요구한다. 그런데 히브리어로 '안다'는 것은 지각 작용으로서의 인식의 한계를 극복하는 단계까지를 요구한다. 바른 생각(思考)이 없이는 바른 앎(知)을 이룰 수 없다는 점에서 생각은 바른 인식을 위한 터전이 된다.

구약성경에서 생명 사상은 바른 지성 활동을 동반한다. 신약성경에서 바울은 “만일 누구든지 알지 못하면 그는 알지 못한 자니라.”(고전 14:38)고 했다. 지식은 경험적인 것과 아울러 계시를 통한 지식 등으로 구분할 수 있을 것이다.

예수 그리스도의 십자가를 찾는 사람은 예수 그리스도에 대해서 깊이 생각하고 그리스도를 알고자 하는 노력을 기울여야 한다. 생명 신학의 미래는 그리스도에 관한 바른 지식을 함양하는 것이다. 신약성경 저자들은 예수 그리스도가 ὁ ἀρχηγός τῆς ζωῆς(‘호 아르케고스 테스 조에스’, ‘생명의 주’, 참조. 행 3:15)란 사실에 설교의 중심을 두었다. 특히 요한계시록은 예수 그리스도를 상징하는 ἀρνίον(‘아르니온’)이 하나님과 함께 보좌를 공유한다는 그림을 통해 예수 그리스도의 신성을 담고 있다. 그런데 그 보좌 밑으로 ‘생명수의 강’(ποταμός ὕδατος ζωῆς)이 흐른다. 이 생명수의 강이 흐르는 강가에 서 있는 생명나무는 인간을 온갖 질병으로부터 고치는 치료제이기도 하다.[1] 이러한 묘사는 복음서에 나타난 예수 상이 치료자로 나타나는 것과 일치한다. 마가복음 2장 17절에서 예수는 “건강한 자에게는 의원이 쓸데없고 병든 자에게라야 쓸데 있느니라 내가 의인을 부르러 온 것이 아니요 죄인을 부르러 왔노라.”고 하셨는데 마가의 이 진술은 병을 치료하는 치료자로서의 예수의 자의식을 내포한다. 신약성경 저자들은 그리스도가 누군지에 그들의 온 신경을 다 썼다. 예수가 누구인지에 대한 관심은 초기 교회의 설교 핵심이었고, 초기 교회가 세상 속에서 존재할 이유였다. 초기 교회는 그리스도 안에서 하나님을 찾았고 그리스도 안에서 구원의 길을 찾았다.

1) 생명나무에 대해서는 솔로몬의 시편(PsSal 14:3, 1QS 6:14-19; 10:25-26), 솔로몬의 송가(OdSal 11:16)를 참조하라.

II. 함께 아파함을 통해 이루는 공동체적 생명

시대의 아픔을 이해하지 않고 함께 시대에 동참하지 않으면 교회는 교회로서의 사명을 감당하지 못하고 그 사회로부터 버림을 당할 것이다.

바울은 예수 그리스도를 "자기를 낮추시고 죽기까지 복종하셨다."고 하면서 그 복종을 "곧 십자가에 죽으심"(빌 2:8)이란 말로 귀결시킨다. 이 구절에서 '십자가에 죽으심'이 '그리스도 사역의 완전한 종결'을 잘 표현하고 있다. 예수는 죽음을 통해 자신의 일을 마무리하셨다. 예수는 찬란한 영광의 자리에서 자신의 사역을 마무리하시기보다, 가장 낮은 자의 위치에서 가장 낮아진 자의 모습으로 가장 비참한 죽음으로 구속 사역을 완성하셨다. 무덤이 없이는 부활도 없다. 무덤은 인간의 선택이 아닌 필연(必然)이다. 그런데 이 필연은 부활로 가는 길목이다. 그것은 무덤이 없이는 결코 부활이 일어날 수 없기 때문이다. 그런데 이 필연을 어떤 자세로 받아들이느냐의 문제가 어떤 부활로 귀결되는가를 결정한다. 요한은 "무덤 속에 있는 자가 다 그의 음성을 들을 때가 오나니 선한 일을 행한 자는 생명의 부활로, 악한 일을 행한 자는 심판의 부활로 나오리라."(요 5:28-29)고 했다. 분명한 것은 그리스도가 희생당하심으로 인해 모든 사람이 구원을 얻었고 생명의 기쁨을 누리게 된다.

우리말 속담에 "산이 울면 들이 웃고, 들이 울면 산이 웃는다."는 말이 있다. 이 말은 "비가 와서 물이 지면 산은 사태가 나 형편없는 모양이 되지만 들은 오히려 농사가 잘되어 웃는 것 같고, 날이 가물어 들이 말라붙으면 오히려 산이 헐리지 아니하여 웃는 듯하다."는 것을 비유적으로 표현하는 말이다.[2] 이런 비유의 말은 교회의 지도자 자신들이 웃는 사역을 이룰 것인가, 아니면 교회 공동체가 웃도록 해야 할 것인가? 나아가 교회만 웃도록

---

2) 국립국어연구원(편),『표준국어대사전 중. ㅂ~ㅇ』(서울: [주]두산동아, 1990), 3181.

해야 할 것인가, 아니면 교회와 아울러 교회 밖 이웃들까지 웃도록 해야 할 것인가?를 생각하게 하는 말이다. 그런데 이 말은 사회로부터 버림받고 국민으로부터 배척받은 교회가 그 사회 속에 존재할 수 있을지에 대한 고민과 함께 결정해야 할 문제인 것 같다. 이런 점에서 함께 아파하는 사회적인 생명에 대한 연구가 신학자뿐만 아니라, 목회자들에게 필연적인 관심이 되어야 할 것이다.

우리 주위에는 아픔의 흔적들이 너무 강하게 투영되어 나타난다. 이러한 아픔의 흔적들 속에 그리스도가 자신의 속죄 죽음으로 선물하신 생명을 어떻게 이룰 것인가에 대한 탐구는 신학에서 중요한 출발이 되어야 할 것이다. 신학적인 이상을 바르게 정립하는 것은 무엇보다 중요하지만 신학이 사상을 정립하고 이상을 바르게 하는 것으로 그친다면 신학은 열매가 없고 결실이 없는 공허한 학문에 불과할 것이다. 그것은 탁상공론에 그친 미완성의 학문을 의미한다. 하나님은 빛이 있으면 좋겠다고 생각만 하신 것이 아니라, "빛이 있으라"고 말씀하셨고 흙을 빚어 사람을 만드셨다. 창세기 저자는 하나님을 토기장이로 묘사한다. 창조에서 하나님은 실제적으로 일하셨고 지금도 구속 사역을 위해 새로운 창조를 계속하신다. 하나님을 연구하는 신학은 하나님을 바르게 알아야 그 사명을 다 감당할 수 있다. 그런데 하나님을 안다는 것은 하나님의 뜻을 헤아리는 데 있고 그 뜻에 동참하는 데서 완성을 향하게 된다. 이런 의미에서 본다면 신학의 사명은 그 시대를 헤아리고 그 시대정신을 알고 그 시대정신을 새롭게 정립하는 데 있다.

지금 시대는 아픔이 많은 시대이다. 고독하고 절망하며 상대적인 빈곤감에 시달리며 살아가야 할 이유를 찾지 못하고 희망을 상실한 많은 대중을 만나게 된다. 평범한 사람인데도 혼자만의 아픔으로 남몰래 괴로워하는 많은 현대인을 살리는 길이 무엇인가에 대하여 신학이 함께 고민해야 한다. 왜냐하면 신학은 사람을 살리는 신학이어야 하기 때문이다. 신학은 하나님을 아는 학문이지만 하나님의 상대자인 사람을 모르고서는, 사람이 살아가는 세상을 모르고서는 진정한 신학을 이룰 수 없다. 그래서 신학은 시대를 알고 시대를 준비하여 이 시대에서 하나님이 일하실 수 있도록 환경을 만들어야 진정한 신학의 역할을 다하는 것이다. 마태는 "그는 선지자 이사야를 통하여 말씀하신 자라 일렀으되 광야에 외치는 자의 소리가 있어 이르되 너희는 주의 길을 준비하라 그가 오실 길을 곧게 하라 하였느니라." 란 말로 세례자 요한을 '광야의 소리'라고 하면서 그가 해야 할 역할을 '주의 길을 준비하라.'와 '그가 오실 길을 곧게 하라.'란 말로 정리한다.

III. 통일 시대를 대비하는 사회적 생명

하나님은 한 시대나, 한 지역만을 위한 하나님이 아니시다. 정치가들이나 사회적인 일에 관여하는 이들은 통일이 가깝다고 한다. 한국교회는 이 일에 대하여 대비해야 한다. 진보진영에서는 여러 가지 눈에 보이는 일들을 감행한다. 보수진영에서는 북한인권과 북한교회 살리기 그리고 탈북자 선교 등에 대해서 많은 관심을 가진다. 독일의 통일은 어느 날 갑자기 찾아왔지만 교회적으로 상당히 많은 준비를 해왔었고, 그 많은 준비를 통하여 하나님께서 때가 되었다고 생각하셔서 그들에게 통일을 허락하셨다. 일본 제국주의로부터 한국이 해방된 지 벌써 67년이 지났고 남과 북 사이에 38선으로 인해 정치적인 단절을 겪은 우리 민족은 동족상잔의 비극인 6·25 동란의 여파로 휴전선이 생기고 단절된 지 벌써 59년이 지났다. 이 긴 분단의 세월은 우리 민족을 여러모로 어렵게 만든 것으로 끝난 것이 아니라,[3] 그 세월만큼 이질적인 요소들이 많이 생겨났다. 남북이 가진 이질적인 요

3) 남북한의 분단과 그 원인에 대해서는 신용하, "한국 남북분단의 원인과 포츠담 밀약설", 「사회와 역사」 제13권(1988. 12), 11-61; 김인곤, "남북분단의 경위", 「한국정치학회보」 19(1985), 265-282; 김호웅, "'6·25' 전쟁과 남북분단에 대한 성찰과 문학적 서사 - 중국문학과 조선족문학을 중심으로", 「통일인문학논총」 제51집(2011. 5), 7-35를 참조하라.

소가 가치에 대한 기준에서부터 언어, 문화, 종교 등에서 크나큰 차이를 보이고 있다. 이러한 이질적인 요소를 어떻게 극복할 것인가? 우리 시대 한국 사회는 남북의 문제뿐만 아니라, 동서의 문제, 계층 간의 문제, 세대 간의 문제 등 여러 가지 복합적인 문제 등으로 서로 갈등하고 대립한다. 중간에 막힌 담처럼 우리 사회에서 소통의 부재와 대화의 단절은 크나큰 문제를 야기했다. 그러므로 하나님과 단절된 인간은 죄 문제 때문에 우주 속에서 단독자로 설 수밖에 없다. 이 시대 많은 사람이 자신에 대해서도, 타인에 대해서도, 그리고 하나님에 대해서도 믿지 못하고 불안과 좌절과 공포 속에서 살아간다. 바울은 에베소서 2장 14절에서 "그는 우리의 화평이신지라 둘로 하나를 만드사 원수된 것 곧 중간에 막힌 담을 자기 육체로 허시고"라고 했다. 바울은 예수가 '화평'(εἰρήνη)이시므로 둘을 하나로 만드신 것이라고 한다. 그런데 바울의 논리에서 둘을 하나로 만드신 예수의 능력은 다른 데 있는 것이 아니라, 중간에 막힌 담을 자기 육체로 허는 데서 나타난다. 그러면 어떻게 할 것인가?

> "8명의 미국 대통령 밑에서 20년 이상 외교안보정책을 담당해온 제임스 도빈스 랜드연구소 국제안보정책센터 소장이 7일 미국과 중국 간 전쟁에 관한 보고서를 영국 국제전략문제연구소(IISS)에 기고"했는데, 그는 이 보고서에서 "앞으로 30년간 미중간 군사충돌은 북한 붕괴가 유발할 가능성이 가장 크다."고 보는 이유를 "북한은 경제 실패나 권력쟁탈전, 남한과의 전쟁 패배로 붕괴할 것"[4]이라고 한다. 그는 북한이 통제력을 상실하게 되면 많은 북한 주민이 식량과 생명을 구하기 위하여 국경선을 넘을 것이고 중국은 많은 군대를 북중 국경선에 배치하고 그때를 대비하게 된다는

4) 디지털뉴스팀, "미국과 중국의 전쟁, '북한 붕괴' 때문에…", 「경향신문」(2012. 08. 07). http://news.khan.co.kr/kh_news/khan_art_view.html?artid=201208071535501&code=910303

것이다. 그는 "중국은 북한 접경 선양군구 병력을 총출동시킬 것이며 북한에서 넘어오는 피난민들을 선별하기 위해 압록강 너머로 상당한 규모의 병력을 파견할 것"이라고 말했다. 나아가 "중국은 혼란을 봉쇄하고 한국과 미국의 북한 전역 장악을 막기 위해 비무장지대(DMZ) 북쪽 지역 미군과 한국군의 움직임을 주시하며 선제 파병을 시도할 가능성이 높은 것으로 나타났다. 도빈스 소장은 '북한 붕괴 시 한국이 상당한 규모의 병력과 전투력을 제공하겠지만 북한의 완벽한 붕괴의 범주와 복잡성을 다룰 능력이 없다.'"며 "한국이 원하는 통일이냐, 아니면 중국이 강력하게 희망하는 한반도 분단의 유지냐라는 골치 아픈 문제에 직면하게 될 것"이라고 진단한다.[5]

지금 한국의 입장에서 가장 큰 벽은 동서의 문제도 다른 어느 문제도 아니며, 무엇보다도 남북의 문제가 가장 대립을 상징하는 화두이다. 무엇보다도 분단의 벽을 허무는 문제를 지금 시대의 한국 교회에 맡긴 하나님의 위탁으로 생각하고 지혜롭게 풀어가야 할 것이다.[6]

교회가 교회 울타리 안에서만 활동하면 교회로서의 사명을 다 감당할 수가 없다. 시대를 관찰해야 하고 시기적절하게 하나님께서 맡기신 사명을 세상을 위해 바르게 감당해야 한다. 그래야 교회가 예수 그리스도의 몸으로 드린 속죄 제물을 통해 선물 받은 생명의 기쁨을 온전히 누릴 수 있을 것이다. 병든 식물들 사이에 있는 동일한 식물은 여러 가지 요인으로 병들기 쉽다. 그 식물을 먹고 사는 동물도 병들기 쉽다. 그 동식물을 먹고 사는 인간도 병들기 쉽다. 이런 의미에서 본다면 건강한 환경, 건강한 사회를 지향하는 사업은 교회가 이 땅에서 추구해야 할 가장 시급한 사명이다. 서로

5) 앞의 사이트.
6) 참조. "통일 한국, 교회는 무엇을 해야 하나?", 「노컷뉴스」(2012. 02. 09.). http://kr.news.yahoo.com/service/news/shellview.htm?linkid=469&articleid=2012020916515626670&newssetid=495

신뢰할 수 있는 사회를 구축하고 사회적인 토양을 건전하게 만드는 것은 무엇보다도 시급한 교회의 사회선교를 통해 이룰 생명 신학의 과제이기도 하다. 이런 교회적인 정책이 따르지 않으면 건전한 신앙적인 생명의 열매가 열악한 사회적인 생명으로 인해 위축되고 교회는 사회의 지탄의 대상으로 지목받게 되어 그 사회를 위해 아무것도 하지 못하게 될 것이다.

IV. 요약 및 소결론

제6장 한국교회의 미래를 위한 생명 신학의 과제를 필자는 1. 세상 속에 오신 그리스도에 대한 바른 인식을 통해 얻는 생명, 2. 함께 아파함을 통해 이루는 공동체적 생명, 3. 통일 시대를 대비하는 사회적 생명으로 정리했다. 앞으로의 세상은 더욱 번잡하고 분주해질 것이다. 그리고 분주해지는 만큼 사람은 점점 고독해지고 절망을 겪게 될 것이다. '생명의 우물'(참조. 시 36:9)이신 그리스도를 바른 지식으로 알아야 할 뿐만 아니라, 그리스도에 대한 믿음을 가져야 진정한 생명을 찾게 된다.

믿음을 가질 때 치유가 일어나게 된다. 치유 사건은 "우리의 연약한 것을 친히 담당하시고 병을 짊어지셨도다."(마 8:17; 참조. 사 53:4)란 마태이 관점에서 보면, 예수는 친히 인간의 모든 약함과 질고와 죄를 대신 짊어지신 분이다. 그것은 성령 안에서 경험하는 것으로, 새로운 피조물로서 자신을 인식하는 것이다. 이때 그 사람에게 새로운 생명이 선물되고, 존재의 질적 변화가 일어나고, 그는 하나님 나라를 지금 여기서 경험하게 된다.

주지하다시피 지금은 아픔이 많은 시대이고 절망하고 포기하는 시대이다. 서로 대조되는 τὰ ἄνω('위의 것들')와 τὰ ἐπὶ τῆς γῆς('땅의 것들')를 바르게 인식하며 이 시대(참조. 골 3:1-2)를 바라보면서 살 만한 세상이 되도록 이 땅에서 고난의 인생을 사셨던 예수 그리스도 안에서 생명의 형상을 새롭게 하며, 그리스도의 마음으로 세상을 가꾸며 이웃을 돌아보고, 우리 사이에 막힌 벽을 허무는 사역을 감당해야 할 것이다. 그때 각자 안에 이루신 하나님의 뜻을 찾아갈 수 있을 것이고 생명이 주는 기쁨과 희망이 풍성할 것이다.

제7장

맺는말과 전망

I. 맺는말

교회는 생명에 대한 확신으로 "살아가고 있는 장소일 뿐만 아니라 그러한 확신을 전하고 모든 이들로 하여금 그러한 확신을 받아들이도록 초대하는 장소"[1)]이다. 그러므로 하나님의 새로운 창조가 생명의 원동력이 되어 어둠이 지배하는 세상 속에 구원을 이룬다는 사실을 인식하고 비록 세상이 어둡다고 해도 생명에 대한 감격을 유지하는 한에 있어서 생명의 가치는 지켜질 것이다. 구원 역사를 통하여 새로운 창조가 지금도 교회 안에서 일어나고 있다. 하지만 그 새로운 생명 창조 역사가 더욱 왕성하게 나타나도록 교회는, 하나님의 기관이요 성령의 전이요 그리스도를 머리로 한(참조. 엡 4:15) 성도의 공동체로서의 자의식을 굳건하게 지켜야 할 것이다.

하나님은 교회를 사랑하고 교회를 통해 생명을 구원하므로 교회는 이

1) 안병철, 『요한묵시록 II: 14장 6절-22장 21절』, 가톨릭 신학총서 32(서울: 가톨릭대학교출판부, 2001), 287-288.

러한 하나님의 생명 구원 사역(使役)을 이해하고 가르쳐, 생명의 가치를 상실해 가는 세상 속에 생명을 보급하고 가꾸고 보존하는 일에 매진해야 한다. 이제 생명을 선물 받은 자로서 각자는 자신의 생명이 가지는 가치를 인식하고 사회적인 책임을 가진 존귀한 자로서 살아가야 한다. 아울러 생명이 제공하는 환희를 누리고 기쁨으로 생명의 가치를 지켜가야 할 것이다.

요한계시록의 생명 사상은 신약성경의 생명 사상을 결론적으로 보여주는데, 그것은 서사시의 결론 부분과 같은 위치에 자리 잡고 있는 것과 같다. 요한계시록이 구약성경에 나타난 생명 사상을 이어받으면서 동시에 그것을 그리스도와 관련하여 해석하는 신약성경의 생명 사상의 기조를 유지한다. 나아가 요한계시록에서 생명 사상은 종말론적-묵시적인 언어로 그리스도를 묘사하는 가운데 잘 표현된다.

이런 점에서 보면 요한계시록에 나타난 생명 사상은 유대 묵시문학적인 관심으로 생명 사상을 해석하고 이해하면서 그것을 그리스도론적인 관련 속에 가져왔다고 생각된다. 그래서 요한계시록에 나타난 생명은 한편으로는 현실의 장에서 펼쳐지는 고난과 핍박을 견디면서 동시에 종말의 끝에 이루어지는 하나님 나라의 회복과 긴밀하게 연결되어 묵시적인 모습으로 나타난다. 이런 점에서 본다면 요한계시록의 생명 사상은 현실 속에 존재하는 고난의 삶에 대한 바른 이해를 도모하면서 종말에 이루어질 하나님의 구원 역사의 장에서 펼쳐질 진취적인 모습을 담고 있다. 그 진취적인 생명상은 기다림, 약속의 성취, 하나님의 주권과 희망 등의 화두로 정리될 것이다. 그것은 그리스도인들이 비록 죽음이 지배하는 어두운 현실을 살아간다 해도 그 현실을 받아들이고 극복하며 살아가야 할 명분이 되었고, 살아갈 이유가 되었고, 살아갈 힘이 되었다. 인간사에서 무엇을 어떻게 받아들이며 사는가라는 문제는 늘 인간의 가치를 평가하는 중요한 질문이 되었다. 이러한 질문은 개개인에게 인간 존재에 대한 책임과 권리를 동시에 강조하는 것이다. 그것은 개개인이 무엇에 가치를 두고 사는가 하는 문제와 직결되기 때문이다. 결국 생명 문제는 우리가 어떻게 사는가에서 그 결말을 보게 된다.

그래서 생명 문제는 하나님과 신자 개인의 문제를 넘어 공동체를 지향하게 되고 공동체 안에서의 화합과 평화를 추구하는 것과도 직결된다. 그것은 하나님을 믿는 신자가 하나님으로부터 생명을 선물 받고 생명의 환희를 이루지만 그것이 자신 안에만 머무른다면 그 생명은 제한적이고 한계 안에 머무르는 불완전한 생명이다. 그러나 제한적이고 불완전한 인간이 하나님의 은혜로 그리스도 안에서 생명에 대한 소망을 가진다면, 그 생명은 완전한 생명을 '지금' '여기서' 경험하게 된다는 점에서 생명의 완전성을 찾을 수 있다. 동시에 이 생명의 완전한 실체가 '이미'와 '아직은 아닌'이라는 변증법적인 시간 속에 내재되어 있으므로, 종말의 시간에 완전하게 드러나기를 고대하면서 시간 속에서 살아가는 존재로서 그리스도인 각자가 하나님의 형상을 나누어 가진 자신과 같은 존재인 이웃을 돌아보고 생명의 기쁨을 함께 나누어 가져야 한다. 그때 각자는 비로소 생명의 환희를 확장해 갈 수 있다.

누가는 4장 18-19절에서 예수의 메시야적 자기 진술을 다음과 같이 기술한다. "주의 성령이 내게 임하셨으니 이는 가난한 자에게 복음을 전하게 하시려고 내게 기름을 부으시고 나를 보내사 포로 된 자에게 자유를, 눈먼 자에게 다시 보게 함을 전파하며 눌린 자를 자유케 하고 주의 은혜의 해를 전파하게 하려 하심이라." 가난한 자, 포로 된 자, 눈먼 자와 눌린 자에 대한 예수의 관심은 그들의 삶의 전반적인 것에 미친다. 누가에게서 이러한 자들은 이 땅에서 가장 곤고하게 살아가는 자들인데 그들에 대한 예수의 관심이 지극하다는 것을 단적으로 표현한다. 세상 밑바닥을 경험한 이들에게는 작은 관심이라도 생명을 싸매어 주는 것 같은 고귀한 도움이 된다. 이러한 관심은 공동체적인 것이 되고, 그러한 보살핌으로 어려운 이웃을 보듬어 주고 싸매어 주는 행동을 동반하게 된다. 누가는 예수의 메시야적 행동의 추진력을 "주의 성령이 내게 임하셨으니"(πνεῦμα κυρίου ἐπ' ἐμέ) 란 말에서 그 근거를 찾는다. 바울은 고린도후서 3장 17절에서 "주는 영이

시니 주의 영이 계신 곳에는 자유함이 있느니라."고 했다. 바울의 이러한 성령과 자유함에 대한 이해는 성령 안에서 이루어진 자유함이 가져오는 생명 사상의 중요한 터전이 된다. 진정한 자유는 성령 안에서 누리는 그리스도께서 주신 평화를 통해 나타난다. 그 평화는 그리스도 안에 있는 자들에게 하나님이 주신 선물로 주어진다. 이런 관계로 그리스도 안에 있는 자들에게 나타난 평화는 그들에게 내적인 기쁨과 생명의 환희와 삶의 의미를 제공한다. 생명의 환희는 성령의 역사와 관련된다. 로마서 8장 2절에서 "그리스도 예수 안에 있는 생명의 성령의 법이 죄와 사망의 법에서 너를 해방하였음이라."고 했다. 이 구절에서 성령이 '생명의 성령'으로 나타난다. 바울은 '생명의 성령'이란 용어를 통하여 생명을 산출하는 하나님의 영을 나타낸다. 그 영은 세상에서 살아갈 용기와 분명한 이유를 알려 주고 힘과 용기를 주는 영이다.

요한계시록에 나타난 생명관은 묵시록이란 이름이 주는 무게감 때문에 묵시적이고 종말론적인 것에 더 관심이 간다. 하지만 요한계시록에는 하나님의 장막 묘사를 통하여 하나님께서 신자와 함께 이루시는 공동체를 그리고 있고, 14장에 나타나는 시온산 위에 서 있는 십사만 사천 명의 신자는 그리스도와 이루시는 공동체를 묘사하는 다양한 주체로 생명과 관련되어 있다. 아울러 그들 상호간에 이루어진 연합과 공동체는 사회적인 생명을 담고 있다. 요한계시록 14장에 나타나는 공동체 상은 바울이 에베소서 4장에서 묘사하는 일치와 조화를 그 안에 담고 있다고 생각된다. 그리고 요한계시록 21장 25절에서 보면 새 예루살렘에 대한 묘사에서 "성문들을 낮에 도무지 닫지 아니하리니 거기는 밤이 없음이라."고 했다. 성문을 닫지 않는다는 표현 속에 담긴 새 예루살렘에서의 개방성을 눈여겨보아야 하리라고 본다. 이 개방성은 결코 혼잡과 혼탁을 의미하지는 않는다. 하지만 그렇다고 하더라도 그것이 옹졸함과 비좁음은 아니다. 이것은 하나님의 무제한적인 사랑과 오래 참으심과 포용성을 나타내는 상징어로 보인다. 이런 의미에서 본다면 요한계시록의 생명 사상은 현재적인 생명 사상과 미래적인 생명 사상이 혼재하면서도 그것이 문학적으로 조화되어 묘사됨으로 그것이 단조롭지도, 복잡하지도 않으면서 개개의 특징으로 잘 나타난다. 그것은 매우 정교하게 조화되어 나타나고 있기 때문에 요한계시록의 생명 사상은 겉으로 잘 드러나지 않음에도 불구하고 그 사상적인 언급이 분명하게 나타난다. 그것은 개별자로 세상 속에서 방황하고 고통당하는 신자가 부조화 가운데 살지만 세상사를 주관하고 이끄시는 하나님의 회복의 은총으로 조화와 일치를 추구하게 되고 결국은 구원의 실제(實際)를 경험하게 되는 것이다. 그것을 바울은 '전적인 하나님의 은혜'로 말했다.(참조. 롬 3:24) 바울에게 나타나는 하나님의 전적인 은혜가 요한계시록에서는 "일찍 죽임을 당하사 각 족속과 방언과 백성과 나라 가운데서 사람들을 피로 사서 하나님께 드리시고"(계 5:9)란 진술 속에서 바울에게 나타나는 전적인 하나님은 은혜란 의미를 암시한다. 일찍 죽임을 당하신 예수 그리스도의 속죄의 죽음에 대한 진술은 아무런 대가 없이 은혜로 받은 구원에 대한 묘사를 근저(根柢)에 두고 있다. 요한계시록 5장 10절은 이것에 대해 뒷받침하고 있다. "저희로 우리 하나님 앞에서 나라와 제사장을 삼으셨으니 저희가 땅에서 왕노릇하리로다 하더라."(계 5:10) 요한계시록에서 신자들이 하나님의 구원에 참여하는 것은 인내의 대가로 나타나기도 하지만 하나님의 섭리 속에서 이루어진다. 인간의 한계를 벗어난 전적인 하나님의 섭리와 은혜로 신자는 세상을 극복하게 된다. 그런데 이것이 요한계시록에서는 묵시적이고 종말론적인 배경으로 채색되어 나타난다.

요한계시록의 생명 사상은 일치를 이루면서 동시에 독립적이고, 그것은 종말론적이고 묵시적이면서도 동시에 현실적이다. 이러한 현실은 요한계시록의 생명 사상이 구약성경과 초기 유대교 문헌을 그 근거에 두면서도 독특하게 그리스도론적인 해석을 내린다는 점에서 진취적인 생명 사상을 내포한다고 볼 수 있다. 이런 점에서 요한계시록의 저자는 신자들을 위로하고 그들에게 꿈과 비전을 전달하고 하나님의 구원의 섭리를 선언하는 목회자이면서 동시에 아주 뛰어난 신학자요, 묵시가요, 미래학자이다. 그의 이러한 인식의 밑바탕에는 구약성경과 초기 유대교에 대한 나름의 지식과 예수 그리스도에 대한 분명한 인식과 묵시적 종말에 대한 지식을 함양한 데 따른 것이다. 이러한 인식과 깨달음으로 그는 그리스도를 여러 가지 상징어를 통하여 설명하면서 하나님의 구원의 섭리를 말한다. 이러한 인식 안에서 그는 종말에 이루어질 구원에 대한 분명한 그림을 보여준다. 인간은 자신이 하나님의 피조물이란 사실을 자각할 때, 하나님의 주권을 인정하고 하나님께 나아가게 된다. 그때 비로소 인간은 하나님의 보호 안에서 이루어지는 구원과 평안을 누린다. 이러한 구원과 평안은 생명의 질을 보장하고 인간의 내면 세계를 밝혀 준다.

요한계시록에서 이러한 사실을 조명하는 중요한 요소가 생명에 대한 묘사와 관련되어 있어 요한계시록에서 생명은 하나님과 예수 그리스도를 따름에서 성취하는 것이다. 이것에 대한 명확한 표현은 없지만 십사만 사천 명이 그리스도의 이름을 그 이마에 가진다는 것을 통하여 그리스도를 따름을 나타내고 이러한 표현을 통하여 그들은 그리스도의 군사로서의 역할을 감당한다. 그리스도의 군사로서의 역할을 한다는 것은 그리스도와 '운명의 공동체'로서 살아가는 것이고 이러한 묘사를 통해 그들이 그리스도의 운명에 함께 참여한다는 것을 말한다. 그리스도의 운명에 참여한다는 것은 그리스도의 생명을 살아간다는 것이다. 요한계시록의 생명 사상은 그리스도에 대한 열심을 가진 자들이 선물받는 것이므로 이 생명은 그리스도인 개개인에게 주어진 생명이다. 이런 면에서 생명의 인간학적인 면을 연구 분야로 두고 연구해야 할 것이다. 생명의 생물학적이고 과학적인 면을 찾고 고찰해야 할 것이고, 아울러 생명의 사회학적인 면을 연구 대상으로 삼아 인간의 사회적인 생명상을 찾고 연구하고 고찰해야 할 것이다. 다른 한편 이 생명은 인간에게 선물한 것으로 그리스도와 함께 나누어 가지는 생명이기 때문에 신적인 기원을 가진다. 이런 점에서 생명의 신적인 근원을 찾아 생명의 영적인 면을 고찰해야 할 가치가 있다.

요한계시록의 생명 사상은 이런 두 가지 실상과 아울러 생명의 묵시적-종말론적인 실상을 배경에 두고 전개되고 있다. 그런 면에서 본다면 요한계시록에 나타나는 생명관은 구약성경과 초기 유대교에 나타나는 생명관의 기초 위에서 그리스도론적인 생명 사상으로 해석되어 종말론적-묵시적인 형태를 가진다[2]고 본다. 요한계시록이 말하는 생명 사상은 그리스도 안에서 완전하게 회복되는 하나님의 구원 역사의 핵심으로 적극적이고 진취적이며 희망적이다. 요한계시록에서 그리스도는 생명 사역을 위한 주체로 나타난다. 생명을 그리스도론적으로 해석하는 생명 사상의 핵심에 그리스도가 자리잡고 있는 요한계시록의 이러한 생명 이해는 구약성경에서 하나님을 생명의 창시자로 표현하는 것과 비교된다. 요한계시록에서 그리스도는 하나님의 구원 사역을 이루는 주체로서 분명한 모습을 나타내기 때문에 그리스도는 '만왕의 왕'으로서 '만주의 주'로서 생명 구원을 이루고 완성한다. 그래서 그리스도는 생명의 본질적인 주권자이고 생명 사역을 위한 주체이다. 이러한 그리스도에 대한 인식은 생명에 대한 그리스도론적인 해석의 중요한 터전을 제공한다.

요한계시록이 제시하는 미래적이고 종말론적인 생명 사상을 바르게 견지함으로 파괴되고 유린된 생명의 실상을 극복해 가야 할 것이다. 그것은 그리스도 안에서 한 몸된 공동체성을 회복하는 데 있고, "네 이웃을 네 자신과 같이 사랑하라."(마 19:19)는 예수의 가르침을 실현하는 데 있다. 개별자로서 존재하는 세상의 흔적들이 교회 안에서 공동체적인 연합을 이루고 사는 것은 그리스도가 자신의 속죄 죽음을 통해 이루고자 했던 생명 구원의 흔적들을 통해 가능하다. 그 생명은 현재적이면서 미래에 완성되는 구원을 지시한다는 데서 요한계시록의 생명 사상은 희망을 담고 있다. 현재의 고통이 너무나 엄청나고 적나라한 현실이 몸서리칠 만큼 큰 아픔이지만, 새로운 희망으로 하나님의 치유와 구원의 손길을 기다릴 수 있다는 것

2) 배재욱, "신약성경의 생명 사상에 대한 고찰", 「선교와 신학」 22집(2008), 45-82, 67-68을 참조하라.

을 요한계시록은 말하고 있다. 고통의 현실이 눈앞에 전개되고 있지만 미래적인 희망이 아직도 열려 있다는 것을 요한계시록 저자는 말한다. 그것은 '장막' 상징어를 통하여 '하나님이 함께하심'과 '돌보심'이란 생명 사상을 산출한다. 새 예루살렘이 하늘에서 내려오는 환상을 통하여 나타나는 생명 사상은 창조의 회복을 그 바탕에 두면서 예언의 성취가 이루어지는 하나님의 구원 성취의 위대함을 드러낸다. 이 환상에서 희망이 하늘과 연결됨으로써 '변치 않는 하나님의 약속'이란 도식을 바탕에 두고 이 세상에서 교회가 비록 당하는 아픔이 크지만 인내하며 기다릴 것을 지시함으로써 요한계시록 저자는 생명을 구원 완성과 미완성의 변증법적인 도식으로 이끌고 있다.

생명 유린은 이 시대에 만연된 사회적인 현상으로 그것을 극복하는 것은 생명의 가치를 지키고 생명에 대한 존엄성을 새롭게 인식하는 것이다. 요한계시록에 나타난 생명 상은 현실에 처한 생명에 대한 깊은 이해를 하면서 동시에 미래적인 전망으로 이끌고 있다. 현장에서 당하는 생명의 가치는 인간이 살아가는 현실에서 생명을 어떻게 이해하고 받아들이는가에 관한 문제이기도 하다.

요한계시록 저자는 세상을 바라보면서 자신이 처한 현실을 인식하면서 동시에 앞으로 하나님에 의해 이루어질 구원 완성 종말론적-묵시적 언어로 묘사한다. 이러한 도식 안에 요한계시록 생명 사상이 미래적-종말론적인 모습으로 나타난다. 이러한 도식 안에 기술된 생명은 신약성경의 어떤 곳에서보다도 강한 희망을 담고 있다는 데서 요한계시록의 역설이 담겨 있다. 현실적인 고통과 아픔이 너무나 뚜렷하게 드러나는 역사 속에 생명의 빛이 꽃피우는 모습으로 담겨 있는 요한계시록의 생명 사상은 현재적인 아픔을 극복하고 미래에 이루어질 종말론적인 구원 완성에 대한 확고한 보장을 담보한다.

II. 전망

성서신학적인 측면에서 생명을 연구한 무스너(Franz Mußner)는 자신의 『ζωή』('조에')라는 책에서 생명의 신비함과 아울러 하나님과의 관계성과 인간과의 사회성에 긴밀한 관련을 가진다는 사실에 대하여 연구하면서, 생명이신 예수 그리스도께서 믿는 자에게 생명을 선물한 것을 보도하는 요한을 통하여 포괄적인 구원개념을 찾고 있다.[3] 그런데 요한계시록에 나타난 생명 사상은 고난 중에 희망을 발견한 자들의 삶이고 그들의 노래이고 그들의 간절한 기도이다. 요한계시록에서 하나님의 구원사와 하나님의 구원활동에 관한 섭리를 찾아 탐구해야 할 때 생명의 가치와 세상을 살아갈 이유를 찾을 수 있을 것이다. 그런 의미에서 보면 요한계시록에 나타난 생명에 대한 가르침은 인간이 이 세상에서 살아갈 분명한 이유이다. 그것은 가장 고단한 삶의 현실에서 그들이 어떤 모습으로 세상을 이해했는지에 대한 것과 아울러 이 세상의 주관자로서 구원의 주를 알았기 때문이다. 세상살이에 고달프고 힘들어도 나름대로 이유가 있고 그것을 통해 창조주의 섭리를 이루어 가는 것이다. 광활한 우주 속에 존재하는 인간은 너무 미미하고 작은 존재이지만, 다른 한편에서 보면 한없이 존귀한 존재로 이 땅을 일구고 하나님의 동산을 관리하는 자로 세워졌다. 이러함 깨달음은 세상을 살아갈 분명한 이유가 된다.

요한계시록의 구원사는 인간 역사란 광대한 축을 정점으로 하여, 인간 역사 속에 개입하시는 하나님의 구원역사란 다른 한 축을 동시에 설정하고 있다. 그래서 요한계시록 저자의 세계관이 무엇을 기점으로 하여 움직이는지를 유추할 수 있게 된다. 요한계시록 저자는 인간 역사란 축을 인정하지

3) 이것에 대해서는 Franz Mußner, ΖΩΗ. *Die Anschauung vom "Leben" im vierten Evangelium unter Berucksichtigung der Johannesbriefe. Ein Beitrag zur biblischen Theologie* (Müchen: Karl Zink, 1952), 186f.를 참조하라.

만 인간 역사 속에 개입하신 하나님의 구원 역사를 전제한다. 그래서 요한계시록에서 인간 역사와 하나님의 구원사가 별개의 두 개 축을 가지고 움직이는 것이 아니라, 한 역사의 장 속에서 때로는 별도로 움직이는 듯하지만, 인간 역사 안에 개입하신 하나님의 구원 역사란 틀로 짜여져 있다.

요한계시록의 생명 사상을 마무리하면서 건드리지 못한 것은 생명의 사회적인 측면과 생명의 윤리적인 측면이다.[4] 종교의 미래는 무엇일까에 대한 질문에서 이 땅에서 번창했다가 역사의 장 한가운데에서 사라져 간 많은 종교는 대개 종교의 윤리적인 면에서 부족했거나, 아니면 사회적인 면에서 미흡했다. 종교가 윤리의 틀을 갖추지 못하면 기복적(祈福的)으로 흐르거나, 아니면 미신적인 면이 강조되어 인간을 억압하는 수단으로 흐른다. 종교가 윤리적인 틀을 갖추고 도덕적인 규율이 존재해야 그 시대를 이끄는 정신으로서 종교의 틀을 갖출 수 있고 그 시대를 아우를 수 있다.

구원 개념은 최종의 목표가 생명을 얻는 데 있다. 그런데 잘 알다시피 생명 연구는 광범위하고 다양하다. 그것은 인간에게서 생명처럼 귀중한 것이 없기 때문이다. 그러므로 생명 연구는 어느 한 분야만의 전유물이 될 수는 없다. 이 부족한 글을 통하여 많은 사람이 세상에 살아갈 이유와 힘을 발견하기를 희망한다. 그러나 여기에서 다루지 못한 부분이 있는 것 같다. 필자는 신약신학이란 한 측면에서 연구하는 사람인데, 그것도 이 연구에서는 요한계시록이란 한 작은 부분을 다루었다. 이러한 한계 속에서 깊고 오묘하고 넓고 광활한 생명의 신비로운 면을 모두 다룰 수는 없어 안타깝다.

신약성서학 분야에서 마태복음과 마가복음 그리고 누가복음과 사도행전에 나타난 생명관은 어떻게 나타나고 있는지에 대한 연구도 아직은 미개척지처럼 남아 있다. 바울에게서의 생명 사상을 다루기 위해서 그 당시 세계관과 신약성서 시대 저자들의 생활상과 환경을 바르게 이해할 때 그 시

4) 생명의 윤리적인 측면에 대해서는 배재욱, "초기 유대교, 예수와 바울의 생명사상: 신약성경에서의 생명진술에 나타난 윤리", 「한국기독교신학논총」 80(2012), 101-124를 보라.

대의 생명 사상을 이해하고 연구하는 좋은 터전을 찾게 될 것이다. 야고보서와 베드로전·후서에 나타난 생명관은 인간학적인 면에서 관찰할 수 있는 좋은 소재가 될 수 있으리라고 본다.

필자가 밝힌 요한계시록에 나타난 생명에 대한 이 작은 글은 하나님께서 창조하신 생명의 신비를 알아가는 과정에서 인식한 한 작은 결과일지 모른다. 하지만 이 작은 글이 위에 언급된 많은 생명 분야의 연구를 위한 작은 디딤돌이라도 되면 좋겠고, 후속 연구자들에게 생명을 탐구하는 동기만이라도 제공하면 좋겠다는 희망을 가진다. 전체 생명 주제를 다루지 못하는 아쉬움을 가지지만 이러한 희망을 가지고 필자는 요한계시록에 나타난 생명에 대한 주제로 한정했고 이제 큰 미련 없이 글을 마무리하고자 한다. 후속 연구자들이 이러한 부분에 도전하여 하나님의 생명을 더욱 바르게 이해하고 연구하여 하나님의 뜻을 이 땅에 펼치는 데 이바지할 수 있기를 희망한다. 그만큼 생명의 노래는 거룩하고 아름답고 가치가 있다.

참고문헌

강성열. 『기독교 신앙과 카오스 이론』. 서울: 대한기독교서회, 2005.

______(편). 『구약성서와 생태신앙』. 서울: 땅에쓰신글씨, 2005.

강창희. “요한복음의 말씀의 意味.” 「神學과 宣教」 3(1999), 1-28.

권성수. 『요한계시록』. 서울: 횃불, 1999.

김영선. “생명의 개념과 본질에 대한 신학적 고찰.” 「한국기독교신학논총」 30(2003), 237-262.

김정준. 『폰 라드의 구약신학』, 서울: 대한기독교서회, 1973.

김종수. “하느님의 어린양(요한 1,29.36과 묵시 5,6의 비교연구).” 「복음과 문화」 4 (2003), 3-45.

______. “하느님의 어린양(요한 1,29.36과 묵시 5,6의 비교연구).” 「복음과 문화」 2(2001), 3-35.

김지찬. “폰 라드의 구약신학 비평.” 「신학지남」 61/4(1994), 98-127.

김철손. 『요한계시록신학』. 서울: 대한기독교서회, 1989.

______. “해를 입은 여인의 묵시해석 - 계시록 12장을 중심하여.” 「神學과 世界」 8(1982), 33-68.

김철영. “생명과 생태에 관한 기독교 윤리적 이해 - 과학기술과 생명가치의 만남에 있어서 협의회적 형식." 「한국기독교신학논총」 31(2004), 503-548.

김춘기. "신약성서에 나타난 여러 형태의 신앙관에 대한 연구." 「신학과 목회」 29(2008), 199-232.

______. "예수의 啓示事件으로 본 요한복음 21章." 대구: 啓明大學校 박사학위 논문, 2002.

김희성. 『신약의 배경사』. 서울: 대한기독교서회, 2006.

라우, 프란쯔. "예언자적 묵시문학." 「기독교사상」 305(1983. 11), 76-87.

문희석. "구약성서에 나타난 메시야 사상의 기원." 「基督教思想」 16/3(1972), 112-125.

박두환. "요한계시록과 형상 언어. 「목회와 신학」 190(2005), 174-179.

______. "요한계시록의 상징에 관한 연구(동물과 색깔을 중심으로). 「教授論文集」 6(2002), 67-89.

______. "드라콘 메가스 퓨로스(δράκων μέγας πυρρός)－요한계시록의 12장을 중심으로 한 사탄의 정체에 관한 연구." 「신약논단」 제15권 제1호(2008년 봄), 217-249.

______. "요한계시록의 선교신학 － 요한계시록 7장을 중심으로"(ApkJoh 7 und die Missionstheologie). 「神學思想」 128(2005), 59-92.

______. "요한계시록의 선교신학." 목회와신학 편집부 편. 『요한계시록: 어떻게 설교할 것인가?』 두란노 How 주석 시리즈. How Commentary Series 50. 서울: 두란노아카데미, 2008, 103-113.

박수암. "요한계시록에서의 묵시와 묵시주의." 「教會와 神學」 33(1998), 158-182.

______. 『신약주석. 요한계시록』. 서울: 대한기독교서회, 1998.

박익수. "요한복음서의 서언, 본문 전체의 진술 구조, 그리고 결어에 나타난 저자의 기록목적 － 예수, 그분이 그리스도요 하나님의 아들입니다(요 20,31)." 「신학과 세계」 45(2002), 38-73.

______. "신약성서에 나타난 죽음에 대한 이해." 「한국문화신학회 논문집」 7 (2004), 68-96.

배재욱. "그리스도론적인 진술 속에 나타난 요한계시록의 구원사상."김상복 원로목사 기념논문집 편찬위원회(편). 『진리가 너희를 자유케 하리라』. 김상복 목사 고희기념 논문집. 서울: CLC, 2011, 429-451.

______. “초기 유대교 문헌에 나타난 생명사상과 그 특징.” 「신약논단」 15/1 (2008년 봄호), 1-35.

______. “요한계시록에 나타난 상징 언어 ‘어린양’에 대한 선교신학적인 고찰.” 「선교와 신학」 13(2004), 171-196.

______. “신약성경의 생명 사상에 대한 고찰.” 「선교와 신학」 22(2008), 45-82.

______. 『초기 유대교와 신약성경의 중생』. 서울: 대한기독교서회, 2008.

______. “신약성경이 말하는 혼인.” 「장신논단」 19 (2003), 423-446.

______. “쿰란 공동체의 의(義) 사상 연구.” 「신학사상」 129(2005/여름호), 91-121.

______. “초기 유대교 문헌에 나타난 생명사상과 그 특징.” 「신약논단」 통권 15권 1호(2008), 1-35.

______. 『생명. 신약성경에서 생명을 묻다』. 서울: 대한기독교서회, 2010.

______. “요한복음이 말하는 영원한 생명에 대한 소고.” 「선교와 신학」 제14집(2004), 199-227, 286-287.

______. “요한계시록의 어린양 상징어 속에 나타난 생명 사상.” 「신약논단」 19/1(2012년 봄), 281-312.

배정훈. “최근의 묵시록 연구의 동향과 방향.” 「한국기독교신학논총」 23(2003), 7-44.

서동수. “바울의 역사적 예수. 롬 1,3-4 ‘하나님의 아들’과 빌 2,6-11 ‘하나님의 형상’의 신학적 연관성에 대한 소고.” 「신약논단」 122(2005), 461-488.

성종현. “가난한 자에게 복음을 전파하기 위해 오신 메시야 예수.” 「설교자를 위한 성경연구」 2(994), 17-22.

______. 『신약성서의 중심주제들』. 서울: 장신대출판부, 1998.

서중석. “요한의 예수와 영원한 생명.” 「한국기독교신학논총」 34(2004), 129-157.

서진교. “호세아 4-14장의 나무 은유 연구.” 박사학위논문. 대구: 계명대학교 대학원 신학과, 2006.

송혜경. “필론의 작품에 나타난 신비주의.” 「신학전망」 174(2011. 9), 77-112.

신동욱. “Pax-Romana에 대한 요한계시록의 입장.” 「신약논단」 제17권 제1호 (2010년 봄), 147-175.

______. “하나님 호칭을 통해 나타난 요한계시록의 종말론의 특징.” 「신약논단」 제16권 제1호(2009년 봄), 269-305.

안병철. 『요한묵시록 I: 1장 1절-14장 5절』. 가톨릭 신학총서 31. 서울: 가톨릭대학교출판부, 1996; [2]2001.

______. 『요한묵시록 II: 14장 6절-22장 21절』. 가톨릭 신학총서 32. 서울: 가톨릭대학교 출판부, 2001.

안용성. “요한계시록의 서사수사학적 구조.” 「신약논단」 제15권 제2호(2008년 여름), 431-467.

안진호. “마태복음의 기독론 – 아들 기독론을 중심으로.” 「신약논단」 9/4(2002), 813-843.

오택현 · 김호경. 『알기 쉬운 성서 묵시문학 연구』. 양평: 크리스천 헤럴드, 1999.

왕대일. 『묵시문학과 종말론, 다니엘의 묵시록 새롭게 읽기』. 서울: 대한기독교서회, 2004.

유윤종. “구약성서 생명윤리의 방향과 원칙.” 「한국기독교신학논총」 53(2007), 5-27.

유은걸. “요한계시록의 황제제의 – 요한계시록 13장과 17장을 중심으로.” 「신약논단」 제15권 제2호(2008년 여름), 469-503.

______. “요한복음서의 계시 이해.” 「신약논단」 16권 3호(2009년 가을), 823-854.

______. “아브라함의 자손 – 한 유대적 개념의 기독교화 과정.” 「구약논단」14/4 (2008), 103-124.

______. “목회 서신의 대적자는 영지주의자였는가?” 「신약논단」 15/4(2008), 1051-1082.

______. “‘양심’과 ‘율법’의 기능.” 「신학논단」 49(2007), 33-56.

______. “바울의 기독론에 대한 공시적 스케치.” 고든 피(Gordon D. Fee)의 『바울의 기독론』에 대한 서평. 「신약논단」 17/2(2010), 459-464.

이경숙. “솔로몬의 성전과 법궤.” 한국구약학회 2005년 춘계학술대회 자료집, 94-

104.
이광진. 『설교자를 위한 요한계시록 주석』. 서울: 크리스천헤럴드, 2005.
______. "요한계시록은 두 가지 구원의 길을 말하고 있는가?" 「한국기독교신학논총」 23(2002), 87-106.
이달. "요한계시록의 점성학적 해석." 「신약논단」 제15권 제1호(2008년 봄), 179-216.
______. 『요한계시록』. 서울: 한국장로교출판사, 2008.
이병학. "요한계시록의 예전과 예배-우상숭배에 대한 저항과 정치적 유토피아." 「신약논단」 13/4(2006), 1015-1053.
______. "죽음의 현실과 새 예루살렘의 대항현실." 「신약논단」 17/4(2010년 겨울호), 1045-1082.
이상근. 『요한계시록주해』. 대구: 성등사, 1989.
이종윤. "마가복음에 나타난 소위 '메시야 비밀이론'에 대한 소고. 「성경과 신학」 1(1983), 64-82.
이찬수. "관계, 생명, 신학." 「한국기독교신학논총」 30(2003), 603-621.
이철호. "서평: 임번삼. 『잃어버린 생명나무를 찾아서』. 서울: 두란노, 2002." 「생물산업」 15/3(2002), 48.
이필찬. 『요한계시록 어떻게 읽을 것인가?』. 서울: 성서유니온, 2000.
______. 『요한계시록. 내가 속히 오리라. 이필찬 교수의 주해와 설교시리즈 3』. 서울: 이레서원, 2006.
이형의. 『요한계시록의 신학적 이해』. 서울: 대한기독교서회, 2004.
______. "요한 계시록의 목회적 성격." 「서울長神論壇」 9집(2001), 55-77.
______. "계시록의 어린양 그리스도론에 대한 고찰." 「서울長神論壇」 11(2003), 69-102.
임번삼. 『잃어버린 생명나무를 찾아서』. 서울: 두란노, 2002.
임태수. "생명나무와 선악을 알게 하는 나무의 현대적 의미." 「신학사상」 제138집(2007년 가을호), 89-116.
정중호. "회막과 법궤." 「한국구약학회 2005년 춘계학술대회 자료집」, 86-93.

조택현. "생명을 떡을 주시는 메시야(요한복음 61-21)." 「설교자를 위한 성경연구」 38(1997), 34-47.

타이센, 게르트/노태성. "역사적 예수와 케리그마적 하나님의 아들 - 신약 기독론의 이해를 위한 기여로서의 역할"("Historischer Jesus und kerygmatischer Gottessohn- Rollenannalyse als Beitrag zum Verstandnis neutestamentlicher Christologie"). 「신약논단」 12/2(2005), 249-279.

Achtemeier, Pau J. · Green, Joel B. · Thompson, Marinne Meye. *Introducing the New Testament: Its literature and theology.* 악트마이어 P. J. · 그린, J. B. · 톰슨, M. M./ 소기천 · 윤철원 · 이달 역. 『현대적인 방법을 적용한 새로운 신약성서개론』. 서울: 대한기독교서회, 2004.

Aune, David E./Mayer, Annemarie C.(trans.). "Zwei Modelle der menschlichen Natur bei Paulus." *TQ* 176(1996), 28-39.

______. *Revelation 1-5.* 아우내, 데이비드 E./김철 역. 『요한계시록 상: 1-5』. *WBC* 52A. 서울: 솔로몬, 2003.

______. *Revelation 6-16.* 아우내, 데이비드 E./김철 역. 『요한계시록 중: 6-16』. *WBC* 52중. 서울: 솔로몬, 2004.

______. *Revelation 17-22. WBC* 52c. Dallas, Texas: Word Books, 1998.

______. *Revelation 17-22.* 아우내, 데이비드 E./김철 역. 『요한계시록 하: 17-22』. *WBC* 52하. 서울: 솔로몬, 2005.

Barrett, C. K. *The Second Epistle to the Corinthians.* 바레트, C. K./한국신학연구소번역실 역. 『고린토후서』. 國際聖書註釋 36. 서울: 한국신학연구소, 1986.

Barth, Christoph/ Janowski, Bernd(ed.) *Die Errettung vom Tode: Leben und Tod in den Klage- und Dankliedern des Alten Testaments,* Christoph Barth. Neu hrsg. von Bernd Janowski. Neuausg. Stuttgart: Kohlhammer, 1997.

Bauckham, Richard. *The Climax of prophecy: studies on the book of Revelation.* 보쿰, 리차드/최홍진 역. 『예언의 절정 1. 요한계시록 연구』. 서울: 한들출판

사, 2002.

______. *The climax of prophecy: studies on the Book of Revelation.* Edinburgh: T. & T. Clark, 1993.

______. *The theology of the book of revelation.* 보캄, 리챠드/이필찬 옮김. 『요한계시록 신학』. 케임브리지대학 신약신학 시리즈. 서울: 한들출판사, 2000.

Bauer, D. *Das Buch Daniel. NSK.AT* 22. Stuttgart [u.a.]: Kohlhammer, 1996.

______. *The theology of the book of revelation.* 보캄, 리챠드/이필찬 옮김. 『요한계시록신학』. 케임브리지대학 신약신학시리즈. 서울: 한들출판사, 2000.

Beasley-Murray, G. R. *The Book of Revelation. NCeB.* London: Oliphants, 1974.

Betz, H. D. "On the Problem of the Religio-Historical Understanding of Apocalypticism." *Journal for theology and the church* 6, ed. by Robert W. Funk. New York, NY: Herder & Herder, 1969.

Böcher, O. "Die Johannesapokalypse," *EdF* 41. Darmstadt: Wiss. Buchges., 1975.

Brown, Raymond E. *An Introduction to the new Testament.* 브라운, 레이몬드 E./ 김근수·이은순 공역. 『신약개론』. 서울: 기독교문서선교회, 2003.

Boring, M. Eugene. *Revelation. Interpretation: A Bible commentary for teaching and preaching.* 보링, M. 유진/소기천 역. 한·미공동주석 편집번역위원회 편. 『요한계시록』. 현대성서주석: 목회자와 설교자를 위한 주석 17. 서울: 한국장로교출판사, 2011.

Büchsel, F. Art. ἀγοράζω. *ThWNT* I(1933), 125-126.

______. Art. λύω. *ThWNT* IV(1942), 337-338.

Caird, George B. *A commentary on the Revelation of St. John the Divine.* London: Black, 1971.

Charles, R. H. *The Doctrine of the Future Life in Israel, Judaism and Christianity.* London: A. & C. Black, 1913.

Charpentier, D. *Une lecture de l'Apocalypse.* 샤르팡티에, D./안병철 역. 『묵시

록』. 서울: 가톨릭출판사, 1989.

Collins, Adela Yarbro. *The Apocalypse. New Testament Message 22.* Collegeville: Liturgical Press, 1991.

Collins, J. J. "Apocalyptic Literature." R. A. Kraft /G. E. Nickelsburg(ed.). *Early Judaism and its Modern Interpreter.* Atlana: Scholars, 1986, 345–370.

Cornelius, I. "Paradise Motifs in the 'Eschatology'of the Minor Prophets and the Iconography of the Ancient Near East: The Concepts of Fertility, Water, Trees and 'Tierfrieden'and Gen 2–3." *JNWSL* 14(1988), 41–83.

Cullmann, Oskar. *Urchristentum und Gottesdienst.* Zürich · Stuttgart: Zwingli-Verl., [4]1962.

______. *Christ and Time.* 쿨만, 오스카/김근수 역. 『초기 기독교의 시간관과 역사관. 그리스도와 시간』. 서울: 나단출판사, 2005

Dulk, M. D. "Measuring the Temple of God: Revelation 11.1–2 and the Destruction of Jerusalem." *NTS* 54/3(2008), 436–449.

Dunn, James D. G. *Romans 9–16. WBC* 38. 던, 제임스/김철 · 채천석 공역. 『로마서 9–16』. *WBC* 38하. 서울: 솔로몬, 2005.

Fiorenza, E. S. *The Book of Revelation. Justice and Judgement.* Philadelphia: Fortress Press, 1989.

Foerster, Werner. Art. κτίζω, κτίσις, κτίσμα, κτίστης, *ThWNT* III (1938), 999-1034.

______. Art. σωτήρ. *ThWNT* VII, 1004–1012, 1014–1022.

Frey, J. "Erwägungen zum Verhaltnis der Johannesapokalypse zu den ürigen Schriften im Corpus Johanneum." in: M. Hengel. *Die johanneische Frage. Ein Lösungsversuch mit einem Beitrag zur Apokalypse von J. Frey.* Tübingen: J. C. B. Mohr, 1993, 326–429.

Geissen, A. *Der Septuaginta-Text des Buches Daniel nach dem Kölner Teil des Papzrus 967: Kap V XII.* Bonn: Habelt, 1968.

Gese, H. "Der Davidsbund und die Zionserwählung"(1964). ders. *Vom Sinai zum Zion. Alttestamentliche Beiträge zur biblischen Theologie, BEvTh* 64. München: Kaiser, 1990, 113-129.

Giesen, H. *Die Offenbarung des Johannes. RNT.* Regensburg: Pustet, 1997.

Gnilka, Joachim. *Das Matthäusevangelium. Kommenta zu Kap. 1,1-13,58. HThK.NTI* IV/2. Freiburg · Basel · Wien: Herder, Sonderausgabe, 1993.

Goppelt, Leonhard. "Taufe und neues Leben nach Joh. 3 und Röm. 6." SOrth 4.5(1970), 36-41, 51-53.

______. *Theologie des Neuen Testament.* 고펠트, 레온하르트/박문재 역. 『신약신학 2』. 서울: 크리스챤다이제스트, 1992.

Haenchen, E. *Die Apostelgeschichte.* 헨헨, E./ 이선희 · 박경미. 『사도행전』. 국제성서주석 33-1. 서울: 한국신학연구소, 1987.

Hahn, F. *Frühjüdische und Urchristliche Apokalyptik. Eine Einführung.* Neukirchen-Vluyn: Neukirchener Verlag, 1998.

Hahn, H. C./Kraus, W. Art. καιρός. *TBLNT*^{n} II (2002), 2001-2008.

Hanson, Paul D. "Apocalypticism," *IDBS.* Nashville: Abingdon Press, 1976, 32-33.

______. *The Down of Apocalyptic: Historical and Sociological Roots of Jewish Apocalyptic Eschatology.* Philadelphia: Fortress, 1975.

Hartley, John E. *Leviticus. WBC* 4. 하틀리, 존 E./김경열 역. 『레위기』. WBC 성경주석 4. 서울: 솔로몬, 2006.

Hartmann, S. S. "Datierung der Jungaverstischen Apocalyptik, Apocalypticism." Hellholm, David(ed.). *Apocalypticism in the Mediterranean world and the Near East: proceedings of the International Colloquium on Apocalypticism, Uppsala, August 12-17, 1979. Sponsors of the colloquium the Royal Academy of Letters, History and Antiquities; the Fac. of Theology at the Univ. of Uppsala. Körperschaft International Colloquium on Apocalypticism 1979 ⟨Uppsala⟩.* Tübingen: Mohr, 1989,

61–76.

Hengel, Martin. “Die Throngemeinschaft des Lammes mit Gott in der Johannesapokalypse.” *ThBeitr* 27 (1996), 159–175.

______. *Was Jesus a Revolutionist?*. 헨겔, 마르틴/고범서 역. 『예수는 혁명가였는가?』. 서울: 범화사, 1983.

Hernandez, J. “A Scribal Solution to a Problematic Measurement in the Apocalypse.” *NTS* 56/2(2010), 273–278.

Hofius, O. “Das Zeugnis der Johannesoffenbarung von der Gottheit Jesu Christi.” ders. *Neutestamentliche Studien.* Tübingen: J. C. B. Mohr, 2000, 223–240.

Holtz, T. *Christologie der Apokalypse des Johannes. TU* 85. Berlin: Akad.–Verl., 1962; ²1971.

Jeremias, Joachim. *Jerusalem zur Zeit Jesu.* 예레미아스, J./ 한국신학연구소 번역실 옮김. 『예수시대의 예루살렘: 신약성서시대의 사회경제사 연구』. 서울: 한국신학연구소, 1988.

______. Art. ἀμνός, ἀρήν, ἀρνίον. *ThWNT* I(1953), 342–345.

______. ἀμνός τοῦ θεοῦ – παῖς θεοῦ *ZNW* 34(1935), 115–123.

Kim, Seyoon. *The Son of Man as the Son of God.* 김세윤. 『그 ‘사람의 아들’(人子) – 하나님의 아들』. 서울: 엠마오, 1992; 김세윤 지음/최승근 옮김. 두란노, 2012.

Koester, Helmut, *Introduction to the new testament: history, culture, and religion of the hellenistic age.* Berlin [u.a.]: Walter de Gruyter 1995 (Trans. into Koean. 쾨스터, 헬무트/이억부 역. 『신약성서 배경연구: 헬레니즘 시대의 역사, 문화, 종교』. 서울: 은성, ²1995; 2003.

Kraft, Heinrich. *Die Offenbarung des Johannes.* Tübingen: J. C. B. Mohr, 1974; 크라프트, 하인리히/박재순 · 최미영 공역. 『요한 묵시록』. 國際聖書註釋 47. 서울: 한국신학연구소, 1983; 1992; 2006.

Kruger, P. A. “Yahweh’s Generous Love: Eschatological Expectations in Hosea

14:2-9." *Old testament Essays* 1(1988), 27-48.

Lee, Pilchan. *The new Jerusalem in the Book of Revelation: a study of Revelation 21-22 in the light of its background in Jewish tradition.* Tübingen: Mohr Siebeck, 2001.

Levenson, Jon Douglas. *Sinai and Zion: an entry into the Jewish Bible.* San Francisco: Harper & Row, 1985.

Lietzmann, Hans. *Der Menschensohn: ein Beitrag zur neutestamentlichen Theologie.* Freiburg i. B. · Leipzig: Mohr, 1896.

Lohmeyer, Ernst. *Die Offenbarung des Johannes. HNT* 16. Tübingen: J. C. B. Mohr, 31970.

Lohse, Eduard. *Die Offenbarung des Johannes.* 로제, 에두아르트/박두환·이영선 공역. 『요한계시록』. 서울: 한국신학연구소, 1997.

______. *Die Offenbarung des Johannes. NTD* 11. Göttingen · Zurich: Vandenhoeck & Ruprecht, 151993.

Lohse, D. E. "Wie christliche ist die Offenbarung des Johannes?," *NTS* 34(1988), 321-338.

MacKenzie, R. K. "The Author of the Apocalypse. A Review of the Prevailing Hypothesis of Jewish Christian Authorship." *Mellen Biblical Press Series* 51(1997), 42-46.

McComiskey, Thomas Edward. *The Covenants of Promise.* 맥코미스키, 토마스 에드워드/김의원 역. 『계약신학과 약속』. 서울: 기독교문서선교회, 1996.

Morris, Canon Leon. *The Revelation of St. John: An Introduction and Commentary. Tyndale New Testament Commentary* 20. 모리스, 레온/김근수 역. 『요한계시록』 주석. 틴델 신약주석시리즈 20. 서울: 기독교문서선교회, 2002.

Müller, U. B. *Die Offenbarung des Johannes. ÖTK* 19. Gütersloh · Würzburg: Gütersloher Verlagshaus Mohn [u.a.], 1984.

Mußner, Franz. *ZWH. Die Anschauung vom "Leben" im vierten Evangelium unter Berucksichtigung der Johannesbriefe. Ein Beitrag zur biblischen Theologie. MThS* 5. Müchen: Karl Zink, 1952.

Nickelsburg, G. W. E. *Jewish Literature Between the Bible and Mishnah: A Historical and Literary Introduction.* Philadelphia: Fortress Press, 1981.

Park, Doo-Hwan. "Die Christologie der Offenbarung des Johannes -Eine religions- und traditionsgeschichtliche Untersuchung über das Lamm(τὸ ἀρνίον) in ApkJoh"(박두환. "요한계시록의 그리스도론 -아르니온의 종교사와 전승사적 연구 요한계시록의 그리스도론 -아르니온의 종교사와 전승사적 연구"). 「신약연구」 9/2(2010), 291-307.

Peterson, E. "Von den Engeln." ders. *Theologische Traktate.* München: Koesel-Verl., 1951, 330-343.

Von Rad, Gerhard. *Theologie des Alten Testaments II, Die prophetischen Überlieferungen Israels.* München: Kaiser, [5]1960.

______. *Old Testament Theology 2: The Theology of Israel's Prophetic Traditions.* Stalker, D. M. G. tr. to Eng. New York: Harper & Row, Pub., 1965.

Resseguie, J. L. *Revelation Unsealed. A Narrative Critical Approach to John's Apocalypse.* Leiden · Boston · Köln: Brill, 1998.

Ritt, H. *Offenbarung des Johannes. NEB.NT* 21. Würzburg: Echter-Verlag, 1986.

Roloff, J. *Die Offenbarung des Johannes. ZBK.NT* 18. Zürich: Theologischer Verlag, 1984.

Rowley, H. H. *Apokalyptik, ihre Form und Bedeutung zur biblischen Zeit. Eine Studie über jüdische und christliche Apokalypsen vom Buch Daniel bis zur geheimen Offenbarung.* Einsiedeln · Zürich · Köln: Benziger, [3]1965.

Russell, David S. *Zwischen den Testament.* Neukirchen-Vluyn: Neukirchener Verl., 1962.

______. *The method & message of Jewish apocalyptic: 200 BC–AD 100.* London: SCM Press, 1964.

Schmitz, O. Art. θρόνος. *ThWNT* III (1938), 160–167.

Schnackenburg, Rudolf. *Das Johannesevangelium. Einleitung und Kommentar zu Kap. 5–12. HThK.NT* IV/2. Freiburg · Basel · Wien: Herder, ^{3}1972.

Schneider, J. · Haubeck, W. Art. σωτήρ. *TBLNT^{n}* I (1997), 374.

Senior, Donald · Stuhlmueller Senior, Carroll. *The Biblical for Mission.* 시어니, 도날드 · 슈툴뮐러, 캐럴/최성일 역. 『선교의 성서적 기초』. 서울: 다산글방, 2003.

Slater, Thomas B. *Christ and community: a socio-historical study of Christology of Revelation. JSNT* SS 178. Sheffield: Sheffield Academic Press, 1999.

Stegemann, Hartmut. "Die Bedeutung der Qumranfunde für die Erforschung der Apokalzptik." David Hellholm (hg.). *Apocalypticism in the Mediterranean world and the Near East: proceedings of the international colloquium on Apocalypticism, Uppsala, August 12–17.* Tübingen: J. C. B. Mohr, 1989.

Stemberger, Günter. *Der Leib der Auferstehung: Studien zur Anthropologie und Eschatologie des palästinischen Judentums im neutestamentlichen Zeitalter (ca. 170 v. Chr.–100 n. Chr.).* Rome: Biblical Inst. Press, 1972.

Strathmann, Hermann. Art. λατρεύω, λατρεία. *ThWNT* IV(1942), 58–66.

Surridge, R. "Redemption in the Structure of Revelation." *Expository Times* 101(1990), 233.

Sweet, John. *Revelation. Westminster Pelican commentaries.* Philadelphia: Westminster Press, 1979.

Swete, H. B. *Commentary on Revelation.* Grand Rapids: Kregel Publ., 1977. [Reprint of The Apocalypse of St. John. London: Macmillan, ^{3}1911].

______. *The Apocalypse of John.* London: Macmillan and Co., 1909.

Taeger, Jens-Wilhelm. *Johannesapokalypse und johanneischer Kreis: Versuch einer traditionsgeschichtlichen Ortsbestimmung am Paradigma der Lebenswasser-Thematik.* Berlin: de Gruyter, 1989.

Tate, Marvin E. *Psalms 51-100.* 테이트, 마빈 E./손석태 역. *WBC* 성경주석 20, 서울: 솔로몬, 2002.

Uhlig, Siegbert. *Das Äthiopische Henochbuch. Apokalypsen. JSHRZ* V/6. Gütersloh: Gütersloher Verl.-Haus, Mohn, 1984.

Vermes, G. *Scrikture and Tradition in Judaism.* Leiden: E. J. Brill 1961.

Wellhausen, Julius. *Prolegomena zur Geschichte Israels.* Nachdr von 1927; De-Guyter-Studienbuch. Berlin: de Gruyter, [6]2001.

Wenham, G. "History and the Old Testament." *Colin Brown (ed.), History, criticism & faith : four exploratory studies.* Leicester: Inter-varsity, 1977.

Westermann, C. *Der Prophet Jesaja.* 베스터만, C./한국신학연구소번역실 역. 이사야(3). 국제성서주석. 서울: 한국신학연구소, 1982.

Wilckens, Ulrich. *Das Evangelium nach Johannes.* Göttingen: Vanden-hoeck und Ruprecht, [17]1998.

Witetschek, Stephan. "The Dragon Spitting Frogs: On the Imagery of Revelation 16.13-14." *NTS* 54/4(2008), 557-572.

Windengren, G. "Leitende Ideen und Quellen der Iranischen Apocalypticism in the Mediterrancan World and the Near East: Proceedings of International Colloquium on Apocalypticism." Hellholm, David (ed.). *Apocalypticismin the Mediterranean world and the Near East: proceedings of the International Colloquium on Apocalypticism, Uppsala, August 12-17, 1979. Sponsors of the colloquium the Royal Academy of Letters, History and Antiquities; the Fac. of Theology at the Univ. of Uppsala. Körperschaft International Colloquium on Apocalypticism 1979 〈Uppsala〉.* Tübingen: Mohr, 1989, 77-162.

Winkler, E. *Tore zum Leben. Taufe-Konfirmation-Trauung-Bestattung.*

Neukirchen-Vluyn: Neukirchener Verlag, 1995.

Wyatt, N. "Interpreting the Creationand Fall Story in Genesis 2-3." *ZAW* 93 (1981), 10-21.

Zahn, Theodor. *Offenbarung des Johannes. KNT* 18,1. Theodor Zahn(hg). Erste Hälfte Kap. 1-5. Leipzig · Erlangen: Deichert, 1924; Wuppertal: Brockhaus, 1986.

이 책에서 이용하는 필자의 글의 출처

배재욱. "요한계시록에 나타난 상징언어 '어린양'에 대한 선교신학적인 고찰." 「선교와 신학」 13집(2004), 171-196.

______. "새 하늘과 새 땅(요한계시록 21:1-4)." 「교회와 신학」 61(2005 여름호), 103-110.

______. "최근 묵시문학-요한계시록 연구 동향." 최근 성서학 연구 동향. 「성서마당」 73호(2005년 9월호 신창간 4호), 68-80.

______. 서평: "이필찬 저. 『내가 속히 오리라. 이필찬 교수의 주해와 설교시리즈. 요한계시록 03』. 서울: 이레서원, 2006." 「월간목회」 369(2007. 05), 266-269.

______. "요한계시록의 '어린양'." 목사장로신문 86호(2007년 10월 20일자 신문) 10면.

______. "그리스도론적인 진술 속에 나타난 요한계시록의 구원사상." 김상복 원로목사 기념논문집 편찬위원회(편). 『진리가 너희를 자유케 하리라』. 김상복 목사 고희기념 논문집. 서울: CLC, 2011, 429-451.

______. "요한계시록의 어린양 상징어 속에 나타난 생명 사상." 「신약논단」19/1 (2012년 봄), 281-312.

찾아보기

1. 성구

잠언

이사야

예레미야

에스겔

마태복음

마가복음

누가복음

요한복음

äthHen-에녹1서

(제1 에녹서; 1 Enoch; äthiopisches Henochbuch)

IV Esr-에스라 4서

(제4 에스라; 4. Esrabuch)

2. 인명

3. 주제

저자 저작목록

1. 학위논문

“갈라디아서 3:1-14에 대한 주석적 연구.” 장로회신학대학교 신학대학원 교역학석사 학위 논문(M. Div.), 1984.

“예수님의 의 사상에 관한 연구.” 장로회신학대학교 대학원 신학석사 학위논문(Th. M.), 1986.

“Wiedergeburt im Johannesevangelium.”Diss. masch., Universität Tübingen (Dr. theol), 2003.

2. 저서 및 번역서

저서

『짤쯔부르그에서 바울에게 길을 묻다: 젊은 세대를 위한 로마서 이해』. 서울: 한국학술정보(주), 2007.

『예언과 복음: 이사야와 바울』. 서울: 한국학술정보(주), 2007.
『초기 유대교와 신약성경의 중생』. 서울: 대한기독교서회, 2008. 이 저술은 2006년 정부재원(교육인적자원부 학술연구 조성사업비)으로 한국학술진흥재단의 지원을 받아 연구되었음(KRF-2006-814-A00052).
『생명: 신약성경에서 생명을 묻다』. 서울: 대한기독교서회, 2010.
『에베소서의 교회론: 에베소서에서 바울에게 교회에 대하여 묻다』. 대구: 대한복음과교회학술원, 2012.
『성경에서 배우는 최고의 지도력: 섬김』. 서울: 한국장로교출판사, 2013.
『요한계시록에 나타난 생명: 요한계시록에서 생명을 묻다』. 서울: 대한기독교서회, 2013. 이 저술은 한국기독교학회 제7회 소망학술상 수상한 연구임.

공저

『고린도전서 어떻게 설교할 것인가』. 두란노 HOW 주석 40. 서울: 두란노 아카데미, 2007.
『갈라디아서 어떻게 설교할 것인가』 두란노 HOW 주석 42. 서울: 두란노 아카데미, 2007.
『고린도후서 어떻게 설교할 것인가』. 두란노 HOW 주석 41. 서울: 두란노 아카데미, 2007.
『디모데전후서 디도서 어떻게 설교할 것인가』. 두란노 HOW 주석 46. 서울: 두란노 아카데미, 2008.
『로마서 어떻게 설교할 것인가. 개정판』. 두란노 HOW 주석 39. 서울: 두란노 아카데미, 2009.
『사마리아의 어제와 오늘』. 경북: 영남신학대학교 성지연구소[서울: 도서출판 뜸], 2010.

공역

Hahn, Ferdinand. *Theologie des Neuen Testaments.* Tübingen: Mohr Siebeck

2002; 한, 페르디난트. 『신약성서신학 I』. 서울: 대한기독교서회, 2007.

3. 연구 논문, 소논문, 논문번역, 서평, 설교, 기사 등

(1991년)

"예수님의 의 사상 이해." 「교육교회」 177 (1991), 90-115.

"안식일의 현대적 의미." 「장신77기 동문회 회지」 창간호(1991), 21-29.

(2002년)

"요한복음에 나오는 γύναι에 대한 소고: 예수는 자기 어머니를 '여자여'라고 불렀을까?" 「신약논단」 제9권 제3호(2002년 가을), 779-786.

(2003년)

"교육으로 만나는 목회: 결혼과 축복 1: 가나 혼인잔치를 통해 본 혼인과 그 축복의 의미 I." 「교육교회」 315(2003년 7/8월호), 52-58.

"교육으로 만나는 목회: 결혼과 축복 2: 가나 혼인잔치를 통해 본 혼인과 그 축복의 의미 II." 「교육교회」 316(2003년 9월호), 44-49.

"요한복음의 중생." 「신약논단」 제10권 제2호(2003년 여름), 327-365.

"신약성경이 말하는 혼인." 「장신논단」 19(2003. 09), 423-446, 559-560.

"영원하신 왕께 존귀와 영광을!(디모데전서 1:12-17)." 「교회력에 따른 2004 예배와 강단」(2003), 782-788.

(2004년)

"위에서 난 생명입니다!(요 3:1-21)." 「성서마당」 64호(2004년), 22-27.

"중생 사상의 구약성서적인 배경." *Hermeneia Today* 26(2004년 봄호), 23-34.

"신약성경의 중생사상에 대한 연구사." 「신약논단」 제11권 제1호(2004년), 63-88.

"Der Menschensohn in Joh 3,13-15." *Korea Presbyterian Journal of Theology* Vol. 4 (May 2004), 203-225.

"요한계시록에 나타난 상징언어 '어린 양'에 대한 선교신학적인 고찰." 「선교와 신학」 13집(2004), 171-196, 276-281.
"신약은 혼인에 대하여 무어라고 말하는가?" 「물댄동산」 37호(2004년 3월호), 26-27.
"쿰란공동체와 에세네파에서의 정결과 구원 사상." 「장신논단」 21(2004), 117-135, 404-405.
"신약성경에 나타난 '구세주'(σωτήρ) 칭호에 대한 연구: 원시 기독교는 구세주 칭호를 '황제 제의'에서 받아들였는가?" 「신약논단」 제11권 제3호(2004년 가을), 649-682.
"육신이 되신 말씀(요 1:1-14)." 「설교자를 위한 성경연구」 제11권 제1호 통권 121호(2004년 12월호), 43-57.
"요한복음이 말하는 영원한 생명에 대한 소고." 「선교와 신학」 제14집(2004), 199-227, 286-287.
"하나님의 어린 양을 보라(요한복음 1:29-42)." 「교회력에 따른 2005 예배와 강단」 (2004), 191-197.

(2005년)
기사: 이승민. "장로회신학대학교 신약신학 배재욱 교수. 신학의 새얼굴." 「목회와 신학」 통권 189호(2005년 3월), 202.
"성경이 선언하는 인간 생명의 고귀함." 「목회와 신학」 190(2005년 4월호), 61-67.
"쿰란 공동체의 의(義) 사상 연구." 「신학사상」 129(2005/여름호), 91-121.
"성만찬 음식과 신자의 자유. 고린도전서 11장 주해와 적용." 특집/고린도전서 어떻게 설교할 것인가 2. 「그말씀」(2005년 6월호), 33-39.
"새 하늘과 새 땅(요한계시록 21:1-4)." 「교회와 신학」 61(2005 여름호), 103-110.
"피흘림이 없은즉 죄 사함도 없다." 히브리서 9장 11-28절 주해와 적용. 특집/구원 설교 어떻게 할 것인가. 「그말씀」 통권 193호(2005년 7월호), 18-25.
"최근 묵시문학 - 요한계시록 연구 동향." 최근 성서학 연구 동향. 「성서마당」 73호(2005년 9월호 신창간 4호), 68-80.
"초기 팔레스틴 유대교의 개종자 세례." 「장신논단」 24(2005), 79-105.

"디도서 3:4-7에서의 중생(παλιγγενεσία)과 그의 전 역사." 「신약논단」 12/4(2005년 겨울), 921-951.

"믿음을 주시는 하나님의 증거(요한일서 5:9-13)." 「교회력에 따른 2006 예배와 강단」(2005), 475-484.

(2006년)

"신앙 공동체 안에서 서로의 덕을 세움(롬 14:13-23)." 「교회와 신학」 65(2006), 86-96.

"그리스도인의 지식과 삶: 빌 2:1-11을 중심으로." in: 김효숙 편. 앞서 가는 가르침 깊어가는 배움. How To Teach How To Learn. 제2호 교수 학습에 관한 연구보고서. 서울: 장로회신학대학교, 2006, 7-53. 이 논문은 2006년도 장로회신학대학교 재원으로 교수학습개발원의 지원을 받아 수행된 연구임.

"신약성경은 중생에 대해 무엇을 말하는가?" 「선교세계」 제10호(2006), 9-31.

"바울서신의 하나님의 나라(βασιλεία τοῦ θεοῦ)." 「장신논단」 26(2006), 97-128.

"성경이 말하는 노인문제. 특집: '성경으로 보는 노인문제.'" 「성서마당」 신창간 11호(2006년 11월), 20-30.

"그것을 간직하게 하라(요한복음 12:1-8)." 「교회력에 따른 2007 예배와 강단」(2006), 355-362.

(2007년)

"바울의 생명사상 I. 바울의 생명관의 문제와 그 배경에 대한 이해." 「기독교사상」 577(2007년 1월호), 212-221.

"바울의 생명사상 II. 예수의 생명 이해." 「기독교사상」 578(2007년 2월호), 204-211.

"바울의 생명사상 III. 바울의 생명 이해." 「기독교사상」 579(2007년 3월호), 188-196.

"바울의 생명사상 IV. 그리스도 예수 안에 있는 생명의 성령." 「기독교사상」 580(2007년 4월호), 164-171.

"바울의 생명사상 V. 세례와 새 생명의 삶." 「기독교사상」 582(2007년 6월호), 172-179.

서평: "장흥길 저, 신약성경윤리. 장로회신학대학교 기념 총서 XV, 서울: 장로회신학대학교, 2002." 「교회와 신학」 68(2007년 봄호), 174-177.

서평: "이필찬 저. 『내가 속히 오리라. 이필찬 교수의 주해와 설교시리즈. 요한계시록 03』. 서울: 이레서원, 2006." 「월간목회」 369(2007. 05), 266-269.

"빌립보서 2:6-11의 '그리스도 찬송'에 대한 기독론적인 연구." 「신약논단」 제14권 제1호(2007년 봄), 99-133.

설교: "믿는 자의 영원한 생명(요한복음 5장 24-29절)." 「월간목회」 370(2007. 06), 188-191.

논문번역: Breytenbach, Ciliers. "'Christus starb für uns.' Zur Tradition und paulinischen Rezeption der sogenannten 'Sterbeformeln'." *NTS* 49 (2003), 447-475; in: 부라이텐바흐, 킬리어스/배재욱 역. "'우리를 위하여' 그리스도께서 죽으셨다.' 소위 '죽음 양식문'의 전승과 바울의 수용." 장흥길(편) 장로회신학대학교 대학원 국제학술대회 준비위원회(편). 『교회를 위한 성경 해석. 장로회신학대학교 대학원 21세기 신학학술 총서 03』. 서울: 장로회신학대학교출판부, 2004, 131-177.

논문번역: Lichtenberger, Hermann, "Neuschöpfung und Wiedergeburt, Überlegungen zu ihre eschatologischen Bedeutung im NT." Öffentliche Antrittsvorlesung, Universität Tübingen, 1986; 한국어 번역: 리히텐베르거, 헤르만/배재욱 번역. "새창조와 중생." 정기덕 교수 정년 기념 특집. 「신학과 문화」 16 (2007), 105-127.

논문번역: Lichtenberger, Hermann, "Täufergemeinden und frühchristliche Täuferpolemik im letzten Drittel des 1. Jahrhunderts." *ZThK* (Zeitschrift für Theologie und Kirche) 84 (1987), 36-57; 리히텐베르거, 헤르만/배재욱 번역. "세례자 공동체와 1세기 후반 1/3분기에 있었던 초기 세례 논쟁." 「신약연구」 6/1 (2007. 6), 203-239.

논문번역: Lichtenberger, Hermann, "qumran-essenischen Reinigungsriten und die Johannestaufe." Die Welt und Umwelt der Bibel 3/9 (1998), 30; 한국어 번역: 리히텐베르거, 헤르만/배재욱 번역, "쿰란-에세네의 정결 의식들과 요한의 세례." 「성서마당」 신창간 13호(2007), 168-171.

"초기 팔레스틴 유대교 문헌에 나타나는 새 창조." 「한국기독교신학논총」 52호(2007), 85-112. 이 논문은 한국연구재단 2008년도 기초연구지원 인문사회 분야 우수논문임(KRF-2008-325-2008-2-A00142).

"감사절에 대한 성경적 유래와 역사 그리고 그 의미." 「교육교회」 361호(2007), 14-20.

"요한계시록의 '어린양'." 「목사장로신문」 86호(2007년 10월 20일자 신문), 10.

"아브라함의 믿음과 하나님의 언약(로마서 4:1-5, 13-17)." 「교회력에 따른 2008 예배와 강단」. 창간 20주년 기념 특집(2007), 299-307.

"자유하는 자의 생명(갈 5:1-6, 13-15; 참조. 고전 7:20-24)." 「그말씀」 2007년 11월호(2007), 203-213.

논문번역: Krötke, Wolf. "Staat und Kirche in Deutschland Ihr gegenwärtiges Verhältnis auf dem Hintergrund der jüngeren deutschen Geschichte." 크뢰트케, 볼프/배재욱 번역. "독일에서의 국가와 교회: 현대 독일 역사를 배경으로 한 오늘날의 관계." in: 『서울노회 100주년(1907-2007) 기념 국제학술대회 논문집』. 서울: 대한예수교장로회 서울노회 국제학술대회 준비위원회, 2007, 45-56.

"새로운 피조물과 새로운 생명. 고린도후서 5장 17절." 「그말씀」 12월호(2007), 180-189.

"바울의 갱신 사상(更新 思想)과 1907년 평양 대부흥 운동 - 고린도후서 5장 11-21절의 '새로운 피조물'을 중심으로." 「신학사상」 139집(2007년 겨울호), 65-105.

(2008년)

"초기 유대교 문헌에 나타난 생명사상과 그 특징." 「신약논단」 통권 15권 1호(2008년 봄호), 1-35.

"바울의 인간 이해." 「신학과 목회」 29집(2008), 233-262.

"신약성경의 생명 사상에 대한 고찰." 「선교와 신학」 22집(2008), 45-82.

"바울의 하나님의 의 개념." 「장신논단」 32(2008), 221-247.

"몸으로 이루신 성전(요한복음 2:13-22)." 「교회력에 따른 2009 예배와 강단」(2008), 362-368.

(2009년)
"섬기는 지도자에 대한 신약성경적 이해." 「신학과 목회」 31집(2009), 175-200.
"마태복음 13장의 비유 속에 나타난 천국의 모습에 대한 소고." 「신약논단」 16/2(2009년 여름), 361-398.
"요한복음(1:1-14)에 나타난 성육신의 의미." 「그말씀. 목회와신학 별책. 주제별설교시리즈. 대강절, 성탄절」 2009년 11월호, 76-84.
설교: "육신이 되신 말씀. 요한복음 1장 14절." 「그말씀. 목회와신학 별책. 주제별설교시리즈. 대강절, 성탄절」 2009년 11월호, 154-159.
"초기 유대교, 예수와 바울의 생명 사상: 생명의 주 예수 그리스도(골 3:1-17)." 「신약논단」 16/4(2009 겨울호), 1187-1221. 이 논문은 2008년 정부(교육과학기술부)의 재원으로 한국연구재단의 지원을 받아 수행된 연구임(KRF-2008-332-A00064).
"정류(靜流) 이상근 박사의 신학과 사상." 「장신논단」 36(2009), 71-101.
"영생의 길은 어디에(누가복음 10:25-37)." 「교회력에 따른 2010 예배와 강단」(2009), 611-620.

(2010년)
"그리스도의 속죄 죽음과 생명. 로마서 5장 8-11절; 골로새서 1장 21-22절." 「성서마당」 신창간 24호 통권 93호(2010), 57-71.
"에베소서 4장 25-32절에 나타나는 영성이해." 「신학과 목회」 33집(2010년 5월), 5-34.
"저자가 직접 소개하는 신간 저서. 생명: 신약성경에서 생명을 묻다. 서울: 대한기독교서회, 2010." 「영신학보」 제122호(2010. 6. 3 목요일), 10.
"정류(靜流) 이상근 목사님의 흔적을 찾아서 - 구미옥계교회와 청송화목교회 탐방을 마치고." 「물댄동산」 55호(2010년 6월호), 32-35.
"에베소서 4장 25-32절에 나타난 분노로부터의 자유." 「신학논단」 61집(2010. 09), 31-57.
기사: 오강일. "배재욱 교수의 2010. 08. 31 영남신학대학교 개강예배설교. '행복에 대하여'(누가복음 7:11-17)." 「영신학보」 제123호(2010. 9. 30[목]), 3.

“생명의 물, 예수 그리스도(요한복음 4:5-42; 참조. 롬 5:1-11; 출 17:1-7; 시 95:1-3).” 「교회력에 따른 2011 예배와 강단」(2010), 392-414.

“우리 시대의 아픔을 생각하며.” 「한국기독공보」 제2773호(2010년 10월 16일), 26.

“우리가 가진 희망을 노래하자.” 「기독신보」 1790호 2010년 10월 13일자, 24.

“길을 물으면서.” 「목회자신문」(2010년 10월 11일).

(2011년)

“마태복음 20장 17-28절의 세 번째 수난 예고에 나타난 예수의 섬김 사상.” 「신약연구」 10/1(2011. 03), 25-53.

“역사와 종말.” 「영신학보」 126호(2011. 3. 31), 4.

기사: 박만서. “신약성서 윤리에 대한 석의 연구에 박차. 한국신약학회 창립 50주년 희년 기념 학술대회.” 「한국기독공보」 제2798호(2011년 4월 16일 토요일), 6면에 배재욱이 2011년 4월 9일 한국신약학회 창립희년기념 학술대회에서 발제한 논문 “신약성경에서의 생명 진술에 나타난 윤리”에 대한 기사가 실림.

“누가복음 12:35-48에 나타나는 섬김의 지도력.” 「신학과 목회」 35집(2011년 5월), 161-187.

“섬김을 이루기 위한 머슴신학 이해. 은파에게 나타난 머슴 이해와 관련하여.” 「신학사상」 153집(2011년 여름호), 47-82.

“빌립보서 4장 10-20절에 나타난 지도력에 대한 소고(小考).” 「영산신학저널」 제21호(2011), 183-215.

“고린도후서 6:1-13에서 화해를 위해 일하는 διάκονος의 지도력.” 「신약연구」 10/2(2011), 303-332.

“부활의 증인(누가복음 24:44-53).” 「총회 교회력과 성서정과에 따른 2012 예배와 강단」(2011), 417-426.

“그리스도론적인 진술 속에 나타난 요한계시록의 구원사상.” in: 김상복 원로목사 기념논문집 편찬위원회(편). 『진리가 너희를 자유케 하리라』. 김상복 목사 고희기념 논문집. 서울: CLC, 2011, 429-451.

(2012년)

"신학대학원 입시 이대로 좋은가?" 「한국기독공보」 2833호(2012년 01월 07일), 27.

"행복의 사회적 조건에 대한 사회복지학적인 이해." 「교회와 사회복지」 제5호 (2012), 1-28.

"요한계시록의 어린양 상징어 속에 나타난 생명 사상." 「신약논단」 19/1(2012년 봄), 281-312. 이 논문은 2010년 소망교회 학술연구비 지원을 받아 수행된 연구임.

"초기 유대교, 예수와 바울의 생명 사상: 말씀을 통하여 이루어지는 생명 회복에 대한 소고." 「신약연구」 11/1(2012. 03), 131-159. 이 논문은 2008년 정부(교육과학기술부)의 재원으로 한국연구재단의 지원을 받아 수행된 연구임(KRF-2008-332-A00064).

"초기 유대교, 예수와 바울의 생명 사상: 신약성경에서의 생명 진술에 나타난 윤리." 「한국기독교신학논총」 80(2012), 101-124. 이 논문은 2008년 정부(교육과학기술부)의 재원으로 한국연구재단의 지원을 받아 수행된 연구임(KRF-2008-332-A00064).

"창조, 희망 묘사 속에 나타난 생명 사상." 「신학과 목회」 37집(2012년 5월), 211-231.

"다른 복음은 없다(갈라디아서 1:1-12)." 「총회 교회력과 성서정과에 따른 2013 예배와 강단」. 창간 25주년 기념 특집(2012), 496-507.

"현대 한국 교회 목회자의 지도력에 대한 소고." 「신학과 목회」 38집(2012), 199-224.

"정류(靜流) 이상근 박사의 신학 단초와 마태복음 주해." 「한국개혁신학」 36집(2012년 11월), 178-206.

(2013년)

"마태복음 1장 1-17절에 나타난 정류(靜流)의 성경주해에 대한 고찰." 「신학과 목회」 39집(2013년 5월), 167-191.

"글, 책 그리고 자유." 「영신학보」 136호(2013. 4. 22), 4.

배재욱 ••

영남대학교 물리학과(B. S.)
장로회신학대학교 신대원(M. Div.)
장로회신학대학교 대학원(Th. M.)
독일 튀빙엔 대학교(Dr. theol.)
임원중앙교회, 북평교회 담임목사
총회파송 오스트리아 선교사 겸 잘츠부르크와 린츠한인교회 담임목사
독일남부지방 한인교회 협동목사
서울명성교회 교육목사
부산장신대학교 교수(전임강사)
장로회신학대학교, 영남신학대학교, 부산장신대학교,
한남대학교, 루터대학교, 영락여자신학원 강사
장로회신학대학교 초빙(강의전담) 교수
현, 대구제일교회 교육목사
영남신학대학교 교수(조교수)

저서

Wiedergeburt im Johannesevangelium (Diss. masch. Tübingen, 2003)
『짤쯔부르그에서 바울에게 길을 묻다: 젊은 세대를 위한 로마서 이해』
(서울: 한국학술정보[주], 2007)
『예언과 복음: 이사야와 바울』(서울: 한국학술정보[주], 2007)
『초기 유대교와 신약성경의 중생』(서울: 대한기독교서회, 2008)
『생명: 신약성경에서 생명을 묻다』(서울: 대한기독교서회, 2010)
『에베소서의 교회론: 에베소서에서 바울에게 교회에 대하여 묻다』
(대구: 대한복음과교회학술원, 2012)
『성경에서 배우는 최고의 지도력: 섬김』(서울: 한국장로교출판사, 2013)

역서

『신약성서신학 I』(페르디난트 한/ 공역, 서울: 대한기독교서회, 2007)